巴中地方文献目录

政协巴中市委员会 编

中国文史出版社

图书在版编目（ＣＩＰ）数据

巴中地方文献目录 / 政协巴中市委员会编 . -- 北京：
中国文史出版社，2023.7
ISBN 978-7-5205-4236-4

Ⅰ . ①巴… Ⅱ . ①政… Ⅲ . ①地方文献—图书目录—
巴中 Ⅳ . ① Z812.271.3

中国国家版本馆 CIP 数据核字 (2023) 第 152187 号

责任编辑：梁玉梅

出版发行：中国文史出版社
社　　址：北京市海淀区西八里庄路 69 号院　邮编：100142
电　　话：010-81136606　81136602　81136603（发行部）
传　　真：010-81136655
印　　装：北京新华印刷有限公司
经　　销：全国新华书店
开　　本：16 开
印　　张：21.75
字　　数：216 千字
版　　次：2023 年 10 月北京第 1 版
印　　次：2023 年 10 月第 1 次印刷
定　　价：98.00 元

凡 例

1. 本书收录的地方文献目录范围为巴中古代、近代、现代、当代的各类文献资料，以当代为主。包括史书、志书、年鉴、族谱、政治、经济、管理、人文、社科、法规、教育、科技、医药、宣传、文化、文学、艺术、影视、地情、名胜、旅游、非巴中籍作者书写巴中、巴中籍在外人员著述、晏阳初专题、报纸期刊等类书刊和重要文献资料，时间范围从古代征集到的文献到 2023 年止。

2. 本书目录一律采用表格形式书写，书籍按书名、作者、作者籍贯、文献类型、出版/印刷单位、印刷时间、开本、字数、收藏者等内容横排书写；报纸期刊按期刊名称、刊号、开本、主管单位、承办单位、创刊时间、停刊时间、出刊期数、收藏者等内容横排书写。

3. 在同类书目中原则按巴州区、恩阳区、南江县、通江县、平昌县、市级部门顺序排列，但也不拘泥于此。同类书目印刷时间、作者排列顺序不分先后。

4. 各种书籍的藏书地点不同，有的很多，由于书写篇幅限制，一种书只写一个收藏者，以确保查找。收藏者以本县区、市级部门的图书馆、档案馆、博物馆、史志馆收藏优先，没有的再写编者收藏、作者收藏。

5. 作者籍贯凡出生地在巴州区、恩阳区、巴中经开区的一律写四川巴中。出生地在其他县的写四川某县，如四川南江、四川通江、四川平昌。

6. 本目录未严格按国家图书分类标准分类，是根据实际出书的内容分类编写。

前　言

人们常说：承载文字的纸值得珍惜。更何况人们用心血著成的书籍和书写的重要文献资料，其价值就不言而喻。为全面掌握巴中地方文献资源，充分展示巴中地方文化成果，切实加强巴中地方文献资源的保护开发、研究利用，更好地为典籍续命，五届巴中市政协组织征编了《巴中地方文献目录》文史专集。

巴中区位独特，地处中国秦岭—淮河南北分界线以南的秦巴腹地，四川盆地东北部边缘。巴中历史悠久，5000多年前古代巴人就在这里繁衍生息，是远古中华民族的发祥地之一。巴中文化灿烂，巴人文化、三国文化、隋唐文化、红色文化、民俗文化，独具特色，熠熠生辉。巴中文人辈出，晚唐进士、辞赋家、诗人张曙的诗作收入《全唐诗》，至今流传。清康熙年间，通江李蕃、李钟璧、李钟峨父子三人所著《雪鸿堂文集》，收入《四库全书》。特别是近现代，轰轰烈烈的土地革命和社会主义建设、伟大的改革开放实践、史无前例的脱贫攻坚战斗，为巴中文学创作提供了丰厚土壤，出现了大巴山作家群现象，为巴中赢得了"边城墨味浓"的赞誉。《巴中地方文献目录》的征编出版，让大巴山作家群的形象完整呈现，让遍布巴中的墨味扑鼻而来。

征编《巴中地方文献目录》是一项浩大的系统工程，涉及时间跨度长、征集内容多、征集范围广等方面的困难，从事征编工作的同志在市级有关部门（单位）、各县（区）政协、各县（区）有关部门（单位）及全国各地巴中籍作者的支持配合下，通过一年半时间的艰辛努力，终于完成了征编工作任务，殊为不易。全书共收集巴中地方文献目录3694种。其中史书类268种，志书类471种，年鉴类137种，族谱类303种，政治类86种，经济类107种，管理类29种，人文类108种，社科类102种，法规类28种，教育类57种，科技类72种，医药类20种，宣传类27种，文化类68

种，专集类 103 种，诗歌小说散文类 830 种，电影电视戏剧类 24 种，书法摄影绘画类 128 种，故事歌谣楹联类 99 种，地情名胜旅游类 54 种，非巴中籍作者书写巴中书籍 85 种，巴中籍在外人员著述 393 种，晏阳初专题类书籍 54 种，报纸类 16 种，期刊类 25 种。

《巴中地方文献目录》不仅是一本文史专集，而且是一本研究、开发、利用巴中地方文献资源的工具书，将对巴中的文化繁荣发展起到积极的推动作用。但该书也存在征集不够全面、个别书目要素不全、分类不够科学等问题，希望后来者补充完善。

编 者

2023 年 7 月 1 日

目 录

第一章

史志年鉴族谱

第一节 史 书

书名	作者 （编者）	作者 籍贯	文献 类型	出版／ 印刷单位	印刷 时间	开本	字数	收藏者
僚人汉昌考	巴州区政协		内部 资料	巴州区政协	2016 年	16 开	25 万	巴州区 图书馆
巴中县党史资料（1—10辑）	巴中县委党史办公室		内部 资料	巴中县委党史办公室	1983— 1990	32 开	1 万— 20 万	巴州区 图书馆
巴中现代革命史	巴中县委党史办		公开 出版	四川人民出版社	1991 年	32 开	35 万	巴州区 图书馆
巴中县革命旧址遗址	巴中县委党史办公室		内部 资料	巴中县委党史办公室	1991 年	32 开	未统计	巴州区 图书馆
岁寒三友 ——张爱萍魏传统杨超交往七十年	李学明	四川 巴中	公开 出版	中央文献出版社	2008 年	16 开	60 万	巴中市 图书馆
巴人文明初探	张学焕	四川 巴中	内部 资料		2001 年	32 开	5 万	巴州区 图书馆
巴中化成史话	赵 湘 赵志同 赵永嘉	四川 巴中	内部 资料		2004 年	32 开	7 万	巴州区 图书馆
地下星火燎巴山	巴州区委党史研究室		内部 资料	巴州区委党史研究室	2009 年	32 开	20 万	巴州区 图书馆
革命老根据地文件汇集	巴中县委办公室		内部 资料	巴中县委办公室	1959 年	16 开	未统计	巴州区 图书馆
蜀兆奇中纪胜	巴州区党建研究室		内部 资料	巴州区党建研究室	2007 年	32 开	未统计	巴州区 图书馆
巴族史探微	周集云	四川 巴中	内部 资料	巴中县政协	1989 年	未统计	未统计	巴州区 档案馆

书名	作者（编者）	作者籍贯	文献类型	出版/印刷单位	印刷时间	开本	字数	收藏者
巴中市巴州区革命老区发展史	巴州区老区建设促进会		公开出版	中国文史出版社	2020年	未统计	32万	巴州区图书馆
中国共产党四川省巴中县委组织史资料（1927.7—1987.10）	巴中县委组织部、巴中县档案馆		公开出版	四川人民出版社	1991年	16开	80万	巴州区委党史办公室
四川省巴中县党政军统群系统组织史资料（1919—1987）	巴中县委组织部、巴中县档案馆 等		公开出版	四川人民出版社	1991年	16开	80万	巴州区委党史办公室
农村人民公社基本情况调查卡	巴中县委农村工作部		内部资料	巴中县委农村工作部	1961年	32开	5万	巴州区档案馆
革命历史名城资料	巴中县城乡建设环保局		内部资料	巴中县城乡建设环保局	1984年	16开	未统计	巴州区档案馆
川陕苏区历史资料汇编（1945年翻印）	巴中县二战肃反错案复查领导小组		内部资料	巴中县二战肃反错案复查领导小组	1945年	32开	6万	巴州区档案馆
巴中县在外红军、红干家属登记卡	巴中县民政局		内部资料	巴中县民政局	1962年	64开	未统计	巴州区图书馆
历史文化名城巴中	李开明 熊光林	四川巴中	内部资料	巴中县委	1992年	16开	未统计	巴州区档案馆
巴中县水利历史资料	巴中县水利局		内部资料	巴中县水利局	1985年	32开	未统计	巴州区档案馆
巴中市巴州区档案局（馆）工作简史（1949—2015）	刘成东	四川巴中	内部资料	巴州区档案局	2016年	16开	15万	巴州区档案馆

书名	作者（编者）	作者籍贯	文献类型	出版/印刷单位	印刷时间	开本	字数	收藏者
中国共产党巴中市巴州区历史第一卷（1921—1949）	巴州区委党史办		公开出版	中共党史出版社	2021年	16开	15万	巴州区委党史办公室
中国共产党四川省巴中市巴州区一百年历史大事记	巴州区委党史办		内部资料	巴州区委党史办	2021年	16开	12万	巴州区委党史办公室
中国共产党巴中市巴州区历史大事记（2013—2019）	巴州区委党史办		内部资料	巴州区委党史办	2014—2020	16开	4.5万—5.5万	巴州区委党史办公室
中国共产党巴中市巴州区历史大事记（2020）	巴州区委党史办		内部资料	巴州区委党史办	2021年	16开	5万	巴州区委党史办公室
中国共产党巴州区委大事记（2012）	巴州区委办		内部资料	巴州区委办	2013年	32开	未统计	巴中市史志馆
巴中县党史大事记	程世昌	四川巴中	内部资料	巴中县委党史研究室	1992年	16开	25万	巴州区档案馆
革命历史档案资料汇集	巴中县档案馆		内部资料	巴中县档案馆	1961年	16开	未统计	巴州区档案馆
巴中县民国档案全宗简介汇集	巴中县档案馆		内部资料	巴中县档案馆	1989年	未统计	未统计	巴州区档案馆
四川省巴中县革命烈士英名录	巴中县政府		内部资料	巴中县政府	1984年	8开	未统计	巴州区档案馆
巴中十年	巴中县委宣传部		内部资料	巴中县委宣传部	不详	32开	未统计	巴州区档案馆
春华秋实	巴州区政协		内部资料	巴州区政协	2021年	16开	27万	巴州区档案馆

书名	作者（编者）	作者籍贯	文献类型	出版／印刷单位	印刷时间	开本	字数	收藏者
巴中历史概览	巴中县档案馆		内部资料	巴中县档案馆	1976年	16开	1万	巴州区档案馆
化成地下党斗争片段	李范九	四川巴中	内部资料		不详	16开	未统计	巴州区档案馆
四川省巴中县疫情资料汇编（1954—1980）	周作斌 莫绍松	四川巴中	内部资料		1982年	16开	23万	巴中县档案馆
百年印记	李仕民	四川巴中	内部资料	巴州区委宣传部	2021年	16开	45万	巴中市图书馆
巴中民政百年发展史（1912—2013）	巴州区民政局		内部资料	巴州区民政局	2018年	16开	52万	巴中市图书馆
巴中文史资料（第1—9辑）	巴中县（区）政协		内部资料	巴中县（区）政协	1987—2021	32开	10万—25万	巴州区档案馆
将帅碑林 红色华章	张崇鱼	四川巴中	内部资料	川陕革命根据地博物馆	2007年	32开	12万	川陕革命根据地博物馆
刻在苏区的永恒丰碑	张崇鱼	四川巴中	内部资料	川陕革命根据地博物馆	2013年	32开	13万	川陕革命根据地博物馆
红四方面军川陕苏区历程大事记	张崇鱼	四川巴中	内部资料	川陕革命根据地博物馆	2006年	32开	25万	川陕革命根据地博物馆
将帅碑林十八年	张崇鱼	四川巴中	内部资料	川陕革命根据地博物馆	2012年	32开	12万	川陕革命根据地博物馆

书名	作者（编者）	作者籍贯	文献类型	出版/印刷单位	印刷时间	开本	字数	收藏者
我的五百张纪念照	张崇鱼	四川巴中	内部资料	川陕革命根据地博物馆	2004 年	32 开	14 万	川陕革命根据地博物馆
光辉物证	张崇鱼	四川巴中	内部资料	川陕革命根据地博物馆	2005 年	32 开	6 万	川陕革命根据地博物馆
红九军十年征战史	张崇鱼	四川巴中	内部资料	将帅碑林红四方面军历史研究会	2015 年	32 开	6 万	巴中市档案馆
我的五百篇访谈录	张崇鱼	四川巴中	内部资料	将帅碑林管委会	2009 年	32 开	15 万	巴中市图书馆
印记：红军手模集	张崇鱼 张 登	四川巴中	公开出版	四川人民出版社	2012 年	32 开	40 万	巴中市图书馆
川陕壮歌：党和国家领导人、高级将领题词选集	张崇鱼 张 登	四川巴中	公开出版	四川人民出版社	2012 年	32 开	60 万	巴中市图书馆
川陕苏区将帅碑林大事记	张崇鱼	四川巴中	内部资料	将帅碑林管委会	2000 年	32 开	68 万	巴中市史志馆
中国最大的将帅碑林十三年历程大事记	张崇鱼	四川巴中	内部资料	将帅碑林管委会	2005 年	32 开	5 万	景瑞三
巴中抗战优抚档案汇编	巴州区档案局		公开出版	中华书局	2021 年	16 开	未统计	巴州区档案馆
大魂之音——巴人精神秘史	蔡元亨	四川巴中	公开出版	中央民族大学出版社	2001 年	32 开	25 万	巴中市图书馆
巴山星火——川陕苏区党群关系纪实	李芝兰	四川巴中	公开出版	四川人民出版社	2017 年	16 开	22 万	巴中市图书馆

书名	作者（编者）	作者籍贯	文献类型	出版/印刷单位	印刷时间	开本	字数	收藏者
巾帼壮歌——川陕苏区女红军纪实	李芝兰	四川巴中	公开出版	大众文艺出版社	2008年	16开	33万	巴中市图书馆
川陕革命根据地简史	川陕革命据地博物馆		内部资料	川陕革命根据地博物馆	2018年	16开	15万	景瑞三
川陕革命根据地保卫史	何大地	四川巴中	内部资料		2012年	16开	25万	巴中市图书馆
川陕壮歌——川陕革命根据地斗争史陈列	川陕革命根据地博物馆		内部资料	川陕革命根据地博物馆	2007年	16开	未统计	巴中市史志馆
川陕革命根据地红色记忆	川陕革命根据地红色记忆编委会		公开出版	大众文艺出版社	2012年	16开	45万	景瑞三
巴中县自然科学技术发展简史	巴中县科学技术委员会		内部资料	巴中县科学技术委员会	1985年	32开	未统计	巴州区图书馆
古风犹存沙回坪	张浩良 张熙明 张雪梅 景详春	四川巴中	内部资料		2018年	16开	30万	景瑞三
黄埔军校史话（巴中卷）	黄埔军校同学会巴中联络组		内部出版	黄埔军校同学会巴中联络组	2002年	32开	15万	景瑞三
历史文化名城巴州	蔡一星	四川巴中	内部出版	巴州区政府	2001年	32开	8万	景瑞三
红色印记·巴州篇	巴州区老区建设促进会		内部资料	巴州区老区建设促进会	2021年	16开	80万	景瑞三
巴中地方志史料第一辑	巴中县志编纂委员会		内部资料	巴中县地方志办公室	1986年	16开	10万	景瑞三
长征路线（四川段）文化资源研究·巴中卷	李国军	四川巴中	公开出版	四川人民出版社	2018年	16开	22万	作者

书名	作者（编者）	作者籍贯	文献类型	出版 /印刷单位	印刷时间	开本	字数	收藏者
中共巴中县首届第一次大会文件汇编	巴中县委		内部资料	巴中县委	1956 年	16 开	22 万	巴中县档案馆
川陕革命根据地资料选	川陕革命根据地博物馆		内部资料	川陕革命根据地博物馆	1975 年	32 开	12 万	巴州区档案馆
川陕革命历史资料	巴中县档案馆		内部资料	巴中县档案馆	1959 年	8 开	7 万	巴州区档案馆
巴州区财政发展史	巴州区财政局		内部资料	巴州区财政局	2014 年	16 开	70 万	巴州区档案馆
川陕革命根据地史（一）	巴中县档案馆		内部资料	巴中县档案馆	不详	8 开	6 万	巴州区档案馆
川陕革命根据地史（二）	巴中县档案馆		内部资料	巴中县档案馆	不详	8 开	6 万	巴州区档案馆
川陕革命根据地史（三）	巴中县档案馆		内部资料	巴中县档案馆	不详	8 开	6 万	巴州区档案馆
川陕革命根据地史（四）	巴中县档案馆		内部资料	巴中县档案馆	不详	8 开	5 万	巴州区档案馆
川陕革命根据地史（五）	巴中县档案馆		内部资料	巴中县档案馆	不详	8 开	5 万	巴州区档案馆
川陕革命根据地史（六）	巴中县档案馆		内部资料	巴中县档案馆	不详	8 开	5 万	巴州区档案馆
川陕苏区人民英勇坚持斗争史长编	川陕革命根据地博物馆		内部资料	川陕革命根据地博物馆	1980 年	32 开	7 万	巴州区档案馆
川陕革命根据地历史文献资料集成	主 编：李 健 蔡东洲	四川巴中	公开出版	四川大学出版社	2012 年	16 开	265 万	巴中市史志馆
川陕革命根据地落成纪念册	巴中县委县政府		内部资料	巴中县委县政府	1984 年	16 开	1 万	巴州区档案馆
中共巴中县委机关历史简介（1950—1980）	巴中县档案馆		内部资料	巴中县档案馆	1981 年	16 开	8 万	巴州区档案馆

书名	作者（编者）	作者籍贯	文献类型	出版／印刷单位	印刷时间	开本	字数	收藏者
巴中县人民政府机关历史简介	巴中县档案馆		内部资料	巴中县档案馆	1981年	未统计	未统计	巴州区档案馆
巴中县1—9届人民代表大会简介	蒲大乾 蒲廷学	四川巴中	内部资料	巴中县档案馆	1992年	未统计	未统计	巴州区档案馆
巴中县历届县长简介	白贤成	四川巴中	内部资料	巴中县档案馆	1987年	未统计	未统计	巴州区档案馆
巴中县灾情录（1977—1983）	白贤成	四川巴中	内部资料	巴中县档案馆	1987年	未统计	未统计	巴州区档案馆
巴中县国民经济建设十年伟大成就（1949—1958）	巴中县计委		内部资料	巴中县计委	1959年	未统计	未统计	巴州区档案馆
巴中县土改通讯	巴中县档案馆		内部资料	巴中县档案馆	1951年	16开	15万	巴州区档案馆
巴中县历年逐月降水情况汇集（化成站1962—1982）	巴中县档案馆		内部资料	巴中县档案馆	1983年	16开	2万	巴州区档案馆
巴中县灾情录（1770—1983）	巴中县档案馆		内部资料	巴中县档案馆	1985年	16开	3万	巴州区档案馆
档案利用150例（第一辑）	巴中县档案馆		内部资料	巴中县档案馆	1990年	16开	5万	巴州区档案馆
历代名人点三巴	苟廷一 陈通武	四川巴中	内部资料	川陕革命根据地博物馆	1998年	16开	25万	巴州区档案馆
恩阳革命老区发展史	恩阳区老区建设促进会		公开出版	中国文史出版社	2021年	16开	27万	恩阳区政协
恩阳大事记（2013）	恩阳区委史志档案局		内部资料	恩阳区委史志档案局	2014年	16开	未统计	恩阳史志档案中心

书名	作者（编者）	作者籍贯	文献类型	出版／印刷单位	印刷时间	开本	字数	收藏者
米仓古道（恩阳段）考古调查成果集	恩阳区委宣传部		内部资料	恩阳区委宣传部	2012年	16开	20万	恩阳区图书馆
米仓古道（恩阳段）考古调查图片集	恩阳区委宣传部		内部资料	恩阳区委宣传部	2012年	16开	11万	恩阳区图书馆
米仓古道（恩阳段）考古调查报道集	恩阳区委宣传部		内部资料	恩阳区委宣传部	2012年	16开	11万	恩阳区图书馆
米仓古道（恩阳段）考古调查论文及发展集	恩阳区委宣传部		内部资料	恩阳区委宣传部	2012年	16开	20万	恩阳区图书馆
乡村文史经典集（青木镇）	恩阳区青木镇文化广播电视站		内部出版	恩阳区青木镇文化广播电视站	2016年	16开	14万	景瑞三
南江县革命老区发展史	南江县老区建设促进会		公开出版	中国文史出版社	2020年	16开	32万	南江县地方志办公室
南江大事记（1949—2007）	南江县委党史研究室		公开出版	中共党史出版社	2007年	32开	25万	南江县地方志办公室
川陕革命根据地南江斗争史	南江县委党史研究室		公开出版	中共党史出版社	1991年	32开	16万	南江县档案馆
南江县（长赤县）参加红军人员名录	南江县委党史研究室		公开出版	中共党史出版社	1993年	32开	15万	南江县档案馆
1933年红军石刻标语录	南江县档案馆		内部资料	南江县档案馆	1960年	32开	2万	南江县档案馆
南江县地下斗争史（1940—1949）	南江县委党史研究室		公开出版	中共党史出版社	1984年	32开	10万	南江县委党史研究室

书名	作者（编者）	作者籍贯	文献类型	出版／印刷单位	印刷时间	开本	字数	收藏者
川陕革命根据地南江（长赤）县党政军群组织史	南江县委党史研究室		公开出版	中共党史出版社	1992年	32开	15万	南江县档案馆
民主革命时期南江地方党史大事记	南江县党史工委办公室		内部资料	南江县委党史工委办公室	1987年	64开	19万	南江县档案馆
大巴山考古文选	梁廷保	四川南江	内部资料		2011年	32开	10万	南江县档案馆
南江县执政史	贾　峨 雷　刚	四川南江	内部资料		2014年	16开	20万	巴中市史志馆
南江史话	贾　峨	四川南江	公开出版	中国文史出版社	2015年	16开	21万	南江县委党史研究室
南江革命遗址概览	贾　峨	四川南江	公开出版	四川科学技术出版社	2018年	16开	41万	南江县委党史研究室
中国共产党南江百年历史（1921—1949）	南江县委党史研究室		公开出版	中共党史出版社	2012年	32开	18万	南江县委党史研究室
中国共产党南江百年历史（1949—2007）	南江县委党史研究室		公开出版	中共党史出版社	2007年	32开	23万	南江县委党史研究室
中国共产党南江百年历程（1921—2021）	南江县委党史研究室		内部资料	南江县委	2021年	16开	65万	南江县委党史研究室
襄渝铁路大会战——南江民兵团纪实	南江县委党史研究室		公开出版	四川师范大学电子出版社	2019年	16开	22万	南江县委党史研究室
南江县武装斗争史	南江县人民武装部		内部资料	南江县人民武装部	1995年	32开	37万	南江县委党史研究室

书名	作者（编者）	作者籍贯	文献类型	出版/印刷单位	印刷时间	开本	字数	收藏者
中国共产党四川省南江县组织史资料（1927—1987）	南江县委党史研究室 等		公开出版	四川人民出版社	1994年	16开	95万	南江县委党史研究室
南江县红色资源（红色遗址）普查资料汇编	南江县委党史研究室		内部资料	南江县委党史研究室	2021年	16开	未统计	南江县委党史研究室
米仓古道史林	杜纯裕	四川南江	公开出版	团结出版社	2017年	16开	35万	南江县图书馆
巴山游击队五年斗争	梁廷保	四川南江	内部资料		2012年	32开	6万	巴中市图书馆
南江文史资料选辑（一）	南江县政协文史资料委		内部资料	南江县政协	1987年	32开	7万	南江县政协
南江文史资料选辑（二）	南江县政协文史资料委		内部资料	南江县政协	1988年	32开	5万	南江县政协
南江文史资料选辑（三）	南江县政协文史资料委		内部资料	南江县政协	1989年	32开	6万	南江县政协
南江文史资料选辑（四）	南江县政协文史资料委		内部资料	南江县政协	1991年	32开	9万	南江县政协
南江文史资料选辑（五）	南江县政协文史资料委		内部资料	南江县政协	1993年	32开	10万	南江县政协
南江文史资料选辑（六）	南江县政协文史资料委		内部资料	南江县政协	1995年	32开	13万	南江县政协
南江文史资料选辑（七）	南江县政协文史资料委		内部资料	南江县政协	1998年	32开	11万	南江县政协
南江文史资料选辑（八）	南江县政协文史资料委		内部资料	南江县政协	1998年	32开	11万	南江县政协
南江文史资料选辑（九）	南江县政协文史资料委		内部资料	南江县政协	1999年	32开	11万	南江县政协

书名	作者（编者）	作者籍贯	文献类型	出版/印刷单位	印刷时间	开本	字数	收藏者
南江文史资料选辑（十）	南江县政协文史资料委		内部资料	南江县政协	2000 年	32 开	11 万	南江县政协
南江文史资料选辑（十一）	南江县政协文史资料委		内部资料	南江县政协	2001 年	32 开	10 万	南江县政协
南江文史资料选辑（十三）	南江县政协文史资料委		内部资料	南江县政协	2004 年	32 开	19 万	南江县政协
南江文史资料选辑（十四）	南江县政协文史资料委		内部资料	南江县政协	2006 年	32 开	18 万	南江县政协
南江文史资料选辑（十五）	南江县政协文史资料委		内部资料	南江县政协	2008 年	32 开	4 万	南江县政协
南江文史资料选辑（十六）	南江县政协文史资料委		内部资料	南江县政协	2010 年	32 开	5 万	南江县政协
南江文史资料选辑（十七）	南江县政协文史资料委		内部资料	南江县政协	2012 年	32 开	5 万	南江县政协
南江文史资料选辑（十八）	南江县政协文史资料委		内部资料	南江县政协	2017 年	16 开	13 万	南江县政协
南江文史资料选辑（十九）	南江县政协文史资料委		内部资料	南江县政协	2018 年	16 开	16 万	南江县政协
南江文史资料选辑（二十）	南江县政协文史资料委		内部资料	南江县政协	2019 年	16 开	15 万	南江县政协
南江文史资料选辑（二十一）	南江县政协文史资料委		内部资料	南江县政协	2021 年	16 开	13 万	南江县政协
四川省南江中学简史（1975—1998）	马正文	四川南江	内部资料	南江县中学	1988 年	16 开	24 万	南江县中学
中国共产党通江县历史	通江县委党史研究室		公开出版	中共党史出版社	2009 年	16 开	61 万	通江县图书馆
中国共产党通江县历史大事记通编（1929—2008）	通江县委党史研究室		公开出版	中央文献出版社	2009 年	16 开	35 万	通江县图书馆

书名	作者 （编者）	作者 籍贯	文献 类型	出版／ 印刷单位	印刷 时间	开本	字数	收藏者
通江县红军史料——红魂	刘 弘 王沐无	四川 通江	公开 出版	九州出版社	2013 年	16 开	未统计	通江县 图书馆
通江遗珍	通江县委		内部 资料	通江县委	2013 年	8 开	未统计	通江县 图书馆
通江工运史料 （一、二）	通江县总工 会		内部 资料	通江县总工 会	1984 年 1987 年	16 开	未统计	通江县 图书馆
通江县灾异资 料汇编	通江县区划 办		内部 资料	通江县区划 办	1986 年	32 开	未统计	通江县 图书馆
通江历史 编年记 （316—1952）	通江县委党 史研究室		内部 资料	通江县委党 史研究室	1985 年	32 开	14 万	景瑞三
通江历史编年 记（续篇） （1953—1988）	通江县委党 史研究室		内部 资料	通江县委党 史研究室	1989 年	32 开	15 万	通江县 图书馆
通江历史编年 记（续篇） （1989—2000）	通江县委党 史研究室		内部 资料	通江县委党 史研究室	2002 年	32 开	25 万	通江县 图书馆
风云得汉城	陈 勇 蒲江涛	四川 通江	公开 出版	中共党史出 版社	2017 年	16 开	29 万	通江县 图书馆
水电四十年	通江县水利 局		公开 出版	中共党史出 版社	1989 年	16 开	未统计	通江县 图书馆
壁州沧桑	通江县委宣 传部		内部 资料	通江县委宣 传部	1989 年	16 开	未统计	通江县 图书馆
妇女独立团论	李开建	四川 通江	内部 资料		2019 年	32 开	20 万	作者
中国古代茶法 概述	彭从凯	四川 通江	公开 出版	中国文史出 版社	2012 年	16 开	58 万	通江县 图书馆
通江历史文化 田野调查	彭从凯	四川 通江	内部 资料		2014 年	16 开	未统计	通江县 图书馆

书名	作者（编者）	作者籍贯	文献类型	出版/印刷单位	印刷时间	开本	字数	收藏者
巴中历史文化田野调查	彭从凯	四川通江	公开出版	四川师范大学电子出版社	2019 年	16 开	47 万	巴中市图书馆
巴中历史文化探微	彭从凯	四川通江	公开出版	四川师范大学电子出版社	2023 年	16 开	27 万	景瑞三
通江历史文化脉络点位调查	通江县文化广播影视新闻出版局		内部资料	通江县文化广播影视新闻出版局	2017 年	8 开	未统计	通江县档案馆
通江县党史资料丛书（1—6）	通江县委党史工委办公室		内部资料	通江县委党史工委办公室	1984—1990	16 开	10 万—20 万	通江县图书馆
通江县革命老区发展史	通江县老区建设促进会		公开出版	中共党史出版社	2021 年	16 开	未统计	通江县图书馆
说古道今话通江	通江团县委		内部资料	通江团县委	1984 年	32 开	8 万	景瑞三
斗山集——大巴山土匪纪实	李瑞明	四川通江	公开出版	中国文史出版社	2015 年	16 开	21 万	通江县图书馆
斗山集——通江古今人物传	李瑞明	四川通江	公开出版	中国文史出版社	2015 年	16 开	20 万	通江县图书馆
斗山集——川陕苏区轶史	李瑞明	四川通江	公开出版	中国文史出版社	2015 年	16 开	20 万	通江县图书馆
斗山集——白莲教人物传略	李瑞明	四川通江	公开出版	中国文史出版社	2015 年	16 开	16 万	通江县图书馆
斗山集——情萦斗山	李瑞明	四川通江	公开出版	中国文史出版社	2015 年	16 开	20 万	通江县图书馆
川陕革命根据地钱币研究	李琳	四川通江	内部资料		2019 年	16 开	未统计	通江县图书馆
光辉的历程	唐志坤	四川通江	内部资料		2007 年	16 开	未统计	通江县图书馆

书名	作者（编者）	作者籍贯	文献类型	出版／印刷单位	印刷时间	开本	字数	收藏者
川陕苏区群众工作	主 编：赵邦秀 副主编：张干金 席 凯	四川通江	内部资料	通江县委	2015 年	32 开	6 万	景瑞三
通江文史资料（1—6 辑）	通江县政协文史资料委		内部资料	通江县政协	1985—2002	32 开	80 万	通江县图书馆
通江现代史资料选（1—4 辑）	通江县委党史资料征集组		内部资料	通江县委党史资料征集组	1981—1984	32 开	95 万	景瑞三
绿色史料札记	张浩良	四川巴中	公开出版	云南大学出版社	1990 年	16 开	6 万	通江县图书馆
擂鼓寨村史	赵明皓	四川通江	内部资料	通江县贫困乡村经济发展促进会	2001 年	32 开	17 万	通江县档案馆
红色两河口	肖裕孟	四川通江	内部出版	两河口镇政府	2023 年	16 开	33 万	景瑞三
通江纵横	通江县委办公室		内部资料	通江县委办公室	1999 年	32 开	未统计	通江县档案馆
历史深处的巴蜀古镇	殷方新	四川通江	公开出版	天地出版社	2008 年	16 开	28 万	通江县档案馆
四川省通江县革命烈士英名录	通江县政府		内部资料	通江县政府	1981 年	8 开	未统计	通江县档案馆
温家宝总理视察通江资料汇编	通江县委党史研究室		内部资料	通江县委党史研究室	2005 年	16 开	15 万	通江县档案馆
中国共产党四川省通江县组织史资料（1933—1987）	通江县委组织部、县委党史研究室		公开出版	四川人民出版社	1993 年	16 开	60 万	通江县档案馆

书名	作者（编者）	作者籍贯	文献类型	出版/印刷单位	印刷时间	开本	字数	收藏者
中国共产党通江百年历史大事记（1921—2021）	通江县委党史研究室		内部资料	中共通江县委党史研究室	2021年	16开	95万	通江县委党史研究室
中国共产党通江县重要历史文献选编（上下）	通江县委党史研究室		内部资料	通江县委党史研究室	2021年	12开	未统计	巴中市史志馆
四川省巴中市通江县红色资源（红色遗址）普查资料汇编（上中下）	通江县委党史研究室		内部资料	通江县委党史研究室	2021年	16开	未统计	巴中市史志馆
通江纵横	通江县委办公室		内部资料	通江县委办公室	1999年	16开	43万	巴中市图书馆
红军在通江	彭俊礼	四川通江	内部资料	通江县老科协	2010年	32开	30万	巴中市档案馆
通江县土改简报	通江县土改总团办公室		内部资料	通江县土改总团办公室	1952年	16开	20万	景瑞三
党在通江的地下斗争史略	通江县委党史研究室		内部资料	通江县委党史研究室	1984年	32开	6万	景瑞三
通江县国统区革命文化史料	通江县文教局		内部资料	通江县文教局	1991年	16开	15万	景瑞三
通江红军文物普查资料汇编	通江县文物管理所		内部资料	通江县文物管理所	2004年	16开	20万	景瑞三
平昌设治局概览	平昌县地方志办公室		内部资料	平昌县地方志办公室	1984年	32开	3万	平昌县方志馆
中国共产党平昌县历史（1921—1949）	平昌县委党史研究室		公开出版	中央文献出版社	2012年	16开	38万	平昌县委党研究室

书名	作者（编者）	作者籍贯	文献类型	出版/印刷单位	印刷时间	开本	字数	收藏者
中国共产党平昌县历史（1950—2006）	平昌县委党史研究室		公开出版	四川音像文艺出版社	2007年	16开	70万	平昌县委党研究室
中国共产党平昌县简史	平昌县委党史研究室		内部资料	平昌县委党史研究室	2018年	16开	90万	巴中市图书馆
中国共产党四川省平昌县组织史资料（1933—1987）	平昌县委组织部、平昌县委党史研究室 等		公开出版	四川人民出版社	1992年	16开	70万	平昌县委党研究室
红色永驻——红四方面军在得胜	王成军 钱文国	四川平昌	公开出版	白山出版社	2015年	16开	未统计	平昌得胜中学
平昌系列文化丛书——平昌史话	何茂森	四川平昌	内部资料		2017年	16开	34万	平昌县图书馆
中国共产党平昌县大事记（1921—2011）	池青昌	四川平昌	内部资料		2012年	16开	38万	平昌县图书馆
平昌纵横	贾汉	四川平昌	内部资料		2003年	32开	12万	平昌县图书馆
川陕苏区平昌历史文献汇编	平昌县委党史工委		内部资料	平昌县委党史工委	1986年	32开	15万	平昌县委党史工委
文史资料第一辑——刘伯坚烈士革命事迹简述	平昌县政协文史资料组		内部资料	平昌县政协	1984年	32开	1万	平昌县政协
文史资料第二辑——明朝建文帝死于望京乡	平昌县政协教卫体委		内部资料	平昌县政协	1992年	32开	2万	平昌县政协
文史资料第三辑	平昌县政协文史教卫体委		内部资料	平昌县政协	1996年	32开	5万	平昌县政协

书名	作者（编者）	作者籍贯	文献类型	出版/印刷单位	印刷时间	开本	字数	收藏者
文史资料第四辑	平昌县政协文史教卫体委		内部资料	平昌县政协	2001年	32开	6万	平昌县政协
文史资料第五辑——平昌文化名人作品选	平昌县政协文史委		内部资料	平昌县政协	2003年	16开	12万	平昌县政协
文史资料第六辑——平昌文化名人墨迹选	平昌县政协文史委		内部资料	平昌县政协	2005年	16开	13万	平昌县政协
文史资料第七辑——平昌风情	平昌县政协文史委		内部资料	平昌县政协	2006年	16开	15万	平昌县政协
文史资料第八辑——同心铸辉煌	平昌县政协文史委		内部资料	平昌县政协	2006年	16开	11万	平昌县政协
文史资料第九辑——巴州白莲教起义	平昌县政协文史委		内部资料	平昌县政协	2007年	16开	30万	平昌县政协
文史资料第十辑——吴德潚与戊戌维新	平昌县政协文史委		内部资料	平昌县政协	2009年	16开	25万	平昌县政协
文史资料第十一辑——平昌史话	平昌县政协文史委		内部资料	平昌县政协	2014年	16开	21万	平昌县政协
文史资料第十二辑——平昌县民歌民谣集萃	平昌县政协文史委		内部资料	平昌县政协	2017年	16开	19万	平昌县政协
文史资料第十三辑——平昌记忆	平昌县政协文史委		内部资料	平昌县政协	2020年	16开	23万	平昌县政协

书名	作者（编者）	作者籍贯	文献类型	出版／印刷单位	印刷时间	开本	字数	收藏者
文史资料第十四辑——平昌县丧葬文化概述	王建华	四川平昌	内部资料	平昌县政协	2022 年	16 开	31 万	平昌县政协
川陕苏区平昌人民斗争史	平昌县委党史工委		内部资料	平昌县委党史工委	1986 年	32 开	20 万	平昌县委党史工委
中共平昌县地下斗争史	何茂森 何巽之	四川平昌	公开出版	河南人民出版社	2021 年	32 开	20 万	平昌县方志馆
马克思主义今与昔	赵学成	四川平昌	公开出版	中国广播电视出版社	2001 年	16 开	15 万	平昌县方志馆
红军在平昌	鲜政文 龚山荣	四川平昌	内部资料	平昌县志编委办公室	1986 年	32 开	15 万	巴中市档案馆
平昌县革命老区发展史	李宣德 杨廷富	四川平昌	公开出版	中国文史出版社	2020 年	16 开	15 万	平昌县政协
平昌县三线建设资料汇编	平昌县委党史研究室		内部资料	平昌县委党史研究室	2015 年	12 开	未统计	巴中市史志馆
中国共产党巴中市历史（1921—1945）	巴中市委党史办公室		内部资料	巴中市委党史办公室	2014 年	16 开	未统计	巴中市史志馆
中国共产党巴中市历史（1921—1949）	巴中市委党史办公室	四川巴中	公开出版	中共党史出版社	2018 年	32 开	17 万	巴中市史志馆
中国共产党巴中市历史（1950—1978）	巴中市委党史办公室	四川巴中	公开出版	中共党史出版社	2021 年	16 开	22 万	巴中市史志馆
中国共产党百年历史大事记	巴中市史志办		内部资料	巴中市史志办	2021 年	32 开	10 万	巴中市史志馆
川陕苏区巴中卷	崔洪礼	四川南江	公开出版	四川人民出版社	2012 年	32 开	39 万	巴中市史志馆

书名	作者 （编者）	作者籍贯	文献类型	出版/ 印刷单位	印刷时间	开本	字数	收藏者
巴中地区 大事记 （1993—1998）	主　编： 张中孝 副主编： 谭启汉 黄世怀	四川 巴中	内部 资料	巴中地委办 公室	1999年	32开	32万	巴中市 史志馆
巴中地区公安 大事记 （1993—1998）	戴远明	四川 巴中	内部 资料	巴中地区公 安处	1999年	32开	12万	巴中市 史志馆
巴中十年	巴中市委党 史办公室		内部 资料	巴中市委党 史办公室	2003年	16开	未统计	巴中市 史志馆
红色宣言	巴中市委 巴中市政府		内部 出版	巴中市委 巴中市政府	2010年	16开	10万	景瑞三
巴中辉煌 60年	主　编： 向全国 副主编： 王国旗 朱　欣 傅　均 刘　畅	四川 巴中	内部 资料	中共巴中市 委办公室	2009年	16开	未统计	巴中市 史志馆
巴中历史 大事记 （1993—2012）	巴中市史志 办		公开 出版	中共党史出 版社	2013年	16开	88万	巴中市 史志馆
巴中历史大事 记（2015）	巴中市史志 办		内部 资料	巴中市史志 办	2016年	32开	未统计	巴中市 史志馆
巴中历史大事 记（2016）	巴中市史志 办		内部 资料	巴中市史志 办	2017年	32开	未统计	巴中市 史志馆
巴中历史大事 记（2017）	巴中市史志 办		内部 资料	巴中市史志 办	2018年	32开	未统计	巴中市 史志馆
巴中史话	李旭升	四川 巴中	公开 出版	四川人民出 版社	2016年	32开	17万	巴中市 政协
巴中文物	李旭升	四川 巴中	公开 出版	四川人民出 版社	2016年	32开	35万	巴中市 政协

书名	作者（编者）	作者籍贯	文献类型	出版/印刷单位	印刷时间	开本	字数	收藏者
红军在巴中	巴中市委党史办公室		内部出版	巴中市委党史办公室	2002年	32开	21万	景瑞三
川陕革命根据地史稿	巴中市委党史办公室		内部资料	巴中市委党史办公室	2020年	16开	未统计	巴中市史志馆
川陕苏区的斗争	巴中市委党史办		内部资料	巴中市委党史办公室	2018年	16开	未统计	巴中市史志馆
川陕革命根据地简史	巴中市委市政府		内部资料	巴中市委市政府	2005年	16开	85万	巴中市图书馆
艰难的历程	桂绍忠 张崇鱼	四川巴中	内部资料		2003年		20万	巴中市图书馆
川陕革命根据地工会史料汇编	川陕革命根据地博物馆、巴中市总工会		内部资料	川陕革命根据地博物馆、巴中市总工会	2013年	16开	13万	川陕革命根据地博物馆
巴山人民的怀念	《巴山人民的怀念》编委会		公开出版	四川大学出版社	1992年	32开	15万	川陕革命根据地博物馆
物证荟萃	川陕苏区将帅碑林管委办		内部资料	川陕苏区将帅碑林管委办	2009年	32开	11万	川陕革命根据地博物馆
川陕革命根据地历史文献选编（上下册）	川陕革命根据地博物馆		公开出版	四川人民出版社	1979年	32开	70万	川陕革命根据地博物馆
川陕革命根据地	川陕革命根据地博物馆		内部资料	川陕革命根据地博物馆	2018年	16开	未统计	川陕革命根据地博物馆
川陕革命根据地经济建设史长编	川陕革命根据地博物馆		内部资料	川陕革命根据地博物馆	1980年	32开	20万	巴州区档案馆

书名	作者（编者）	作者籍贯	文献类型	出版/印刷单位	印刷时间	开本	字数	收藏者
川陕革命根据地创建75周年历史研讨会论文集	巴中市委宣传部、市委党校、市委党史办		内部出版	巴中市委宣传部、市委党校、市委党史办	2007年	16开	未统计	巴中市档案馆
巴中老红军讲述——川陕革命根据地老红军口述史	巴中市政协、巴中市档案局		内部资料	巴中市政协、巴中市档案局	2016年	16开	30万	巴中市档案馆
巴山烽火	川陕革命根据地军事斗争史编委会		公开出版	四川人民出版社	1991年	未统计	15万	川陕革命根据地博物馆
川陕苏区历史研究论文集锦	熊华	四川巴中	公开出版	中央文献出版社	2009年	32开	42万	巴中市档案馆
红色档案	川陕苏区将帅碑林管委会		内部资料	川陕苏区将帅碑林管委会	2010年	32开	80万	恩阳区史志档案中心
巴中史话	巴中市委宣传部		公开出版	扬州广陵古籍刻印社	2007年	未统计	8万	巴中市图书馆
巴中红军历史知识1000问	郑开屏 李先国	四川巴中	公开出版	四川人民出版社	2017年	16开	50万	巴中市图书馆
红军心声	张崇鱼	四川巴中	内部资料	川陕苏区将帅碑林纪念馆	2016年	未统计	14万	巴中市图书馆
巴中地委宣传部大事记（1993—1996）	巴中地委宣传部		内部资料	巴中地委宣传部	1996年	16开	6万	巴州区图书馆
光辉的历程	巴中市委宣传部		内部资料	巴中市委宣传部	2004年	32开	18万	景瑞三
记住乡愁（梨辕坝村）——巴中传统村落立档调查	巴中市文学艺术界联合会		内部资料	巴中市文学艺术界联合会	2015年	16开	15万	景瑞三

书名	作者（编者）	作者籍贯	文献类型	出版／印刷单位	印刷时间	开本	字数	收藏者
乡土郑家山（历史文化田野调查）	巴中市广播电视台 等		内部资料	巴中市广播电视台	2020 年	16 开	15 万	景瑞三
红色记忆（川陕苏区红军石刻标语纪念邮册）	巴中市委巴中市政府		内部资料	四川集邮公司	2010 年	16 开	未统计	景瑞三
巴中建区设市十周年人大工作回眸	巴中市人大常委会办公室		内部出版	巴中市人大常委会办公室	2003 年	16 开	50 万	景瑞三
石头上的史诗——川陕苏区石刻及其研究	王明洲王玉景	四川巴中	公开出版	成都时代出版社	2014 年	16 开	30 万	景瑞三
川陕苏区革命遗址	王模成	四川巴中	公开出版	成都科技大学出版社	1992 年	未统计	未统计	景瑞三
决战贫困——巴中脱贫攻坚纪实	巴中市委宣传部、市扶贫开发局、巴中日报社		公开出版	四川人民出版社	2021 年	32 开	26 万	景瑞三
巴中脱贫攻坚亲历者说（口述史）	主 编：朱 东 副主编：尹治才 执行副主编：景瑞三	四川巴中	内部资料	巴中市政协	2021 年	16 开	38 万	巴中市政协
川陕苏区宣传工作研究	王志雄	四川南江	公开出版	中国文史出版社	2015 年	未统计	21 万	景瑞三
中国石刻艺术之乡申报材料	巴中文学艺术界联合会		内部资料	巴中文学艺术界联合会	2015 年	16 开	7 万	景瑞三
巴山红叶祭忠魂——巴山游击队斗争史	巴中军分区		内部资料	巴中军分区	2011 年	32 开	60 万	巴中市图书馆
红色档案	将帅碑林管委会		内部资料	将帅碑林管委会	2010 年	32 开	23 万	巴中市档案馆

书名	作者（编者）	作者籍贯	文献类型	出版／印刷单位	印刷时间	开本	字数	收藏者
川陕苏区历史性贡献见证	巴中市档案馆		内部资料	巴中市档案馆	2021 年	16 开	15 万	巴中市档案馆
巴山巴水育巴人——巴中古今	巴中市地方志办公室		内部出版	巴中市地方志办公室	2002 年	32 开	15 万	景瑞三
川陕苏区统战工作研究	巴中市委统战部		内部资料	巴中市委统战部	2021 年	16 开	未统计	景瑞三

第二节　志　书

书名	作者（编者）	作者籍贯	文献类型	出版/印刷单位	印刷时间	开本	字数	收藏者
巴州志	巴中县档案馆		内部资料	巴中县档案馆（翻印）	清道光十三年	16开	26万	巴州区档案馆
民国巴中县志（民国十三年）	余　震　冯秉圭	四川巴中	内部资料	巴中县政协（翻印）	1993年	16开	22万	巴州区图书馆
语译巴中县志（1—5）	巴中县档案馆		内部资料	巴中县档案馆	1959年	16开	25万	巴州区档案馆
巴中新志	巴中县政协		内部资料	巴中县政协	1959年	16开	33万	巴州区档案馆
巴中县新志（初稿）	巴中县政协		手稿		1959年	16开	8万	巴州区档案馆
巴中县志校注（公元91—1924）（民国十三年版）	黄道忠	四川巴中	内部出版	巴中市政协（县级市）	2001年	16开	85万	巴中市史志馆
巴州志校注	巴中市政协文史资料委	四川巴中	内部资料	巴中市政协（县级市）	1997年	16开	60万	巴州区档案馆
巴州志校注重印本（道光十三年）	陈正统　黄道忠	四川巴中	内部出版	巴州区政协	2002年	16开	45万	巴州区档案馆
巴中县志	巴中县志编纂委员会		公开出版	巴蜀书社	1994年	16开	138万	巴州区史志研究中心
巴中县志（1986—1993）	巴中县志编纂委员会		公开出版	四川人民出版社	2000年	16开	61万	巴州区史志研究中心
巴中市巴州区志（1994—2005）	巴中市巴州区志编纂委员会		公开出版	中国文史出版社	2013年	16开	100万	巴州区史志研究中心

书名	作者（编者）	作者籍贯	文献类型	出版/印刷单位	印刷时间	开本	字数	收藏者
巴中县志（翻印本）	巴中县档案馆		内部资料	巴中县档案馆	不详	16开	50万	巴州区档案馆
巴中县人民代表大会志	巴中县人大志编纂领导小组		内部资料	巴中县人大常委会	1988年	16开	未统计	巴州区史志研究中心
巴中市巴州区志（政协分志）	巴州区政协		内部资料	巴州区政协	2007年	16开	5万	巴州区政协
巴中市巴州区政协志（1990—2016）	巴州区政协		内部出版	巴州区政协	2017年	16开	30万	巴州区政协
巴中县政协志	巴中县政协		内部资料	巴中县政协	1991年	32开	15万	巴州区图书馆
巴中县卫生志	巴中县卫生志编写组		内部资料	巴中县卫生局	1989年	16开	26万	巴州区史志研究中心
巴中县医药志	巴中县医药志编写办公室		内部资料	巴中县医药局	1986年	16开	未统计	巴州区史志研究中心
巴中县供销合作志	巴中县供销合作社		内部资料	巴中县供销合作社	1986年	16开	未统计	巴州区史志研究中心
巴中县物价志	巴中县物价局		内部资料	巴中县物价局	1986年	16开	23万	巴州区史志研究中心
巴中县外贸志	巴中县外贸志编写小组		内部资料	巴中县外贸局	1987年	16开	未统计	巴州区史志研究中心
巴中县科技志	巴中县科学技术委员会		内部资料	巴中县科学技术委员会	1986年	16开	未统计	巴州区史志研究中心
巴中县盐业志	巴中县盐业支公司		内部资料	巴中县盐业支公司	1987年	16开	未统计	巴州区史志研究中心

书名	作者（编者）	作者籍贯	文献类型	出版/印刷单位	印刷时间	开本	字数	收藏者
巴中县纪律检查志	巴中县纪委		内部资料	巴中县纪委	1988 年	16 开	未统计	巴州区史志研究中心
巴中市巴州区纪检监察志	巴州区纪委监委		内部资料	巴州区纪委监委	2009 年	16 开	20 万	巴州区档案局
巴中县文化志	巴中县文教局		内部资料	巴中县文教局	1991 年	32 开	15 万	巴州区图书馆
四川省巴中中学志	萧佐远	四川巴中	内部资料	巴中中学	1998 年	16 开	90 万	巴中市史志馆
四川省巴中中学校志（1868—2018）	刘兆嘉	四川巴中	内部资料	巴中中学	2018 年	16 开	90 万	巴州区图书馆
巴中县水产志	巴中县水产站		内部资料	巴中县水产站	1987 年	16 开	未统计	巴州区图书馆
巴中县体育志	李正年 杨仕典	四川巴中	内部资料	巴中县体委	1986 年	16 开	未统计	巴州区图书馆
巴中县畜牧志	巴中县牲畜局		内部资料	巴中县畜牧局	1984 年	16 开	未统计	巴州区图书馆
巴中县总工会志	牟玉杰	四川巴中	内部资料	巴中县总工会	1987 年	16 开	未统计	巴州区图书馆
巴中县人民法院志	蒋学富	四川巴中	内部资料	巴中县人民法院	1987 年	16 开	未统计	巴州区图书馆
巴中县检察志	巴中县人民检察院		内部资料	巴中县人民检察院	1984 年	16 开	未统计	巴州区图书馆
巴中县书店志（1885—1985）	四川省巴中县新华书店		内部资料	四川省巴中县新华书店	1990 年	32 开	21 万	巴州区图书馆
巴中县民政志	巴中县民政局		内部资料	巴中县民政局	1987 年	32 开	未统计	巴州区图书馆
巴中县科协志（1961—1987）	巴中县科协		内部资料	巴中县科协	不详	未统计	未统计	巴州区图书馆

书名	作者（编者）	作者籍贯	文献类型	出版/印刷单位	印刷时间	开本	字数	收藏者
巴中县二轻工业志	巴中县二轻工业局		内部资料	巴中县二轻工业局	不详	未统计	未统计	巴州区图书馆
巴中县公安志（1986—2000）	巴中县公安局		内部资料	巴中县公安局	不详	未统计	25万	巴州区图书馆
巴中县交通志	巴中县交通局		内部资料	巴中县交通局	不详	未统计	未统计	巴州区图书馆
巴中县工业局志	巴中县工业局		内部资料	巴中县工业局	1985年	16开	25万	巴州区图书馆
土农药志	巴中人民委员会农林水利科		内部资料	巴中人民委员会农林水利科	1961年	32开	未统计	巴州区档案馆
畜牧兽医志	巴中县科学研究院		内部资料	巴中县科学研究院	1960年	32开	未统计	巴州区档案馆
巴中县委党校志	巴中县委党校志编写组		内部资料	巴中县委党校	1989年	16开	未统计	巴州区档案馆
巴中县金融志	王文才		内部资料	巴中县金融志编纂委员会	1987年	32开	31万	巴州区档案馆
巴中县组工志	巴中县委组织部		内部资料	巴中县委组织部	1986年	16开	未统计	巴州区档案馆
巴中县水利电力志	巴中县水利电力局		内部资料	巴中县水利电力局	1987年	16开	未统计	巴州区档案馆
巴中县林业志	巴中县林业局		内部资料	巴中县林业局	1989年	16开	未统计	巴州区档案馆
巴中县农业机械志	巴中县农业机械局		内部资料	巴中县农业机械局	1987年	16开	未统计	巴州区档案馆
巴中县财贸易志	巴中县政府农贸办		内部资料	巴中县政府农贸办	1987年	16开	未统计	巴州区档案馆
巴中县税务志	巴中县税务局		内部资料	巴中县税务局	1987年	16开	未统计	巴州区档案馆

书名	作者（编者）	作者籍贯	文献类型	出版/印刷单位	印刷时间	开本	字数	收藏者
巴中市国土志	崔腾钢	四川巴中	内部资料	巴中市国土局（县级市）	1999年	未统计	未统计	巴州区图书馆
巴中县邮电志	李普耘	四川巴中	内部资料	巴中县邮电局	1987年	16开	未统计	巴州区档案馆
巴中县广播电视志（1936—1985）	巴中县广播电视局		内部资料	巴中县广播电视局	1992年	16开	15万	巴中市图书馆
巴中金融志	张辅斌	四川巴中	内部资料	巴中县金融办	不详	32开	未统计	巴州区档案馆
日杂志	张传宗	四川巴中	内部资料	巴中县日杂废旧物资公司	1988年	16开	未统计	巴州区档案馆
巴中市巴州区房地产管理志（1949—2005）	巴州区房地产管理局		内部资料	巴州区房地产管理局	2007年	16开	20万	巴州区档案馆
工商行政管理志（1910—1983）	巴中县工商行政管理局		内部资料	巴中县工商行政管理局	1985年	16开	未统计	巴州区档案馆
工商行政管理志续修（1984—1989）	杨雄飞	四川巴中	内部资料	巴中县工商行政管理局	1989年	16开	未统计	巴州区档案馆
巴中县齿轮厂志	刘昌廉	四川巴中	内部资料	巴中县齿轮厂志	1989年	16开	未统计	巴州区档案馆
巴中县档案志	蒲廷学	四川巴中	内部资料	巴中县档案馆	1986年	16开	未统计	巴州区档案馆
巴中县电力公司志	李元阳	四川巴中	内部资料	巴中市电力公司（县级市）	2001年	32开	20万	巴州区档案馆
巴中市巴州区交通运输志	蒋军辉	四川巴中	内部资料	巴州区交通运输局	2011年	16开	85万	巴州区档案馆
巴中县曾口区志	曾口区委		内部资料	曾口区委	1998年	32开	40万	巴州区史志研究中心

书名	作者（编者）	作者籍贯	文献类型	出版/印刷单位	印刷时间	开本	字数	收藏者
巴中县渔溪志（1963—1985）	熊兆祥 钱科远	四川巴中	内部资料	渔溪区公所	2019年	16开	40万	景瑞三
巴中县飞马村志	李曙光 李耀俊	四川巴中	民间资料		1997年	32开	未统计	巴州区史志研究中心
巴中县玉山区志	龙从孝	四川巴中	内部资料	玉山区委	1986年	16开	33万	巴州区图书馆
巴中县宕梁区供销合作社志	宕梁区供销社		内部资料	宕梁区供销社	1988年	未统计	未统计	巴州区图书馆
梁永乡志	程君 程仕清	四川巴中	内部资料	梁永乡政府	2017年	32开	未统计	巴州区图书馆
鼎山志	鼎山志编委会		内部资料		2003年	16开	35万	巴州区图书馆
化成区志	化成区志编写组		内部资料		2005年	16开	50万	巴州区档案馆
玉山志（1994—2002）	巴州区政府玉山办事处		内部资料	巴州区政府玉山办事处	2004年	16开	20万	景瑞三
巴州区宣传志（1916—2015）	巴州区委宣传部		内部资料	巴州区委宣传部	2016年	16开	35万	巴州区图书馆
巴州区图书馆志（1833—2019）	巴州区图书馆		内部资料	巴州区图书馆	2020年	16开	50万	巴州区图书馆
汶川特大地震巴州区工会抗震救灾志	巴州区总工会		内部资料	巴州区总工会	2010年	8开	15万	巴州区图书馆
巴州区教育志	何志金		内部资料	巴州区教育局	2004年	16开	80万	巴中市史志馆
巴州区教科体志（2004—2015）	巴州区教科体局		内部资料	巴州区教科体局	2016年	16开	85万	巴州区图书馆
巴州区工会志（1912—2017）	巴州区总工会		内部资料	巴州区总工会	不详	未统计	未统计	巴州区图书馆

书名	作者（编者）	作者籍贯	文献类型	出版／印刷单位	印刷时间	开本	字数	收藏者
巴州区工会志（1994—2005）	巴州区总工会		内部资料	巴州区总工会	不详	未统计	未统计	巴州区图书馆
巴州区发展计划志（1910—2005）	巴州区发展计划委员会		内部资料	巴州区发展计划委员会	2005年	16开	20万	巴州区图书馆
巴州区地方税务志（1994—2002）	巴州区地方税务局		内部资料	巴州区地方税务局	2005年	16开	20万	巴中市史志馆
巴中市巴州区国税志（1986—2003）	李云端 赖庆林	四川巴中	内部资料	巴中市巴州区国税局	2004年	16开	5万	巴中市史志馆
巴州区农村合作金融志（1935—2005）	主　编：谢书臣 副主编：冯剑南	四川巴中	内部资料	巴州区农村信用合作社	2004年	16开	40万	巴中市史志馆
巴中市巴州区抗震救灾志	主　编：张平阳 副主编：刘德成	四川巴中	内部资料	巴州区政府	2011年	16开	25万	巴中市史志馆
巴州区梁永镇志	总　编：王学奎 执行主编：张邦联 副主编：罗克彪 李维建 傅克绍	四川巴中	内部资料	梁永镇政府	2022年	16开	50万	巴中市史志馆
巴中市巴州区档案志（1994—2005）	喻伟文	四川巴中	内部资料	巴州区档案局	2017年	16开	17万	巴州区档案馆
晏募会志	王　超	四川巴中	内部资料	巴州区晏阳初文教资金募捐委员会	不详	32开	21万	巴州区档案馆
恩阳中学校志	杜召义 苟　刚	四川巴中	公开出版	中国文史出版社	2015年	16开	30万	巴中市史志馆

书名	作者（编者）	作者籍贯	文献类型	出版/印刷单位	印刷时间	开本	字数	收藏者
恩阳区乡镇简志	恩阳区委史志档案局		内部资料	恩阳区委史志档案局	2017年	16开	96万	恩阳区委史志档案局
南江县志（道光七年版）	南江县政协		内部资料	南江县政协	2003年	16开	未统计	南江县图书馆
南江县志（民国十一年版）	南江县政协		内部资料	南江县政协	2003年	16开	未统计	南江县图书馆
南江县志	南江县志编委		公开出版	成都出版社	1992年	16开	110万	南江县地方志办公室
南江县志（1986—2000）	南江县志编委		公开出版	中国文史出版社	2011年	16开	166万	南江县地方志办公室
南江县计划生育志	江治秀 刘本煜 何楷凡	四川南江	内部资料	南江县计生委	1985年	16开	15万	南江县地方志办公室
南江县教育志（1911—1985）	南江县教育局		内部资料	南江县教育局	1986年	16开	40万	南江县教科体局
南江县教育志（1950—1984）	南江县教育局		内部资料	南江县教育局	1984年	16开	39万	南江县教科体局
南江县教育志（1986—2000）	南江县教育文化体育局		内部资料	南江县教育文化体育局	2000年	16开	42万	南江县教科体局
教育志（1986—2018）	南江县教育文化体育局		内部资料	南江县教育文化体育局	2018年	16开	43万	南江县教科体局
南江县科协志（1959—2014）	南江县科协		内部资料	南江县科协	2015年	16开	14万	南江县图书馆
南江县卫生志	陈传信	四川南江	内部资料	南江县卫生局	1984年	16开	14万	南江县地方志办公室

书名	作者（编者）	作者籍贯	文献类型	出版/印刷单位	印刷时间	开本	字数	收藏者
南江县民政志	廖元震	四川南江	内部资料	南江县民政局	1986年	16开	5万	南江县地方志办公室
南江县人大常委会志	黎维泉谈华明	四川南江	内部资料	南江县人大常委会	1984年	16开	23万	南江县地方志办公室
南江县人大常委会志（续）	蔡得生何焕生	四川南江	内部资料	南江县人大常委会	2003年	16开	38万	南江县地方志办公室
南江县财贸工作志	张增生王本进	四川南江	内部资料	南江县人民政府农贸办	1986年	16开	10万	南江县地方南办公室
南江县商贸志	南江县农贸办		内部资料	南江县农贸办	1986年	32开	35万	南江县地方志办公室
南江县农村工作志（1949—1984）	南江县农贸办		内部资料	南江县农贸办	1985年	32开	29万	南江县地方志办公室
南江县交通运输志	韦祖荣	四川南江	内部资料	南江县交通局	1986年	16开	10万	南江县地方志办公室
南江县粮油志	袁 惠王万成李栋梁	四川南江	内部资料	南江县粮食局	1986年	16开	10万	南江县地方志办公室
南江县农机志	岳光荣	四川南江	内部资料	南江县农机局	1984年	16开	6万	巴中市史志馆
南江县气象志	雷泽茂曾纪光	四川南江	内部资料	南江县气象站	1985年	16开	3万	南江县地方志办公室
南江县税务志	南江县税务局		内部资料	南江县税务局	1986年	16开	16万	南江县地方志办公室

书名	作者 （编者）	作者籍贯	文献类型	出版／ 印刷单位	印刷时间	开本	字数	收藏者
南江县工业志	南江县经济委员会		内部资料	南江县经济委员会	1988 年	16 开	5 万	南江县地方志办公室
南江县工业局志	南江县工业局		内部资料	南江县工业局	1985 年	32 开	20 万	南江县档案馆
南江县检察院志	谭遂宁 何 锐	四川南江	内部资料	南江县检察院	1984 年	16 开	6 万	南江县地方志办公室
南江县政协志	南江县政协		内部资料	南江县政协	1987 年	16 开	5 万	南江县地方志办公室
南江县政协志 （1981—2000）	南江县政协		内部出版	南江县政协	2001 年	16 开	24 万	南江县地方志办公室
南江县统计局志	南江县统计局		内部资料	南江县统计局	1985 年	16 开	9 万	南江县地方志办公室
南江县物资志	蒋 伟 孙学工	四川南江	内部资料	南江县物资局	1985 年	16 开	8 万	南江县地方志办公室
南江县体育志	南江县体委		内部资料	南江县体委	1986 年	16 开	5 万	南江县地方志办公室
南江县文化体育志	何晓东 蒋成俊	四川南江	内部资料	南江县教育体育局	2004 年	16 开	未统计	巴中市史志馆
南江县新华书店志	蔡仁贵 杨洪涛	四川南江	内部资料	南江县新华书店	1987 年	16 开	10 万	南江县地方志办公室
南江县教师进修学校志	南江县教师进修学校		内部资料	南江县教师进修学校	未统计	未统计	未统计	巴中市史志馆
南江县畜牧志	黄 鹏 熊正福 王应星	四川南江	内部资料	南江县畜牧局	1987 年	16 开	10 万	南江县地方志办公室

书名	作者（编者）	作者籍贯	文献类型	出版/印刷单位	印刷时间	开本	字数	收藏者
南江县川剧团志	岳太然	四川南江	内部资料	南江县川剧团	1985年	16开	3万	南江县地方志办公室
南江县医院志	熊玲 陈传信	四川南江	内部资料	南江县人民医院	1985年	16开	12万	南江县地方志办公室
南江县妇幼保健志	刘代富	四川南江	内部资料	南江县妇幼保健院	1985年	16开	5万	南江县地方志办公室
南江县共青团志	何开章 姜北海	四川南江	内部资料	南江团县委	1985年	16开	12万	南江县地方志办公室
南江县乡镇企业志	南江县乡镇企业局		内部资料	南江县乡镇企业局	1984年	16开	20万	南江县地方志办公室
南江县人民政府志	郑友明 岳俊举	四川南江	内部资料	南江县政府	1985年	32开	95万	南江县地方志办公室
南江县中学志	南江中学		内部资料	南江中学	1984年	16开	未统计	南江县地方志办公室
南江县委统战部志	南江县委统战部		内部资料	南江县委统战部	1985年	32开	29万	南江县档案馆
南江县委组织部志	南江县委组织部		内部资料	南江县委组织部	1986年	32开	12万	南江县档案馆
南江县统战志（1932—2002）	余柱石 何玉莲 杨德清	四川南江	内部出版	南江县委统战部	2002年	16开	40万	南江县地方志办公室
南江县直工委志	何显尧 王树苹	四川南江	内部出版	南江县委直工委	2003年	16开	40万	南江县地方志办公室
南江县财政志（1986—2002）	徐万华 惠之涌	四川南江	内部出版	南江县财政局	2005年	16开	32万	南江县地方志办公室

书名	作者（编者）	作者籍贯	文献类型	出版/印刷单位	印刷时间	开本	字数	收藏者
南江县人民检察志	付智	四川南江	内部资料	南江县人民检察院	2004 年	16 开	17 万	南江县地方志办公室
南江县国税志	罗学生 刘奉先 熊虹	四川南江	内部出版	南江县国税局	2005 年	16 开	16 万	南江县地方志办公室
南江县环境保护志（1997—2000）	毛清晰 张登全	四川南江	内部出版	南江县环境保护局	2008 年	16 开	24 万	南江县地方志办公室
南江县工会志	刘自碧 范家成 岳辅邦	四川南江	内部出版	南江县总工会	2004 年	16 开	20 万	南江县地方志办公室
南江县法院志（1912—2000）	赵明珠	四川南江	内部出版	南江县人民法院	2003 年	16 开	26 万	南江县地方志办公室
南江县工商行政管理志	赵正林 秦万成	四川南江	内部出版	南江县工商行政管理局	2008 年	16 开	40 万	南江县地方志办公室
南江县公安志（1950—2000）	陈科理 薛举元 冯小平 熊正明	四川南江	内部出版	南江县公安局	2001 年	16 开	31 万	南江县地方志办公室
南江县科技志	龙从云 陈朝福	四川南江	内部出版	南江县科技局	2006 年	16 开	14 万	南江县地方志办公室
南江县交通志（续）	惠煜贤	四川南江	内部出版	南江县交通局	2004 年	16 开	14 万	南江县地方志办公室
南江质检志（1950—2006）	马万奎 马俊峰 赵全文	四川南江	内部出版	南江县质检局	2006 年	16 开	25 万	南江县地方志办公室
南江县烟草志	阎柱国 王敬贤	四川南江	内部资料	南江县烟草公司	1999 年	16 开	23 万	南江县地方志办公室

书名	作者（编者）	作者籍贯	文献类型	出版/印刷单位	印刷时间	开本	字数	收藏者
南江县国土志	何吉林 唐良彩	四川南江	内部资料	南江县国土局	1996 年	16 开	20 万	巴中市史志馆
国土资源志（1912—2003）	李新泉 唐良彩	四川南江	内部出版	南江县国土资源局	2005 年	16 开	40 万	南江县地方志办公室
南江县国土资源志	崔礼明 刘 洁 沈世凤 李勇健 赵 艳	四川南江	内部资料	南江县国土资源局	2015 年	16 开	未统计	巴中市史志馆
南江县水利电力志	陈道力	四川南江	内部出版	南江县水利电力局	2008 年	16 开	49 万	南江县地方志办公室
南江县审计志	刘文平 陈高贤 汪玉梅	四川南江	内部资料	南江县审计局	2005 年	16 开	18 万	南江县地方志办公室
南江县电信志	岳俊容 何朝华 闫柱国	四川南江	内部资料	四川省电信公司南江分公司	2003 年	16 开	90 万	南江县地方志办公室
南江二中志	赵明德 周国喜	四川南江	内部出版	南江县第二中学	1999 年	16 开	17 万	南江县地方志办公室
南江县住房和城乡建设志	南江县住房和城乡建设局		内部资料	南江县住房和城乡建设局	2017 年	16 开	48 万	南江县地方志办公室
汶川特大地震南江县抗震救灾志	李玉君 陈 俊 袁万年 罗 静 惠煜贤	四川南江	公开出版	中国文史出版社	2013 年	16 开	40 万	南江县地方志办公室
南江县大河乡志	李兆举 徐庭才 岳玉光 王泽郎	四川南江	内部资料	大河乡政府	1984 年	16 开	17 万	南江县地方志办公室

书名	作者 （编者）	作者 籍贯	文献 类型	出版／ 印刷单位	印刷 时间	开本	字数	收藏者
南江县仁和乡志	廖赞新 杨通英	四川 南江	内部 资料	仁和乡政府	1984年	16开	12万	南江县 地方志 办公室
南江镇志	刘居民 杜林枢 陈庭建 魏　伟	四川 南江	内部 出版	南江镇政府	2004年	16开	15万	南江县 地方志 办公室
南江镇志	梁远禄	四川 南江	手稿				未统计	南江县 地方志 办公室
水洞乡志	不　详	四川 南江	手稿				未统计	南江县 地方志 办公室
沙河乡志	李国清	四川 南江	手稿				未统计	南江县 地方志 办公室
团结乡志	朱玉宣	四川 南江	手稿				未统计	南江县 地方志 办公室
乐坝乡志	冯光华	四川 南江	手稿				未统计	南江县 地方志 办公室
金盆乡志	余泽柱	四川 南江	手稿				未统计	南江县 地方志 办公室
燕山乡志	张润明	四川 南江	手稿				未统计	南江县 地方志 办公室
长赤乡志	黄开诚	四川 南江	手稿				未统计	南江县 地方志 办公室
付家乡志	罗德选	四川 南江	手稿				未统计	南江县 地方志 办公室

书名	作者 （编者）	作者 籍贯	文献 类型	出版／ 印刷单位	印刷 时间	开本	字数	收藏者
双桂乡志	不 详	四川 南江	手稿				未统计	南江县 地方志 办公室
花桥乡志	吴仕阶	四川 南江	手稿				未统计	南江县 地方志 办公室
下两乡志	余树尧	四川 南江	手稿				未统计	南江县 地方志 办公室
东垭乡志	余树尧	四川 南江	手稿				未统计	南江县 地方志 办公室
玉泉乡志	陈洪明	四川 南江	手稿				未统计	南江县 地方志 办公室
仁和乡志	廖赞新	四川 南江	手稿				未统计	南江县 地方志 办公室
元潭乡志	何术发	四川 南江	手稿				未统计	南江县 地方志 办公室
凉水乡志	张兴乐	四川 南江	手稿				未统计	南江县 地方志 办公室
关门乡志	郭平睦	四川 南江	手稿				未统计	南江县 地方志 办公室
白院乡志	汪兆勇	四川 南江	手稿				未统计	南江县 地方志 办公室
北极乡志	张天华	四川 南江	手稿				未统计	南江县 地方志 办公室

书名	作者 （编者）	作者 籍贯	文献 类型	出版／ 印刷单位	印刷 时间	开本	字数	收藏者
瓦池乡志	韩富先	四川 南江	手稿				未统计	南江县 地方志 办公室
赶场乡志	卢呈祥	四川 南江	手稿				未统计	南江县 地方志 办公室
关田乡志	彭富发	四川 南江	手稿				未统计	南江县 地方志 办公室
旭光乡志	王家均	四川 南江	手稿				未统计	南江县 地方志 办公室
桥亭乡志	唐开选	四川 南江	手稿				未统计	南江县 地方志 办公室
沙滩乡志	岳　巍	四川 南江	手稿				未统计	南江县 地方志 办公室
红岩乡志	岳占仁	四川 南江	手稿				未统计	南江县 地方志 办公室
关坝乡志	陈志文	四川 南江	手稿				未统计	南江县 地方志 办公室
红顶乡志	熊继志	四川 南江	手稿				未统计	南江县 地方志 办公室
竹领乡志	白志宽	四川 南江	手稿				未统计	南江县 地方志 办公室
黑潭乡志	曾正东	四川 南江	手稿				未统计	南江县 地方志 办公室

书名	作者（编者）	作者籍贯	文献类型	出版／印刷单位	印刷时间	开本	字数	收藏者
高桥乡志	苗树勋	四川南江	手稿				未统计	南江县地方志办公室
光明乡志	石惠川	四川南江	手稿				未统计	南江县地方志办公室
侯家乡志	严联归 赵德孝	四川南江	手稿				未统计	南江县地方志办公室
九顶乡志	何旺忠 王习之	四川南江	手稿				未统计	南江县地方志办公室
红五乡志	岳必峰 何贵朝	四川南江	手稿				未统计	南江县地方志办公室
大河乡志	何 政 张 杰	四川南江	手稿				未统计	南江县地方志办公室
关路乡志	谢仕开	四川南江	手稿				未统计	南江县地方志办公室
桃园乡志	苗长俊 毛易全	四川南江	手稿				未统计	南江县地方志办公室
红四乡志	袁志安 李云龙	四川南江	手稿				未统计	南江县地方志办公室
和平乡志	孙继远 吴仕阶	四川南江	手稿				未统计	南江县地方志办公室
菩船乡志	陈体仁 陈好训	四川南江	手稿				未统计	南江县地方志办公室

书名	作者（编者）	作者籍贯	文献类型	出版/印刷单位	印刷时间	开本	字数	收藏者
平岗乡志	廖赞新 张迁光	四川南江	手稿				未统计	南江县地方志办公室
汇滩乡志	刘兴汉 刘兴京	四川南江	手稿				未统计	南江县地方志办公室
红星乡志	张顺德 黎龙昌	四川南江	手稿				未统计	南江县地方志办公室
新立乡志	邵新成 吴太德	四川南江	手稿				未统计	南江县地方志办公室
新民乡志	胡仕万 江世林	四川南江	手稿				未统计	南江县地方志办公室
柳湾乡志	岳通明	四川南江	手稿				未统计	南江县地方志办公室
坪河乡志	何顺章	四川南江	手稿				未统计	南江县地方志办公室
西清乡志	周茂全	四川南江	手稿				未统计	南江县地方志办公室
杨坝乡志	蔡光明	四川南江	手稿				未统计	南江县地方志办公室
甘溪乡志	不 详	四川南江	手稿				未统计	南江县地方志办公室
槐树乡志	肖兴文	四川南江	手稿				未统计	南江县地方志办公室

书名	作者（编者）	作者籍贯	文献类型	出版/印刷单位	印刷时间	开本	字数	收藏者
道光通江县志	李钟峨	四川通江	翻印本	通江县档案馆	道光年间	未统计	未统计	通江县档案馆
民国·通江县志稿	吴仕珍	四川通江	翻印本	通江县地方志办公室	2016年	16开	23万	通江县地方志办公室
通江县志	通江县志编纂委员会		公开出版	四川人民出版社	1998年	16开	150万	通江县地方志办公室
通江县志（1986—2005）	通江县志编纂委员会		公开出版	方志出版社	2011年	16开	168万	通江县地方志办公室
通江县人大志	通江县人大常委会		内部资料	通江县人大常委会	2006年	16开	26万	通江县地方志办公室
通江县供销合作志	曾星翔 赵东海	四川通江	公开出版	云南大学出版社	1990年	32开	20万	通江县地方志办公室
通江县供销合作志	通江县供销社		内部资料	通江县供销社	2013年	未统计	未统计	通江县图书馆
通江县林业志	张浩良	四川巴中	公开出版	云南大学出版社	1990年	32开	31万	通江县地方志办公室
通江县商业志	王家兴 张万强 赵东海	四川通江	公开出版	云南大学出版社	1990年	32开	20万	通江县地方志办公室
通江县城乡建设志	蹇学信	四川通江	公开出版	云南大学出版社	1990年	32开	15万	通江县地方志办公室
通江县城乡建设志	通江县规划和建设局		内部资料	通江县规划和建设局	2007年	16开	26万	通江县地方志办公室
通江县金融志	吴光昕 李绍发	四川通江	公开出版	云南大学出版社	1991年	32开	33万	通江县地方志办公室

书名	作者 （编者）	作者 籍贯	文献 类型	出版 / 印刷单位	印刷 时间	开本	字数	收藏者
通江县税务志	孙永干	四川 通江	公开 出版	云南大学出 版社	1993 年	32 开	20 万	通江县 地方志 办公室
通江县自然灾 害志	薛尚庚	四川 通江	内部 资料	通江县政府 办公室	1986 年	32 开	7 万	通江县 地方志 办公室
通江县民政志	李纶儒 阎柱国	四川 通江	内部 资料	通江县民政 局	1987 年	16 开	35 万	通江县 地方志 办公室
通江县工商行 政管理志	李怀茂	四川 通江	内部 资料	通江县工商 行政管理局	1987 年	16 开	15 万	通江县 地方志 办公室
通江县卫生志	王思相	四川 通江	内部 出版	通江县卫生 局	1988 年	16 开	32 万	通江县 地方志 办公室
通江县卫生志 （1986—2005）	通江县卫生 局		内部 资料	通江县卫生 局	2007 年	16 开	36 万	通江县 地方志 办公室
通江县畜牧志 （1912—1985）	王晓东	四川 通江	内部 资料	通江县畜牧 局	1988 年	16 开	15 万	通江县 地方志 办公室
通江县畜牧食 品志（1986— 2003）	通江县畜牧 食品局		内部 资料	通江县畜牧 食品局	2005 年	16 开	35 万	通江县 地方志 办公室
通江县军事志	阎可明	四川 通江	内部 资料	通江县人民 武装部	1989 年	16 开	10 万	通江县 地方志 办公室
通江县军事志 （1986—2005）	阎可明	四川 通江	内部 资料	通江县人民 武装部	2006 年	16 开	13 万	通江县 地方志 办公室
通江县医药志	马志麓	四川 通江	内部 资料	通江县医药 局	1989 年	16 开	12 万	通江县 志办公 室

书名	作者（编者）	作者籍贯	文献类型	出版/印刷单位	印刷时间	开本	字数	收藏者
通江县财政志（1912—1987）	王福秀	四川通江	内部出版	通江县财政局	1989年	16开	55万	通江县地方志办公室
通江县财政志	通江县财政局	四川通江	公开出版	四川人民出版社	2007年	16开	45万	通江县地方志办公室
通江县审计志	刘 强 王清华		内部资料	通江县审计局	2006年	32开	14万	通江县地方志办公室
通江县妇运志（1918—1987）	张 骏	四川通江	内部资料	通江县妇女联合会	1990年	16开	21万	巴中市史志馆
通江县工会志（1919—2006）	通江县总工会		内部资料	通江县总工会	2008年	未统计	未统计	通江县图书馆
通江县烟草志	刘天作 阎柱国	四川通江	内部资料	通江县烟草局	1991年	16开	14万	通江县地方志办公室
续修通江县烟草志	何大全 贾能典	四川通江	内部资料	通江县烟草局	1996年	16开	8万	通江县地方志办公室
通江县烟草志（1996—2002）	阎柱国	四川通江	内部资料	通江县烟草局	2006年	16开	21万	通江县地方志办公室
通江县档案志（1932—1989）	张瑞图	四川通江	内部资料	通江县档案局	1990年	16开	12万	通江县地方志办公室
通江县信访志	屈俊禹	四川通江	内部资料	通江县信访办	1989年	16开	7万	通江县地方志办公室
通江县侨务志	王清华	四川通江	内部资料	通江县侨办	1992年	16开	7万	通江县地方志办公室
通江县粮油志	吴兆明 李盛格 周邦域	四川通江	公开出版	云南大学出版社	1993年	32开	29万	通江县地方志办公室

书名	作者（编者）	作者籍贯	文献类型	出版/印刷单位	印刷时间	开本	字数	收藏者
通江县粮油志	通江县粮食局		内部资料	通江县粮食局	2008年	16开	24万	通江县地方志办公室
通江县政协志	李耀俊	四川巴中	内部资料	通江县政协	1995年	32开	16万	通江县地方志办公室
通江县政协志（1993—2015）	通江县政协志编委会		公开出版	中国文史出版社	2016年	16开	42万	通江县地方志办公室
通江县国土志	何 力 郭安林	四川通江	内部资料	通江县国土局	1997年	16开	45万	通江县地方志办公室
通江县国土资源志（1996—2005）	陈 强 屈全邦	四川通江	公开出版	中国文史出版社	2007年	16开	48万	通江县地方志办公室
通江县公安志	夏长太 王清华	四川通江	内部出版	通江县公安局	1997年	16开	42万	通江县地方志办公室
通江县交通志	张朝益 吴映翔	四川通江	内部资料	通江县交通局	1998年	16开	45万	通江县地方志办公室
通江县教育志	通江县教育文化体育局		公开出版	四川师范大学电子出版社	2010年	16开	25万	通江县地方志办公室
通江县文化志（1840—1985）	通江县文教局		内部资料	通江县文教局	1986年	16开	未统计	通江县图书馆
通江县文物志	蹇 勇	四川通江	打印稿	通江县文物局	2007年	16开	9万	通江县地方志办公室
通江县广播电视志	夏明和 萧 界 罗鉴之 刘清尧	四川通江	内部资料	通江县广播电视局	2001年	16开	26万	通江县地方志办公室

书名	作者（编者）	作者籍贯	文献类型	出版/印刷单位	印刷时间	开本	字数	收藏者
通江县扶贫开发志	阎仕藩	四川通江	内部资料	通江县扶贫开发局	1992年	16开	16万	通江县地方志办公室
通江县农业志	向国柱	四川通江	内部资料	通江县农业局	1989年	16开	60万	通江县地方志办公室
通江县检察志	《通江县检察院志》编纂小组		内部资料	通江县检察院	1991年	16开	16万	通江县地方志办公室
通江县检察志	《通江县检察院志》编纂小组		内部资料	通江县检察院	2006年	16开	28万	通江县地方志办公室
通江县农机志	贾骞	四川通江	内部资料	通江县农机局	1991年	16开	19万	通江县地方志办公室
通江县工业志	吴映祥	四川通江	内部资料	通江县工业局	1986年	16开	17万	通江县地方志办公室
通江县乡镇企业志	李绍发	四川通江	内部资料	通江县乡镇企业局	1992年	32开	15万	通江县地方志办公室
通江县中学志	唐林	四川通江	内部资料	通江县中学	2001年	16开	21万	通江县地方志办公室
通江县中学志（1927—2015）	凌志雄 唐林	四川通江	内部资料	通江县中学	2017年	16开	83万	通江县地方志办公室
通江县教师进修学校志	蒲际雨	四川通江	内部资料	通江县教师进修学校	1990年	16开	14.4万	巴中市史志馆
通江县纪检监察志	陈卿儒 魏育坤	四川通江	内部资料	通江县纪委监察局	2009年	16开	36万	通江县地方志办公室
通江县统战志	通江县委统战部		内部资料	通江县委统战部	2001年	32开	20万	通江县图书馆

书名	作者（编者）	作者籍贯	文献类型	出版/印刷单位	印刷时间	开本	字数	收藏者
通江县实验小学志	屈俊山		公开出版	天地出版社	2005 年	16 开	28 万	通江县地方志办公室
通江县农村信用合作志	史国余 张通贵	四川通江	公开出版	西南财经大学出版社	2006 年	16 开	52 万	通江县地方志办公室
通江县苏维埃志	通江县委党史研究室		公开出版	四川省社会科学院出版社	1988 年	16 开	50 万	通江县地方志办公室
通江县苏维埃志	通江县委党史研究室		公开出版	四川人民出版社	2006 年	32 开	20 万	通江县地方志办公室
得汉城志	通江县地方志办公室		内部资料	通江县地方志办公室	2020 年	32 开	13 万	通江县地方志办公室
川陕革命根据地红军烈士陵园志	川陕革命根据地红军烈士陵园		公开出版	中国文史出版社	2012 年	16 开	47 万	通江县地方志办公室
川陕革命根据地政治保卫志	何大地	四川通江	公开出版	中共党史出版社	2012 年	16 开	未统计	通江县图书馆
通江县银耳志	郭际富 曾星翔	四川通江	公开出版	四川省社会科学院出版社	1986 年	32 开	6 万	巴中市史志馆
重修通江县银耳志	曾星翔	四川通江	公开出版	方志出版社	2010 年	32 开	25 万	通江县地方志办公室
通江县永安中学校志（1955—2014）	通江县永安中学		内部资料	通江县永安中学	2015 年	16 开	60 万	通江县地方志办公室
通江县瓦室中学校志	通江县瓦室中学		内部资料	通江县瓦室中学	1988 年	16 开	4 万	通江县地方志办公室

书名	作者（编者）	作者籍贯	文献类型	出版/印刷单位	印刷时间	开本	字数	收藏者
通江县实验中学志	通江县实验中学		公开出版	四川师范大学电子出版社	2009 年	16 开	63 万	巴中市史志馆
通江县麻石中学志	通江县麻石中学		内部资料	通江县麻石中学	1991 年	未统计	未统计	巴中市史志馆
通江县什字乡志	景瑞三	四川通江	公开出版	四川大学出版社	1989 年	32 开	22 万	四川省方志馆
通江县永安乡志	李宗琦	四川通江	公开出版	云南大学出版社	1991 年	32 开	25 万	通江县地方志办公室
通江县板桥口乡志	杨尔荣 金瑞荣	四川通江	内部资料		1993 年	32 开	9 万	通江县地方志办公室
通江县新场乡志	张北平	四川通江	公开出版	云南大学出版社	1990 年	16 开	7 万	通江县地方志办公室
通江县铁佛区粮油志	李玉印	四川通江	内部资料	铁佛区粮站	1988 年	16 开	9 万	通江县地方志办公室
通江县杨柏乡志	胡其宣	四川通江	内部资料	杨柏乡政府	1984 年	16 开	15 万	通江县地方志办公室
通江县梓潼乡志	向国柱	四川通江	内部资料	梓潼乡政府	1985 年	16 开	15 万	通江县地方志办公室
通江县跑马乡志	荀福太 荀长斗	四川通江	内部资料	跑马乡政府	1987 年	16 开	8 万	通江县地方志办公室
通江县双泉乡志	李绍发	四川通江	内部资料	双泉乡政府	1985 年	16 开	15 万	通江县地方志办公室
通江县曲滨乡志	李玉印	四川通江	内部资料	曲滨乡政府	1986 年	16 开	8 万	通江县地方志办公室

书名	作者（编者）	作者籍贯	文献类型	出版/印刷单位	印刷时间	开本	字数	收藏者
通江县铁佛乡志	李元喜	四川通江	内部资料	铁佛乡政府	1985年	16开	12万	通江县地方志办公室
通江县草池乡志	何文荣 任雪理	四川通江	内部资料	草池乡政府	1987年	16开	16万	通江县地方志办公室
通江县文峰乡志	吴光毓	四川通江	内部资料	文峰乡政府	1988年	16开	14万	通江县地方志办公室
通江县涪阳乡志（1912—1985）	杨 林	四川通江	公开出版	世界图书出版公司	1989年	16开	23万	通江县地方志办公室
通江县春在乡志	赵明皓	四川通江	内部资料	春在乡政府	1989年	16开	15万	通江县地方志办公室
通江县新建乡志	雷开诚	四川通江	内部资料	新建乡政府	1989年	16开	15万	通江县地方志办公室
通江县陈河乡志	刘启国 赵明皓	四川通江	内部资料	陈河乡政府	1994年	16开	46万	通江县地方志办公室
通江县三合乡志	苟兴祥	四川通江	内部资料	三合乡政府	1999年	16开	9万	通江县地方志办公室
通江县铁溪搬运社志	吴映祥	四川通江	内部资料	通江县铁溪搬运社	1986年	16开	7万	通江县地方志办公室
通江县水泥厂志	张弟文	四川通江	内部资料	通江县水泥厂	1990年	32开	13万	通江县地方志办公室
烟溪乡志（1932—2016）	烟溪乡志编委会		内部资料	烟溪乡政府	2018年	32开	35万	通江县地方志办公室

书名	作者（编者）	作者籍贯	文献类型	出版/印刷单位	印刷时间	开本	字数	收藏者
石庙乡志（1901—1984）	石庙乡志编委会		内部资料	石庙乡政府	2019年	32开	15万	通江县地方志办公室
铁佛区教育志	杨学金	四川通江	内部资料	铁佛区教育办公室	1989年	32开	未统计	巴中市史志馆
瓦室区教育志	纪鹤龄	四川通江	内部资料	瓦室区教育办公室	1991年	16开	6万	景瑞三
通江县铁溪区志要	杨波	四川通江	内部资料		2009年	16开	44万	通江县图书馆
平昌县志	平昌县地方志编纂委员会		公开出版	四川科学技术出版社	1990年	16开	112万	平昌县史志馆
平昌县志（1986—2005）	平昌县地方志编纂委员会		公开出版	方志出版社	2012年	16开	120万	平昌县史志馆
平昌县党校志	平昌县委党校		内部资料	平昌县委党校	1986年	16开	30万	平昌县方志馆
平昌县物资局志	平昌县物资局		内部资料	平昌县物资局	1992年	16开	25万	平昌县方志馆
平昌县文化志	平昌县文教局		内部资料	平昌县文教局	1995年	16开	39万	平昌县方志馆
平昌县林业志	平昌县林业局		内部资料	平昌县林业局	1992年	16开	45万	平昌县方志馆
平昌县统计局志	平昌县统计局		内部资料	平昌县统计局	1992年	16开	40万	平昌县方志馆
平昌县广播电视志	平昌县广播电视局		内部资料	平昌县广播电视局	1992年	16开	47万	平昌县方志馆
平昌县医药志	平昌县医药局		内部资料	平昌县医药局	1992年	16开	40万	平昌县方志馆
平昌县农机志	平昌县农机局		内部资料	平昌县农机局	1992年	16开	30万	平昌县方志馆

书名	作者（编者）	作者籍贯	文献类型	出版/印刷单位	印刷时间	开本	字数	收藏者
平昌县邮电志	平昌县邮电局		内部资料	平昌县邮电局	1992年	16开	35万	平昌县方志馆
平昌县物价志	平昌县物价局		内部资料	平昌县物价局	1992年	16开	25万	平昌县方志馆
平昌县委办公室志	平昌县委办公室		内部资料	平昌县委办公室	1992年	16开	50万	平昌县方志馆
平昌县粮食局志	平昌县粮食局		内部资料	平昌县粮食局	1992年	16开	40万	平昌县方志馆
平昌县商业志（上下册）	平昌县商业局		内部资料	平昌县商业局	1992年	16开	25万	平昌县方志馆
平昌县外贸公司志	平昌县外贸公司		内部资料	平昌县外贸公司	1992年	16开	30万	平昌县方志馆
平昌县新华书店志	平昌县新华书店		内部资料	平昌县新华书店	1992年	16开	25万	平昌县方志馆
平昌县畜牧志	平昌县畜牧局		内部资料	平昌县畜牧局	1992年	16开	30万	平昌县方志馆
平昌县计划生育志	平昌县计生委		内部资料	平昌县计生委	1992年	16开	35万	平昌县方志馆
平昌县金融志（上下册）	平昌县金融办		内部资料	平昌县金融办	1992年	16开	45万	平昌县方志馆
平昌县工业局志	平昌县工业局		内部资料	平昌县工业局	1992年	16开	30万	平昌县方志馆
平昌县信用合作志	平昌县信用合作社		公开出版	西南财经大学出版社	2007年	16开	42万	平昌县方志馆
平昌县农村金融志	平昌县信用合作社		内部资料	平昌县信用合作社	1992年	16开	40万	平昌县方志馆
平昌县友谊煤矿志	平昌县友谊煤矿		内部资料	平昌县友谊煤矿	1992年	16开	30万	平昌县方志馆
平昌县审计志	平昌县审计局		内部资料	平昌县审计局	1992年	16开	45万	平昌县方志馆

书名	作者（编者）	作者籍贯	文献类型	出版/印刷单位	印刷时间	开本	字数	收藏者
平昌县供销社志	平昌县供销社		内部资料	平昌县供销社	1992 年	16 开	40 万	平昌县方志馆
平昌县民政志	平昌县民政局		内部资料	平昌县民政局	1992 年	16 开	50 万	平昌县方志馆
平昌县卫生志	平昌县卫生局		内部资料	平昌县卫生局	1986 年	16 开	50 万	平昌县方志馆
平昌县国土志	平昌县国土志编委会		内部资料	平昌县国土局	1997 年	16 开	48 万	平昌县图书馆
平昌县国土志（1986—2005）	平昌县国土志编委会		内部资料	平昌县国土局	2009 年	16 开	78 万	平昌县方志馆
平昌县水利电力志	平昌县水利电力志编纂小组		内部资料	平昌县水电局	1989 年	16 开	14 万	平昌县方志馆
平昌县电力志（1952—2016）	平昌县电力志编纂小组		内部资料	平昌县电力公司	2017 年	16 开	31 万	平昌县方志馆
平昌县安全志（1950—2005）	平昌县安全志编委会		内部资料	平昌县安监局	2006 年	16 开	80 万	平昌县方志馆
平昌县政协志	平昌县政协志编委会		内部资料	平昌县政协	2004 年	16 开	52 万	平昌县方志馆
平昌县教育志	平昌县教育志编委会		内部资料	平昌县教育局	1986 年	16 开	未统计	平昌县图书馆
平昌县教育志（1986—2005）	平昌县教育志编委会		内部资料	平昌县教育局	2007 年	16 开	60 万	平昌县方志馆
平昌县人大志（1950—2005）	平昌县人大志编委会		内部资料	平昌县人大常委会	2006 年	16 开	60 万	平昌县方志馆
平昌县纪检监察志（1986—2005）	平昌县纪检监察志编委会		内部资料	平昌县纪委监察局	2006 年	16 开	47 万	平昌县方志馆
平昌县人口计生志	平昌县人口和计划生育志编委会		内部资料	平昌县人口和计划生育局	2008 年	16 开	80 万	平昌县方志馆

书名	作者（编者）	作者籍贯	文献类型	出版／印刷单位	印刷时间	开本	字数	收藏者
平昌县水利志（1986—2005）	平昌县水利志编委会		内部资料	平昌县水利局	2007年	16开	41万	平昌县方志馆
平昌县商务志（1913—2007）	平昌县商务志编委会		内部资料	平昌县商务局	2010年	16开	40万	平昌县方志馆
平昌县老干部志（1982—2008）	平昌县老干部志编委会		内部资料	平昌县老干部局	2009年	16开	50万	平昌县方志馆
平昌县老干部志	平昌县老干部局		内部资料	平昌县老干部局	2010年	16开	25万	平昌县方志馆
平昌县公安志	平昌县公安志编委会		内部资料	平昌县公安局	1993年	16开	50万	平昌县方志馆
平昌县财政志（1986—2005）	平昌县财政志编委会		内部资料	平昌县财政局	2009年	16开	90万	平昌县方志馆
平昌县交通志	平昌县交通志编委会		公开出版	四川科学技术出版社	2002年	16开	51万	平昌县方志馆
平昌县蚕桑丝绸志	平昌县蚕桑丝绸志编委会		内部资料	平昌县蚕桑局	1992年	16开	24万	平昌县方志馆
平昌县老科协志（1987—2010）	平昌县老科协志编委会		内部资料	平昌县老科协	2011年	16开	18万	平昌县方志馆
平昌县司法行政志	平昌县司法行政志编委会		内部资料	平昌县司法局	2008年	16开	50万	平昌县方志馆
平昌县工会志（1933—2008）	平昌县工会志编委会		内部资料	平昌县总工会	2009年	16开	50万	平昌县方志馆
平昌县劳动和保障志	平昌县劳动和保障志编委会		内部资料	平昌县劳动和社会保障局	2005年	16开	35万	平昌县方志馆
平昌县法院志	平昌县法院志编委会		内部资料	平昌县人民法院	2007年	16开	57万	平昌县方志馆

书名	作者（编者）	作者籍贯	文献类型	出版/印刷单位	印刷时间	开本	字数	收藏者
平昌县扶贫开发志（1986—2005）	平昌县扶贫开发志编委会		内部资料	平昌县扶贫开发局	2008年	16开	28万	平昌县方志馆
平昌县人事志（1946—2005）	平昌县人事志编委会		内部资料	平昌县教育局	2006年	16开	未统计	平昌县图书馆
平昌县工商行政管理志	平昌县工商行政志编委会		内部资料	平昌县工商行政管理局	未统计	16开	未统计	平昌县方志馆
平昌县妇女联合会志（1933—1985）	王桂英	四川平昌	内部资料	平昌县妇女联合会	1986年	16开	未统计	平昌县图书馆
平昌中学志	周尚盛	四川平昌	内部资料	平昌县中学	1992年	16开	53万	平昌县图书馆
平昌第二中学志	刘北开	四川平昌	内部资料	平昌县第二中学	2007年	16开	76万	平昌县图书馆
灌口镇志	灌口镇志编辑组		内部资料	灌口镇志编辑组	1983年	16开	30万	巴州区档案馆
平昌县双江区志	双江区公所		内部资料	双江区公所	1986年	16开	40万	平昌县方志馆
平昌县响滩区志	响滩区公所		内部资料	响滩区公所	1986年	16开	45万	平昌县方志馆
平昌县白衣区志	白衣区公所		内部资料	白衣区公所	1986年	16开	43万	平昌县方志馆
平昌县兰草区志	兰草区公所		内部资料	兰草区公所	1986年	16开	43万	平昌县方志馆
平昌县元山区志	元山区公所		内部资料	元山区公所	1986年	16开	46万	平昌县方志馆
平昌县云台区志	云台区公所		内部资料	云台区公所	1986年	16开	45万	平昌县方志馆
平昌县笔山区志（上下册）	笔山区公所		内部资料	笔山区公所	1986年	16开	56万	平昌县方志馆

书名	作者（编者）	作者籍贯	文献类型	出版/印刷单位	印刷时间	开本	字数	收藏者
平昌县西兴区志	西兴区公所		内部资料	西兴区公所	1987年	16开	40万	平昌县方志馆
平昌县镇龙区志	镇龙区公所		内部资料	镇龙区公所	1986年	16开	45万	平昌县方志馆
平昌县得胜区志	得胜区公所		内部资料	得胜区公所	1993年	16开	53万	平昌县方志馆
平昌县江口镇志	江口镇政府		内部资料	江口镇政府	1986年	16开	46万	平昌县方志馆
平昌县华严乡志	华严乡政府		内部资料	华严乡政府	1986年	16开	50万	平昌县方志馆
平昌县泻巴乡志（上下册）	泻巴乡政府		内部资料	泻巴乡政府	1986年	16开	58万	平昌县方志馆
平昌县尖山乡志	尖山乡政府		内部资料	尖山乡政府	1986年	16开	30万	平昌县方志馆
平昌县荔枝乡志	荔枝乡政府		内部资料	荔枝乡政府	1986年	16开	20万	平昌县方志馆
平昌县响滩乡志	响滩乡政府		内部资料	响滩乡政府	1986年	16开	15万	平昌县方志馆
平昌县黑水乡志	黑水乡政府		内部资料	黑水乡政府	1986年	16开	15万	平昌县方志馆
平昌县南凤乡志	南凤乡政府		内部资料	南凤乡政府	1986年	16开	15万	平昌县方志馆
平昌县元沱乡志	元沱乡政府		内部资料	元沱乡政府	1986年	16开	21万	平昌县方志馆
平昌县福申乡志	福申乡政府		内部资料	福申乡政府	1986年	16开	25万	平昌县方志馆
平昌县大寨乡志	大寨乡政府		内部资料	大寨乡政府	1986年	16开	20万	平昌县方志馆
平昌县金龙乡志	金龙乡政府		内部资料	金龙乡政府	1986年	16开	16万	平昌县方志馆

书名	作者（编者）	作者籍贯	文献类型	出版/印刷单位	印刷时间	开本	字数	收藏者
平昌县六门乡志	六门乡政府		内部资料	六门乡政府	1986 年	16 开	15 万	平昌县方志馆
平昌县西兴乡志	西兴乡政府		内部资料	西兴乡政府	1986 年	16 开	20 万	平昌县方志馆
平昌县高峰乡志	高峰乡政府		内部资料	高峰乡政府	1986 年	16 开	25 万	平昌县方志馆
平昌县龙岗乡志	龙岗乡政府		内部资料	龙岗乡政府	1986 年	16 开	20 万	平昌县方志馆
平昌县宝坪乡志	宝坪乡政府		内部资料	宝坪乡政府	1986 年	16 开	20 万	平昌县方志馆
平昌县土垭乡志	土垭乡政府		内部资料	土垭乡政府	1986 年	16 开	25 万	平昌县方志馆
平昌县白衣乡志	白衣乡政府		内部资料	白衣乡政府	1986 年	16 开	30 万	平昌县方志馆
平昌县岳家乡志	岳家乡政府		内部资料	岳家乡政府	1986 年	16 开	25 万	平昌县方志馆
平昌县登子乡志	登子乡政府		内部资料	登子乡政府	1986 年	16 开	20 万	平昌县方志馆
平昌县涵水乡志	涵水乡政府		内部资料	涵水乡政府	1986 年	16 开	30 万	平昌县方志馆
平昌县长垭乡志	长垭乡政府		内部资料	长垭乡政府	1986 年	16 开	20 万	平昌县方志馆
平昌县元石乡志	元石乡政府		内部资料	元石乡政府	1986 年	16 开	15 万	平昌县方志馆
平昌县兰草乡志（上下册）	兰草乡政府		内部资料	兰草乡政府	1986 年	16 开	20 万	平昌县方志馆
平昌县粉笔乡志（上下册）	粉笔乡政府		内部资料	粉笔乡政府	1986 年	16 开	34 万	平昌县方志馆
平昌县驷马乡志（上下册）	驷马乡政府		内部资料	驷马乡政府	1986 年	16 开	36 万	平昌县方志馆

书名	作者（编者）	作者籍贯	文献类型	出版/印刷单位	印刷时间	开本	字数	收藏者
平昌县坦溪乡志	坦溪乡政府		内部资料	坦溪乡政府	1986年	16开	20万	平昌县方志馆
平昌县青云乡志	青云乡政府		内部资料	青云乡政府	1986年	16开	25万	平昌县方志馆
平昌县邱家乡志（上下册）	邱家乡政府		内部资料	邱家乡政府	1986年	16开	30万	平昌县方志馆
平昌县青凤乡志	青凤乡政府		内部资料	青凤乡政府	1986年	16开	25万	平昌县方志馆
平昌县石垭乡志	石垭乡政府		内部资料	石垭乡政府	1986年	16开	15万	平昌县方志馆
平昌县泥龙乡志	泥龙乡政府		内部资料	泥龙乡政府	1986年	16开	16万	平昌县方志馆
平昌县岩石乡志	岩石乡政府		内部资料	岩石乡政府	1986年	16开	15万	平昌县方志馆
平昌县马鞍乡志	马鞍乡政府		内部资料	马鞍乡政府	1986年	16开	25万	平昌县方志馆
平昌县千秋乡志	千秋乡政府		内部资料	千秋乡政府	1986年	16开	16万	平昌县方志馆
平昌县凤溪乡志	凤溪乡政府		内部资料	凤溪乡政府	1986年	16开	18万	平昌县方志馆
平昌县镇龙乡志	镇龙乡政府		内部资料	镇龙乡政府	1986年	16开	25万	平昌县方志馆
平昌县喜神乡志	喜神乡政府		内部资料	喜神乡政府	1986年	16开	15万	平昌县方志馆
平昌县佛楼乡志	佛楼乡政府		内部资料	佛楼乡政府	1986年	16开	20万	平昌县方志馆
平昌县望京乡志	望京乡政府		内部资料	望京乡政府	1986年	16开	25万	平昌县方志馆
平昌县澌滩乡志	澌滩乡政府		内部资料	澌滩乡政府	1986年	16开	16万	平昌县方志馆

书名	作者（编者）	作者籍贯	文献类型	出版/印刷单位	印刷时间	开本	字数	收藏者
云台镇志（1986—2005）	云台镇政府		内部资料	云台镇政府	2005 年	16 开	40 万	平昌县图书馆
响滩镇志（1986—2005）	响滩镇政府		内部资料	响滩镇政府	2006 年	16 开	50 万	平昌县图书馆
灵山镇志	灵山镇政府		内部资料	灵山镇政府	2019 年	16 开	40 万	平昌县图书馆
平昌县板庙乡志	王成林	四川平昌	内部资料	板庙乡政府	2013 年	16 开	38 万	平昌县图书馆
西兴镇志（1985—2005）	西兴镇政府		内部资料	西兴镇政府	2007 年	16 开	未统计	平昌县图书馆
江口醇志	李家均	四川平昌	内部资料	平昌县江口醇酒厂	2007 年	未统计	未统计	平昌县图书馆
平昌县笔山乡志	魏传江	四川平昌	内部资料	笔山乡政府	1984 年	16 开	未统计	平昌县方志馆
平昌县澌岸乡志	苗太极	四川平昌	内部资料	澌岸乡政府	1985 年	16 开	20 万	巴中市方志馆
巴中市志（上下册）	巴中市志编纂委员会		公开出版	方志出版社	2014 年	16 开	318 万	巴中市方志馆
巴中简志	巴中市地方志办公室		公开出版	光明日报出版社	2020 年	16 开	75 万	巴中市方志馆
中国共产党巴中市委决策志要	巴中市委党史办公室		内部资料	巴中市委党史办公室	2012 年	16 开	未统计	巴中市方志馆
巴中地区文化志	巴中地区文化局		内部资料	巴中地区文化局	2008 年	16 开	68 万	巴中市史志馆
巴中市抗震救灾志	巴中市地方志办公室		公开出版	中国文史出版社	2017 年	16 开	28 万	巴中市史志馆
巴中市工商行政管理志（1910—2010）	聂步兴	四川通江	内部资料	巴中市工商行政管理局	2012 年	16 开	56 万	巴中市史志馆

书名	作者（编者）	作者籍贯	文献类型	出版/印刷单位	印刷时间	开本	字数	收藏者
巴中市环境保护志（1979—2006）	主　编：柏伦章　副主编：田华贵　蒲　浪	四川巴中	内部资料	巴中市环境保护局	2009年	16开	23万	巴中市史志馆
巴中市军事志（1840—2005）	郑　涛	不详	内部资料	巴中市军分区	2008年	16开	45万	巴中市史志馆
巴中市农业银行志	主　编：苟明林　副主编：白枝平	四川巴中	内部资料	巴中市农业银行	2008年	16开	47万	巴中市史志馆
巴中地区志·经贸志	闫柱国	四川巴中	内部资料	巴中地区经贸局	2004年	16开	40万	巴中市史志馆
巴中地区志·公安志（1902—2000）	主　编：戴远荣　副主编：谯君美	四川巴中	内部资料	巴中地区公安处	2004年	16开	70万	巴中市史志馆
巴中地区志·工商银行志（1985—2000）	冯　强	四川巴中	内部资料	巴中地区工商银行	2004年	16开	21万	巴中市史志馆
巴中市劳动和社会保障志	主　编：严德兴　李　旭　副主编：薛志勇　王　伟　廖秀勇	四川巴中	内部资料	巴中市劳动和社会保障局	2008年	16开	39万	巴中市史志馆
巴中市政协志	主　编：谢百军　副主编：李含登	四川巴中	内部出版	巴中市政协	2010年	16开	54万	巴中市史志馆
巴中市灾后恢复重建志	何　政　王家富	四川巴中	内部资料	巴中市政府办公室	2012年	16开	22万	巴中市史志馆

书名	作者（编者）	作者籍贯	文献类型	出版/印刷单位	印刷时间	开本	字数	收藏者
巴中地区体育志（1911—2000）	主　编：李茂群　副主编：杨秀永　汪定远　陈通武	四川巴中	内部资料	巴中地区体育局	2008 年	16 开	17 万	巴中市史志馆
巴中市林业志（1910—2005）	主　编：叶明生	四川巴中	内部资料	巴中市林业局	2007 年	16 开	38 万	巴中市史志馆
武警巴中市支队志	主　编：杨述勤　副主编：朱进远　熊文华	不详	内部资料	武警巴中市支队	2006 年	16 开	未统计	巴中市史志馆
巴中市检察志（1933—2006）	主　编：邓　刚　副主编：余　波　周天宝　杨学兵	四川巴中	内部资料	巴中市检察院	2009 年	16 开	45 万	武警巴中市支队志
巴中市司法行政志	主　编：赵华先　副主编：张　涌　王　健　杜　宇	四川巴中	内部资料	巴中市司法局	2011 年	16 开	40 万	巴中市史志馆
巴中地区财政志	主　编：刘新实　副主编：苟仕让	四川巴中	内部资料	巴中地区财政局	2006 年	16 开	49 万	巴中市史志馆
巴中市农业机械志（1950—2005）	主　编：何怀福	四川巴中	内部资料	巴中市农机局	2006 年	16 开	20 万	巴中市史志馆

书名	作者（编者）	作者籍贯	文献类型	出版／印刷单位	印刷时间	开本	字数	收藏者
巴中市电力公司志	主编：李元阳 副主编：李 明	四川巴中	内部资料	巴中市电力公司	2001年	32开	20万	巴中市史志馆
巴中地区广播电视志（1936—2000）	巴中地区广播电视局		内部资料	巴中地区广播电视局	2003年	32开	25万	巴中市史志馆
巴中市残联志（1998—2005）	主编：李 刚 副主编：黄国权	四川巴中	内部资料	巴中市残联	2008年	32开	12万	巴中市史志馆
巴中市社会保障志	主编：朱云宗 副主编：杨忠贤 王佑金 许 强	四川巴中	内部资料	巴中市社会保障局	2006年	32开	23万	巴中市史志馆
巴中地区国税志	主编：陈文强 副主编：李述荣 邵国强 聂步兴	四川巴中	内部资料	巴中地区国税局	2004年	32开	30万	巴中市史志馆
巴中市科技志（1911—2005）	主编：闫明喜 副主编：彭忠敬	四川巴中	内部资料	巴中市科技局	2008年	16开	19万	巴中市史志馆
巴中地区交通志（1991—2000）	主编：张光发	四川巴中	内部资料	巴中地区交通局	2007年	16开	30万	巴中市史志馆
巴中市烟草志	主编：阎柱国	四川巴中	公开出版	四川人民出版社	2006年	16开	37万	巴中市史志馆

书名	作者 （编者）	作者 籍贯	文献 类型	出版 / 印刷单位	印刷 时间	开本	字数	收藏者
巴中市审计志 （1950—2005）	主 编： 熊朝山 副主编： 叶华义	四川 巴中	内部 资料	巴中市审计 局	2006 年	32 开	30 万	巴中市 史志馆
巴中市消防志 （1905—2009）	主 编： 王元坤 副主编： 周秀明	不详	内部 资料	武警巴中消 防支队	2011 年	16 开	38 万	巴中市 史志馆
巴中食品药品 监督管理志	主 编： 何永健 副主编： 闫柱国 （执笔） 程 平 王仕品	四川 巴中	内部 资料	巴中市食品 药品监督管 理局	2010 年	16 开	8 万	巴中市 史志馆
巴中地区畜牧 分志	巴中市畜牧 食品局		内部 资料	巴中地区畜 牧食品局	2014 年	16 开	未统计	巴中市 史志馆
巴中山水志	阳 云	四川 巴中	公开 出版	团结出版社	2020 年	16 开	31 万	巴中市 政协
巴中市旅游志 （1979—2006）	巴中市旅游 局		内部 资料	巴中市旅游 局	2014 年	16 开	21 万	巴中市 图书馆
巴中市邮政志 （1910—2007）	巴中市邮政 局		内部 资料	巴中市邮政 局	2007 年	16 开	4 万	巴中市 图书馆
巴中市水务志 （2004—2014）	巴中市水务 局		内部 资料	巴中市水务 局	2016 年	16 开	26 万	巴中市 图书馆
巴中市商务志	巴中市商务 局		内部 资料	巴中市商务 局	2016 年	16 开	51 万	巴中市 图书馆
川陕苏区新貌 图志	巴中市政府		内部 资料	巴中市地方 志办公室	未统计	未统计	未统计	巴中市 史志馆
巴中文旅康养 图志	中共巴中市 委、巴中市 政府		内部 资料	中共巴中市 委、巴中市 政府	2022 年	16 开	24 万	巴中市 史志馆

书名	作者（编者）	作者籍贯	文献类型	出版／印刷单位	印刷时间	开本	字数	收藏者
巴中市地方税务志（1912—2004）	巴中市地方税务局		内部出版	巴中市地方税务局	2004	32 开	25 万	景瑞三
巴中地区机关基本建设志	巴中地区地级机关基建工程指挥部		内部资料	巴中地区地级机关基建工程指挥部	1997 年	32 开	10 万	景瑞三
巴中地区粮食志（1877—2000）	巴中市粮食局		内部资料	巴中市粮食局	2003 年	16 开	40 万	景瑞三
巴中市公安志（2001—2016）	巴中市公安局		内部出版	巴中市公安局	2019 年	16 开	30 万	景瑞三

第三节　年　鉴

书　名	作者（编者）	作者籍贯	文献类型	出版/印刷单位	印刷时间	开本	字数	收藏者
巴州年鉴（2002）	李栋梁	四川巴中	内部资料	巴州区地方志办公室	2002年	16开	未统计	巴州区档案馆
巴州年鉴（2012）	巴州区地方志办公室		内部资料	巴州区地方志办公室	2013年	16开	37万	巴州区图书馆
巴州年鉴（2013）	巴州区地方志办公室		公开出版	中国文史出版社	2014年	16开	未统计	巴州区图书馆
巴州年鉴（2014）	巴州区地方志办公室		内部资料	巴州区地方志办公室	2015年	16开	33万	巴州区图书馆
巴州年鉴（2015）	巴州区地方志办公室		内部资料	巴州区地方志办公室	2016年	16开	51万	巴州区图书馆
巴州年鉴（2016）	巴州区地方志办公室		公开出版	上海译文出版社	2017年	16开	未统计	巴州区图书馆
巴州年鉴（2017）	巴州区地方志办公室		内部资料	巴州区地方志办公室	2018年	16开	41万	巴州区图书馆
巴州年鉴（2018）	巴州区地方志办公室		内部资料	巴州区地方志办公室	2019年	16开	45万	巴州区图书馆
巴州年鉴（2019）	巴州区地方志办公室		内部资料	巴州区地方志办公室	2020年	16开	45万	巴州区图书馆
巴州年鉴（2020）	巴州区地方志办公室		公开出版	成都地图出版社	2020年	16开	50万	巴中市史志馆
巴州年鉴（2021）	巴州区地方志办公室		公开出版	四川省教育电子音像出版社	2022年	16开	39万	巴中市史志馆
巴州区总工会年鉴（1986—1993）	巴州区总工会		内部资料	巴州区总工会	1996年	16开	未统计	巴州区图书馆

书 名	作者（编者）	作者籍贯	文献类型	出版/印刷单位	印刷时间	开本	字数	收藏者
巴州区总工会年鉴（2001—2006）	巴州区总工会		内部资料	巴州区总工会	2007年	16开	未统计	巴州区图书馆
巴州区统计年鉴（1949—2002）	巴州区统计局		内部资料	巴州区统计局	2003年	16开	25万	巴州区档案馆
巴州区统计年鉴（2004—2013）	巴州区政协		内部资料	巴州区政协	2014年	16开	100万	巴州区政协
巴州区统计年鉴2018	巴州区统计局		内部资料	巴州区统计局	2019年	16开	35万	巴州区统计
巴州区统计年鉴2020	巴州区统计局		内部资料	巴州区统计局	2022年	16开	33万	巴州区统计局
巴中县畜牧年鉴（1985—1993）	文可义	四川巴中	内部资料	巴中县畜牧局	1994年	16开	未统计	巴州区图书馆
巴中县医药年鉴（1984—1993）	周纯福	四川巴中	内部资料	巴中县医药局	1996年	16开	未统计	巴州区图书馆
巴中县检察年鉴（1984—1993）	王保元	四川巴中	内部资料	巴中县检察院	1995年	16开	未统计	巴州区图书馆
巴中县技术监督年鉴	巴中市技术监督局（县级市）		内部资料	巴中市技术监督局	1995年	16开	未统计	巴州区图书馆
巴中县法院年鉴（1986—1993）	巴中县人民法院		内部资料	巴中县人民法院	1995年	16开	未统计	巴州区档案馆
巴中县卫生年鉴（1986—1993）	陈立宝	四川巴中	内部资料	巴中县卫生局	1995年	16开	未统计	巴州区档案馆
巴中县外贸年鉴	巴中县外贸年鉴编写组		内部资料		1994年	16开	7万	巴州区档案馆

书 名	作者（编者）	作者籍贯	文献类型	出版/印刷单位	印刷时间	开本	字数	收藏者
巴中市巴州区交通运输局年鉴（2006—2010）	蒋军辉	四川巴中	内部资料	巴州区交通运输局	2011 年	16 开	80 万	巴州区档案馆
巴中县玉山区年鉴	玉山区年鉴编写组		内部资料	玉山区公所	1994 年	16 开	未统计	巴中市史志馆
巴中县档案年鉴（1986—1993）	李中敬	四川巴中	内部资料	巴中县档案局	1995 年	16 开	未统计	巴中市档案馆
中国人民银行巴中县支行年鉴	人行巴中县支行		内部资料	人行巴中县支行	1994 年	16 开	未统计	巴中县档案馆
恩阳年鉴（2014）	恩阳区委史志档案局		内部资料		2014 年	16 开	45 万	恩阳区史志档案中心
恩阳年鉴（2015）	恩阳区委史志档案局		公开出版	中国文史出版社	2016 年	16 开	47 万	恩阳区史志档案中心
恩阳年鉴（2016）	恩阳区委史志档案局		公开出版	中国文史出版社	2016 年	16 开	50 万	恩阳区史志档案中心
恩阳年鉴（2017）	恩阳区委史志档案局		公开出版	中国文史出版社	2019 年	16 开	50 万	恩阳区史志档案中心
恩阳年鉴（2018）	恩阳区委史志档案局		公开出版	中国文史出版社	2019 年	16 开	47 万	恩阳区史志档案中心
恩阳年鉴（2019）	恩阳区委史志档案局		内部资料	恩阳区委史志档案局	2019 年	16 开	44 万	恩阳区史志档案中心
恩阳年鉴（2020）	恩阳区委史志档案局		公开出版	成都地图出版社	2020 年	16 开	60 万	恩阳区史志档案中心

书 名	作者（编者）	作者籍贯	文献类型	出版/印刷单位	印刷时间	开本	字数	收藏者
恩阳年鉴（2021）	恩阳区委史志档案局		公开出版	四川师范大学电子出版社	2021年	16开	45万	恩阳区史志档案中心
南江年鉴（2014）	南江县地方志办公室		公开出版	中国文史出版社	2015年	16开	60万	南江县地方志办公室
南江年鉴（2015）	南江县地方志办公室		公开出版	新华出版社	2016年	16开	58万	南江县地方志办公室
南江年鉴（2016）	南江县地方志办公室		公开出版	四川科学技术出版社	2018年	16开	68万	南江县地方志办公室
南江年鉴（2017）	南江县地方志办公室		公开出版	中州古籍出版社	2018年	16开	64万	南江县地方志办公室
南江年鉴（2018）	南江县地方志办公室		内部出版	南江县地方志办公室	2019年	16开	46万	南江县地方志办公室
南江年鉴（2019）	南江县地方志办公室		内部出版	南江县地方志办公室	2020年	16开	50万	南江县地方志办公室
南江年鉴（2020）	南江县地方志办公室		公开出版	成都地图出版社	2020年	16开	50万	南江县地方志办公室
南江年鉴（2021）	南江县地方志办公室		公开出版	四川民族出版社	2021年	16开	50万	南江县地方志办公室
通江年鉴（1999）	通江县年鉴编辑委员会		内部资料	通江县地方志办公室	1999年	16开	41万	通江县地方志办公室
通江年鉴（2003）	通江县年鉴编辑委员会		内部资料	通江县地方志办公室	2003年	16开	47万	通江县地方志办公室

书　名	作者 （编者）	作者 籍贯	文献 类型	出版／ 印刷单位	印刷 时间	开本	字数	收藏者
通江年鉴 （2004）	通江县年鉴 编辑委员会		内部 资料	通江县地方 志办公室	2004 年	16 开	47 万	通江县 地方志 办公室
通江年鉴 （2005）	通江县年鉴 编辑委员会		内部 资料	通江县地方 志办公室	2005 年	16 开	54 万	通江县 地方志 办公室
通江年鉴 （2006）	通江县年鉴 编辑委员会		内部 资料	通江县地方 志办公室	2003 年	16 开	54 万	通江县 地方志 办公室
通江年鉴 （2007）	通江县年鉴 编辑委员会		内部 资料	通江县地方 志办公室	2007 年	16 开	48 万	通江县 地方志 办公室
通江年鉴 （2008）	通江县年鉴 编辑委员会		内部 资料	通江县地方 志办公室	2008 年	16 开	45 万	通江县 地方志 办公室
通江年鉴 （2009）	通江县年鉴 编辑委员会		内部 资料	通江县地方 志办公室	2009 年	16 开	45 万	通江县 地方志 办公室
通江年鉴 （2010）	通江县年鉴 编辑委员会		内部 资料	通江县地方 志办公室	2010 年	16 开	45 万	通江县 地方志 办公室
通江年鉴 （2011）	通江县年鉴 编辑委员会		内部 资料	通江县地方 志办公室	2011 年	16 开	49 万	通江县 地方志 办公室
通江年鉴 （2012）	通江县年鉴 编辑委员会		内部 资料	通江县地方 志办公室	2012 年	16 开	49 万	通江县 地方志 办公室
通江年鉴 （2013）	通江县年鉴 编辑委员会		内部 资料	通江县地方 志办公室	2013 年	16 开	52 万	通江县 地方志 办公室
通江年鉴 （2014）	通江县地方 志办公室		公开 出版	中国文史出 版社	2014 年	16 开	46 万	通江县 地方志 办公室

书 名	作者（编者）	作者籍贯	文献类型	出版/印刷单位	印刷时间	开本	字数	收藏者
通江年鉴（2015）	通江县地方志办公室		公开出版	光明日报出版社	2015年	16开	52万	通江县地方志办公室
通江年鉴（2016）	通江县地方志办公室		公开出版	中国言实出版社	2016年	16开	45万	通江县地方志办公室
通江年鉴（2017）	通江县地方志办公室		公开出版	光明日报出版社	2017年	16开	46万	通江县地方志办公室
通江年鉴（2018）	通江县地方志办公室		公开出版	吉林文史出版有限公司	2018年	16开	59万	通江县地方志办公室
通江年鉴（2019）	通江县地方志办公室		内部资料	通江县地方志办公室	2019年	16开	58万	通江县地方志办公室
通江年鉴（2020）	通江县地方志办公室		公开出版	四川电子音像出版社	2020年	16开	43万	通江县地方志办公室
通江年鉴（2021）	通江县地方志办公室		公开出版	成都音像出版有限公司	2021年	16开	67万	通江县地方志办公室
通江国民经济统计资料（1981—1985）	通江县统计局		内部资料	通江县统计局	1986年	32开	15万	景瑞三
通江统计五年鉴（1985—1990）	通江县统计局		内部资料	通江县统计局	1991年	32开	15万	景瑞三
通江经济（1990—1992）	通江县统计局		内部资料	通江县统计局	1993年	16开	未统计	通江县图书馆
通江统计五年鉴（1991—1995）	通江县统计局		内部资料	通江县统计局	1996年	32开	未统计	通江县图书馆

书　名	作者 （编者）	作者 籍贯	文献 类型	出版 / 印刷单位	印刷 时间	开本	字数	收藏者
通江县统计资料（1996—2000）	通江县统计局		内部资料	通江县统计局	2001	32 开	15 万	景瑞三
通江统计年鉴（2006）	通江县统计局		内部资料	通江县统计局	2007 年	32 开	11 万	通江县统计局
通江统计年鉴（2007）	通江县统计局		内部资料	通江县统计局	2008 年	32 开	11 万	通江县统计局
通江统计年鉴（2008）	通江县统计局		内部资料	通江县统计局	2009 年	32 开	11 万	通江县统计局
通江统计年鉴（2009）	通江县统计局		内部资料	通江县统计局	2010 年	32 开	11 万	通江县统计局
通江统计年鉴（2011）	通江县统计局		内部资料	通江县统计局	2011 年	32 开	11 万	通江县统计局
通江统计年鉴（2012）	通江县统计局		内部资料	通江县统计局	2012 年	32 开	20 万	通江县统计局
通江统计年鉴（2013）	通江县统计局		内部资料	通江县统计局	2013 年	32 开	11 万	通江县统计局
通江中学年鉴（2016）	凌志雄	四川通江	内部资料	通江中学	2018 年	16 开	未统计	通江县图书馆
通江中学年鉴（2017）	凌志雄	四川通江	内部资料	通江中学	2018 年	16 开	未统计	通江县图书馆
平昌年鉴（1986—1992）	平昌县地方志办公室		内部资料	平昌县地方志办公室	1995 年	16 开	130 万	平昌县方志馆
平昌年鉴（1993—1998）	平昌县地方志办公室		内部资料	平昌县地方志办公室	2009 年	16 开	120 万	平昌县方志馆
平昌年鉴（2014）	平昌县地方志办公室		公开出版	电子科技大学出版社	2015 年	16 开	60 万	平昌县方志馆
平昌年鉴（2015）	平昌县地方志办公室		公开出版	四川师范大学电子出版社	2015 年	16 开	55 万	平昌县方志馆

书　名	作者 （编者）	作者 籍贯	文献 类型	出版 / 印刷单位	印刷 时间	开本	字数	收藏者
平昌年鉴 （2016）	平昌县地方 志办公室		公开 出版	中国文史出 版社	2017 年	16 开	41 万	平昌县 方志馆
平昌年鉴 （2017）	平昌县地方 志办公室		内部 资料	平昌县地方 志办公室	2018 年	16 开	42 万	平昌县 方志馆
平昌年鉴 （2018）	平昌县地方 志办公室		内部 资料	平昌县地方 志办公室	2020 年	16 开	40 万	平昌县 方志馆
平昌年鉴 （2019）	平昌县地方 志办公室		内部 资料	平昌县地方 志办公室	2020 年	16 开	40 万	平昌县 方志馆
平昌年鉴 （2020）	平昌县地方 志办公室		公开 出版	成都地图出 版社	2020	16 开	60 万	平昌县 方志馆
平昌年鉴 （2021）	平昌县地方 志办公室		公开 出版	成都音像出 版社	2021	16 开	55 万	平昌县 方志馆
平昌县教育年 鉴（1986— 1993）	李　仁	四川 平昌	内部 资料	平昌县教育 局	1995 年	16 开	32 万	平昌县 图书馆
平昌县得胜区 年鉴（1991— 1998）	张明义	四川 平昌	内部 资料	得胜区公所	1999 年	16 开	45 万	巴中市 史志馆
巴中年鉴 （1999）	巴中市年鉴 编辑委员会		内部 资料	巴中市地方 志办公室	1999 年	16 开	57 万	巴中市 史志馆
巴中年鉴 （2000）	巴中市年鉴 编辑委员会		内部 资料	巴中市地方 志办公室	2000 年	16 开	42 万	巴中市 史志馆
巴中年鉴 （2001）	巴中市年鉴 编辑委员会		内部 资料	巴中市地方 志办公室	2001 年	16 开	42 万	巴中市 史志馆
巴中年鉴 （2002）	巴中市年鉴 编辑委员会		内部 资料	巴中市地方 志办公室	2002 年	16 开	48 万	巴中市 史志馆
巴中年鉴 （2003）	巴中市年鉴 编辑委员会		内部 资料	巴中市地方 志办公室	2003 年	16 开	45 万	巴中市 史志馆
巴中年鉴 （2004）	巴中市年鉴 编辑委员会		内部 资料	巴中市地方 志办公室	2004 年	16 开	48 万	巴中市 史志馆

书　名	作者 （编者）	作者 籍贯	文献 类型	出版 / 印刷单位	印刷 时间	开本	字数	收藏者
巴中年鉴 （2005）	巴中市年鉴 编辑委员会		内部 资料	巴中市地方 志办公室	2005 年	16 开	48 万	巴中市 史志馆
巴中年鉴 （2006）	巴中市年鉴 编辑委员会		内部 资料	巴中市地方 志办公室	2006 年	16 开	70 万	巴中市 史志馆
巴中年鉴 （2007）	巴中市年鉴 编辑委员会		内部 资料	巴中市地方 志办公室	2007 年	16 开	70 万	巴中市 史志馆
巴中年鉴 （2008）	巴中市年鉴 编辑委员会		内部 资料	巴中市地方 志办公室	2008 年	16 开	50 万	巴中市 史志馆
巴中年鉴 （2009）	巴中市年鉴 编辑委员会		内部 资料	巴中市地方 志办公室	2010 年	16 开	50 万	巴中市 史志馆
巴中年鉴 （2010）	巴中市年鉴 编辑委员会		内部 资料	巴中市地方 志办公室	2010 年	16 开	55 万	巴中市 史志馆
巴中年鉴 （2011）	巴中市年鉴 编辑委员会		公开 出版	中国方志出 版社	2011 年	16 开	45 万	巴中市 史志馆
巴中年鉴 （2012）	巴中市年鉴 编辑委员会		内部 资料	巴中市地方 志办公室	2012 年	16 开	59 万	巴中市 史志馆
巴中年鉴 （2013）	巴中市年鉴 编辑委员会		内部 资料	巴中市地方 志办公室	2013 年	16 开	43 万	巴中市 史志馆
巴中年鉴 （2014）	巴中市年鉴 编辑委员会		内部 资料	巴中市地方 志办公室	2014 年	16 开	42 万	巴中市 史志馆
巴中年鉴 （2015）	巴中市年鉴 编辑委员会		公开 出版	中国文史出 版社	2015 年	16 开	53 万	巴中市 史志馆
巴中年鉴 （2016）	巴中市年鉴 编辑委员会		内部 资料	巴中市地方 志办公室	2017 年	16 开	50 万	巴中市 史志馆
巴中年鉴 （2017）	巴中市年鉴 编辑委员会		公开 出版	中国文史出 版社	2018 年	16 开	45 万	巴中市 史志馆
巴中年鉴 （2018）	巴中市年鉴 编辑委员会		公开 出版	中国文史出 版社	2019 年	16 开	59 万	巴中市 史志馆
巴中年鉴 （2019）	巴中市年鉴 编辑委员会		公开 出版	四川科学技 术出版社	2020 年	16 开	60 万	巴中市 史志馆

书　名	作者（编者）	作者籍贯	文献类型	出版/印刷单位	印刷时间	开本	字数	收藏者
巴中年鉴（2020）	巴中市年鉴编辑委员会		内部资料	成都地图出版社	2020年	16开	70万	巴中市史志馆
巴中年鉴（2021）	巴中市年鉴编辑委员会		内部资料	四川科学技术出版社	2021年	16开	75万	巴中市史志馆
巴中年鉴（2022）	巴中市地方志办公室		公开出版	开明出版社	2022年	16开	74万	巴中市史志馆
巴中市畜牧年鉴（1985—1993）	巴中市畜牧局		内部资料	巴中市畜牧局	1994年	16开	未统计	巴中市史志馆
巴中生活年鉴（2003）	巴中生活年鉴编辑部		内部资料	巴中生活年鉴编辑部	2003年	32开	20万	巴中市史志馆
巴中生活年鉴（2004）	巴中生活年鉴编辑部		内部资料	巴中生活年鉴编辑部	2004年	32开	未统计	巴中市史志馆
人大年鉴（1987—1995）	张廷顺	四川巴中	内部资料	巴中市人大办公室	1996年	16开	未统计	巴中市史志馆
四川巴中经济开发区年鉴（2012—2020）	主　编：王　磊 副主编：袁靖松 李文裴 隆成先 魏兰平	四川巴中	内部资料	巴中经济开发区管委会	2021年	16开	97万	巴中市史志馆
巴中统计四十六年鉴（1949—1995）	巴中地区统计局		内部资料	巴中地区统计局	1996年	16开	40万	巴中市统计局
巴中统计五年鉴（1993—1998）	巴中地区统计局		内部资料	巴中地区统计局	1999年	16开	40万	巴中市统计局
巴中统计年鉴（2002）	巴中市统计局		内部资料	巴中市统计局	2002年	16开	60万	巴中市统计局
巴中统计年鉴（2006）	巴中市统计局		内部资料	巴中市统计局	2006年	16开	60万	巴中市统计局

书名	作者（编者）	作者籍贯	文献类型	出版/印刷单位	印刷时间	开本	字数	收藏者
巴中统计年鉴（2007）	巴中市统计局		内部资料	巴中市统计局	2007年	16开	60万	巴中市统计局
巴中统计年鉴（2009）	巴中市统计局		内部资料	巴中市统计局	2009年	16开	60万	巴中市统计局
巴中统计年鉴（2010）	巴中市统计局		内部资料	巴中市统计局	2010年	16开	60万	巴中市统计局
巴中统计年鉴（2011）	巴中市统计局		内部出版	巴中市统计局	2011年	16开	60万	巴中市统计局
巴中统计年鉴（2012）	巴中市统计局		内部出版	巴中市统计局	2012年	16开	60万	巴中市统计局
巴中统计年鉴（2013）	巴中市统计局		内部出版	巴中市统计局	2013年	16开	60万	巴中市统计局
巴中统计年鉴（2014）	巴中市统计局		内部出版	巴中市统计局	2014年	16开	40万	巴中市统计局
巴中统计年鉴（2015）	巴中市统计局		内部出版	巴中市统计局	2015年	16开	60万	巴中市统计局
巴中统计年鉴（2016）	巴中市统计局		内部出版	巴中市统计局	2016年	16开	60万	巴中市统计局
巴中统计年鉴（2017）	巴中市统计局		内部出版	巴中市统计局	2017年	16开	60万	巴中市统计局
巴中统计年鉴（2018）	巴中市统计局		内部出版	巴中市统计局	2019年	16开	60万	巴中市统计局
巴中统计年鉴（2019）	巴中市统计局		内部出版	巴中市统计局	2019年	16开	60万	巴中市统计局
巴中统计年鉴（2020）	巴中市统计局		内部资料	巴中市统计局	2020年	16开	60万	巴中市统计局
巴中统计年鉴（2011）	巴中市统计局		内部资料	巴中市统计局	2021年	16开	60万	巴中市统计局

第四节　族　谱

书　名	作者（编者）	作者籍贯	文献类型	出版/印刷单位	印刷时间	开本	字数	收藏者
柯氏家谱	柯氏家谱编委会	四川巴中	民间资料		2002 年	16 开	60 万	巴州区图书馆
苟氏家谱	苟氏家谱编委会	四川巴中	民间资料		2015 年	16 开	63 万	巴州区图书馆
苏氏三义三家谱	苏氏家谱编委会	四川巴中	民间资料		2016 年	16 开	90 万	巴州区图书馆
巴州区排垭口王氏家谱	王氏家谱编委会	四川巴中	民间资料		2018 年	16 开	30 万	巴州区图书馆
川东北黄杨家谱	黄杨家谱编委会	四川巴中	民间资料		2012 年	16 开	35 万	巴州区图书馆
川东北杨氏族谱	杨氏族谱编委会	四川巴中	民间资料		2016 年	16 开	11 万	巴州区图书馆
川北吴氏宗谱	吴氏宗谱编委会	四川巴中	民间资料		2016 年	16 开	64 万	巴州区图书馆
王氏族谱	王氏族谱编委会	四川巴中	民间资料		2020 年	16 开	40 万	巴州区图书馆
巴州区枣林镇胡氏族谱	胡氏族谱编委会	四川巴中	民间资料		不详	16 开	30 万	巴州区图书馆
周氏族谱	周氏族谱编委会	四川巴中	民间资料		2017 年	16 开	30 万	巴州区图书馆
川北谭氏家谱	谭氏家谱编委会	四川巴中	民间资料		2017 年	16 开	31 万	巴州区图书馆
黄氏族谱	黄芝龙	四川巴中	民间资料		2010 年	16 开	29 万	巴州区图书馆
周氏族谱	周氏族谱编委会	四川巴中	民间资料		2017 年	16 开	80 万	巴州区图书馆

书　名	作者 （编者）	作者 籍贯	文献 类型	出版/ 印刷单位	印刷 时间	开本	字数	收藏者
张氏族谱	张宗明	四川 巴中	民间 资料		2016 年	16 开	15 万	巴州区 图书馆
谢氏族谱	谢氏族谱编 委会	四川 巴中	民间 资料		2004 年	16 开	15 万	巴州区 图书馆
于氏族谱	于氏族谱编 委会	四川 巴中	民间 资料		2009 年	16 开	20 万	巴州区 图书馆
周氏族谱	周氏族谱编 委会	四川 巴中	民间 资料		2013 年	16 开	11 万	巴州区 图书馆
李氏族谱	李氏族谱编 委会	四川 巴中	民间 资料		2007 年	16 开	16 万	巴州区 图书馆
芦山李氏族谱	芦山李氏族 谱编委会	四川 巴中	民间 资料		2017 年	16 开	23 万	巴州区 图书馆
梁永程氏焕彩 家世录	程　俊 程仕清 程秋源	四川 巴中	民间 资料		2016 年	16 开	13 万	巴州区 图书馆
中华邱氏大宗 谱巴中分谱	邱氏宗谱编 委会	四川 巴中	民间 资料		2014 年	16 开	17 万	巴州区 图书馆
祝氏史略	祝氏族谱编 委会	四川 巴中	民间 资料		不详	16 开	10 万	巴州区 图书馆
杨氏族谱	杨氏族谱编 委会	四川 巴中	民间 资料		不详	16 开	9 万	巴州区 图书馆
袁氏族谱	袁氏族谱编 委会	四川 巴中	民间 资料		1998 年	16 开	8 万	巴州区 图书馆
冯氏宗谱集	冯氏宗谱编 委会	四川 巴中	民间 资料		2007 年	16 开	10 万	巴州区 图书馆
何氏家谱	何氏家谱编 委会	四川 巴中	民间 资料		2011 年	16 开	7 万	巴州区 图书馆
彭氏族谱	彭氏族谱编 委会	四川 巴中	民间 资料		2003 年	16 开	10 万	巴州区 图书馆
李氏联谱 （上下卷）	李氏联谱编 委会	四川 巴中	民间 资料		2013 年	16 开	50 万	巴州区 图书馆

书 名	作者（编者）	作者籍贯	文献类型	出版/印刷单位	印刷时间	开本	字数	收藏者
朱颜裔谱	朱颜裔谱编委会	四川巴中	民间资料		1998年	32开	12万	巴州区图书馆
朱姓探源	朱姓家谱编委会	四川巴中	民间资料		不详	32开	8万	巴州区图书馆
吴氏族谱	吴氏族谱编委会	四川巴中	民间资料		不详	16开	12万	巴州区图书馆
吴氏族谱	吴作锐	四川巴中	民间资料		2012年	16开	18万	巴州区档案馆
沈氏宗谱	沈氏宗谱编委会	四川巴中	民间资料		不详	16开	13万	巴州区图书馆
周氏宗谱（第一卷）	周氏宗谱编委会	四川巴中	民间资料		2012年	16开	20万	巴州区图书馆
乔氏族谱	乔氏族谱编委会	四川巴中	民间资料		2009年	16开	40万	巴州区图书馆
郑氏族谱	郑氏族谱编委会	四川巴中	民间资料		不详	16开	16万	巴州区图书馆
杜氏家谱	杜氏家谱编委会	四川巴中	民间资料		2014年	16开	10万	巴州区图书馆
程氏焕章（天峥）录	程仕清	四川巴中	民间资料		2016年	16开	10万	巴州区图书馆
巴州梁永程氏寻根	程仕清	四川巴中	民间资料		2018年	16开	13万	巴州区图书馆
川北杨氏家谱	杨氏家谱编委会	四川巴中	民间资料		2018年	16开	60万	巴州区图书馆
蒋氏族谱	蒋氏族谱编委会	四川巴中	民间资料		2006年	16开	15万	巴州区图书馆
邱氏族谱（首卷）	邱氏族谱编委会	四川巴中	民间资料		1998年	16开	25万	巴州区图书馆
洪氏族谱	洪氏族谱编委会	四川巴中	民间资料		2010年	16开	20万	巴州区图书馆

书 名	作者（编者）	作者籍贯	文献类型	出版/印刷单位	印刷时间	开本	字数	收藏者
赖氏族谱	赖福祥 赖祥瑞	四川巴中	民间资料		2019 年	16 开	19 万	巴州区图书馆
川东北彭氏宗谱	彭氏宗谱编委会	四川巴中	民间资料		2017 年	16 开	20 万	巴州区图书馆
周氏族谱	中华周氏族谱编委会	四川巴中	民间资料		不详	16 开	10 万	巴州区图书馆
川东北纪氏宗谱	纪昌荣	四川巴中	民间资料		2015 年	16 开	34 万	巴中市图书馆
张氏族谱	张清伟	四川巴中	民间资料		2018 年	16 开	不详	张万林
中华邱氏大宗谱四川巴中分谱（第二卷）	仲（重）富公支谱编委会	四川巴中	民间资料		2011 年	16 开	13 万	巴中市图书馆
中华邱氏大宗谱四川巴中分谱（第三卷）	义兴良楷公支谱编委会	四川巴中	民间资料		2014 年	16 开	28 万	巴中市图书馆
周氏族谱	巴中甘泉周氏族谱编委会	四川巴中	民间资料		2013 年	16 开	30 万	巴中市图书馆
四川巴州仪陇平昌安定堂——胡氏族谱	巴仪平胡氏族谱编委会	四川巴中	民间资料		2013 年	16 开	29 万	巴中市图书馆
木寨子王氏宗谱	王氏宗谱编委会	四川巴中	民间资料		2013 年	16 开	30 万	巴中市图书馆
四川巴中伯头何氏族谱	何文全	四川巴中	民间资料		2005 年	16 开	20 万	巴中市图书馆
巴南宗支何氏家谱	何氏家谱编委会	四川巴中	民间资料		2015 年	16 开	36 万	巴中市图书馆
巴中市庆远堂续修刘氏族谱	刘 瑞	四川巴中	民间资料		2006 年	16 开	38 万	巴中市图书馆
川北吴氏宗谱（首卷）	川北吴氏宗谱编委会	四川巴中	民间资料		2016 年	16 开	34 万	巴中市图书馆

书 名	作者（编者）	作者籍贯	文献类型	出版/印刷单位	印刷时间	开本	字数	收藏者
韩氏宗谱鼎玉篇	韩友谊	四川巴中	民间资料		2014 年	16 开	29 万	巴中市图书馆
巴中市周氏宗谱（第一卷）	巴中市周氏宗谱联谊会	四川巴中	民间资料		2012 年	16 开	30 万	巴中市图书馆
李氏族谱（原续合本）	李钟敬	四川巴中	民间资料		2012 年	16 开	36 万	巴中市图书馆
成氏族谱	成氏族谱编委会	四川巴中	民间资料		2019 年	16 开	12 万	巴中市图书馆
彭氏宗谱（川东北）	彭氏宗谱编委会	四川巴中	民间资料		2014 年	16 开	26 万	巴中市图书馆
沈昌贵年谱（上卷）	沈昌贵	四川巴中	民间资料		2017 年	16 开	46 万	巴中市图书馆
老鸦山李氏族谱	老鸦山李氏族谱编委会	四川巴中	民间资料		2017 年	16 开	未统计	巴中市档案馆
雷氏族谱——鼎新唱世系	雷华年	四川巴中	民间资料		2014 年	16 开	15 万	巴州区档案馆
谯氏族谱（巴中卷）	巴中市谯氏族谱编委会	四川巴中	民间资料		2020 年	未统计	未统计	巴州区档案馆
郑氏美环公支系——郑氏族谱	郑氏族谱编委会	四川巴中	民间资料		2019 年	16 开	18 万	巴州区档案馆
杨氏家谱——弘农杨氏巴中成字公支系	杨氏家谱编委会	四川巴中	民间资料		2019 年	16 开	21 万	巴州区档案馆
李氏家谱（巴中飞凤山）	李钟让	四川巴中	民间资料		2008 年	16 开	30 万	巴州区档案馆
鲜于氏总谱	鲜德伦	四川巴中	民间资料		2010 年	16 开	25 万	巴州区图书馆
苍溪及周边地区沈氏族谱	苍溪及周边地区沈氏族谱编委会	四川巴中	民间资料		2021 年	16 开	28 万	巴中市图书馆

书 名	作者（编者）	作者籍贯	文献类型	出版/印刷单位	印刷时间	开本	字数	收藏者
巴中市恩阳区三河镇天池寨李氏家谱	李氏家谱编委会	四川巴中	民间资料		2016 年	16 开	13 万	巴中市图书馆
四川省巴中市恩阳区九镇堂叶氏族谱	叶成远	四川巴中	民间资料		2020 年	16 开	30 万	巴中市图书馆
白石谢氏三修族谱（一、二、三卷）	白石谢氏族谱编委会	四川巴中	民间资料		清代	16 开	300 万	巴中市图书馆
沈氏子华公统谱	沈昌贵 沈昌茂	四川巴中	民间资料		2019 年	16 开	62 万	巴中市图书馆
土地垭王氏族谱	王氏族谱编委会	四川巴中	民间资料		不详	16 开	20 万	巴中市图书馆
巴中梁永程氏寻根	程海军 程仕清	四川巴中	民间资料		2018 年	16 开	30 万	巴中市图书馆
刘氏族谱	刘氏族谱编委会	四川巴中	民间资料		不详	16 开	20 万	巴中市图书馆
巴中蒋氏族谱	蒋传刚	四川巴中	民间资料		2017 年	16 开	32 万	巴中市图书馆
乔氏族谱	乔盛志	四川巴中	民间资料		2010 年	16 开	32 万	巴中市图书馆
川渝鄂陕谢梁氏大宗谱第一部（1—6 卷）	巴蜀谢梁氏大宗谱编委会	四川巴中	民间资料		2017 年	16 开	112 万	巴中市图书馆
川东北杨氏家谱（舜公支系卷）	川东北杨氏家谱舜公支系卷编委会	四川巴中	民间资料		2012 年	16 开	60 万	巴中市图书馆
万里后裔川东北聪公——杨氏族谱	川东北杨氏族谱编委会	四川巴中	民间资料		不详	16 开	20 万	巴中市图书馆
李氏族谱	李氏族谱编委会	四川巴中	民间资料		不详	16 开	12 万	巴中市图书馆

书 名	作者（编者）	作者籍贯	文献类型	出版/印刷单位	印刷时间	开本	字数	收藏者
王氏族谱	巴州王氏族谱编委会	四川巴中	民间资料		不详	16开	30万	巴中市图书馆
石氏族谱	石氏族谱编委会	四川巴中	民间资料		2021年	16开	27万	巴中市图书馆
川东北杨氏族谱惠鉴公支系	川东北杨氏族谱惠鉴公支系编委会	四川巴中	民间资料		2014年	16开	93万	巴中市图书馆
川东北杨氏族谱祥公支系	川东北杨氏族谱祥公支系编委会	四川巴中	民间资料		2018年	16开	60万	巴中市图书馆
四川巴中重庆黔江袁氏联谱	袁万明	四川巴中	民间资料		2013年	16开	80万	巴中市图书馆
沈氏宗谱（巴中首卷）	沈昌贵	四川巴中	民间资料		2011年	16开	30万	巴州区档案馆
沈氏宗谱	沈昌贵 沈 琳 沈昌荣	四川巴中	民间资料		2017年	16开	13万	巴中市图书馆
黄氏宗谱	黄氏宗谱编委会	四川巴中	民间资料		2013年	16开	11万	巴中市图书馆
巴中兴文西溪沟温大勋家世系	温思容 冯泰来	四川巴中	民间资料		2013年	16开	10万	巴中市图书馆
天府吕氏族谱	吕 彦 吕俊东 吕阳钧	四川巴中	民间资料		2015年	16开	50万	巴中市图书馆
汪氏族谱	汪兆荣	四川巴中	民间资料		2015年	16开	12万	巴中市图书馆
余氏族谱	余氏族谱编委会	四川巴中	民间资料		2017年	16开	50万	巴中市图书馆
四川巴中曾氏族谱（首卷）	巴中曾氏族谱编委会	四川巴中	民间资料		2016年	16开	100万	巴中市图书馆

书　名	作者（编者）	作者籍贯	文献类型	出版／印刷单位	印刷时间	开本	字数	收藏者
邵氏族谱	邵氏族谱编委会	四川巴中	民间资料		不详	未统计	未统计	巴中区档案馆
戚氏族谱	戚氏族谱编委会	四川巴中	民间资料		不详	未统计	未统计	巴州区档案馆
陈氏族谱	陈氏族谱编委会	四川巴中	民间资料		不详	未统计	未统计	巴州区档案馆
杨氏族谱	杨会怀	四川巴中	民间资料		2016 年	16 开	11 万	巴州区档案馆
李氏族谱	李氏族谱编委会	四川巴中	民间资料		不详	未统计	未统计	巴州区档案馆
赵氏族谱	赵氏族谱编委会	四川巴中	民间资料		2000 年	未统计	15 万	巴州区档案馆
巴州谯氏族谱	巴州谯氏族谱编委会	四川巴中	民间资料		2006 年	16 开	35 万	巴州区档案馆
李氏宗谱（念感篇）	李氏宗谱编委会	四川巴中	民间资料		2011 年	16 开	30 万	档案馆巴州区
青山杨氏家族	杨氏宗亲理事会	四川巴中	民间资料		2008 年	16 开	13 万	巴州区档案馆
青氏族谱	青氏族谱编委会	四川巴中	民间资料		不详	未统计	未统计	巴州区档案馆
白氏族谱（新恩坪）	白氏族谱编委会	四川巴中	民间资料		不详	未统计	未统计	巴州区档案馆
彭氏宗谱（新恩坪）	彭氏宗谱编委会	四川巴中	民间资料		不详	未统计	未统计	巴州区档案馆
苟氏春秋	苟氏春秋编委会	四川巴中	民间资料		不详	未统计	未统计	巴州区档案馆
席氏宗谱	席宪章	四川巴中	民间资料		1999 年	未统计	5 万	巴州区档案馆
赵氏家谱	赵氏家谱编委会	四川巴中	民间资料		不详	未统计	未统计	巴州区档案馆

书　名	作者 （编者）	作者 籍贯	文献 类型	出版 / 印刷单位	印刷 时间	开本	字数	收藏者
新编何氏族谱	新编何氏族谱编委会	四川 巴中	民间 资料		不详	未统计	未统计	巴州区 档案馆
马氏家谱	马氏族谱编委会	四川 巴中	民间 资料		不详	未统计	未统计	巴州区 档案馆
萧氏族谱	萧佐远	四川 巴中	民间 资料		2003 年	未统计	未统计	巴州区 档案馆
毛氏族谱	毛氏族谱编委会	四川 巴中	民间 资料		不详	未统计	未统计	巴州区 档案馆
黄氏族谱 （巴州回凤黄家坪）	黄芝龙	四川 巴中	民间 资料		2011 年	16 开	46 万	巴州区 档案馆
余氏宗谱	余鹏海	四川 巴中	民间 资料		2006 年	未统计	20 万	巴州区 档案馆
赖氏宗谱	赖永常	四川 巴中	民间 资料		2019 年	16 开	30 万	巴馆州 区档案
武威堂索氏族谱	索荣新	四川 巴中	民间 资料		2012 年	16 开	18 万	巴州区 档案馆
巴南周氏宗谱	周庆佐	四川 巴中	民间 资料		2005 年	未统计	18 万	巴州区 档案馆
周氏药林坝族谱	周氏药林坝族谱编委会	四川 巴中	民间 资料		不详	未统计	未统计	巴州区 档案馆
巴州芦山李家沟李氏族谱 （原续合本）	李氏族谱编纂委员会	四川 巴中	民间 资料		2012 年	16 开	40 万	巴州区 档案馆
马氏宗谱	马氏宗谱编纂委员会	四川 巴中	民间 资料		2003 年	16 开	16 万	巴州区 档案馆
廖氏宗谱（四川巴州、仪陇周边篇）	四川巴中仪陇廖氏宗谱编纂委员会	四川 巴中	民间 资料		2012 年	16 开	40 万	巴州区 档案馆
李氏总谱（应宗后裔篇）	李氏总谱（应宗后裔篇）编委会	四川 巴中	民间 资料		2009 年	16 开	32 万	巴州区 档案馆

书　名	作者（编者）	作者籍贯	文献类型	出版/印刷单位	印刷时间	开本	字数	收藏者
巴州"六楠"支系王氏族谱	王　达	四川巴中	民间资料		光绪二十二年	16 开	33 万	巴州区档案馆
雒氏家谱	雒登忠	四川巴中	民间资料		2006 年	16 开	15 万	巴州区档案馆
萧氏族谱	萧福德	四川巴中	民间资料		2012 年	未统计	20 万	巴州区档案馆
谯氏族谱	谯君美	四川巴中	民间资料		2006 年	未统计	未统计	巴州区档案馆
罗氏族谱（远祖蛟凤篇）	罗氏族谱编委会	四川巴中	民间资料		2008 年	16 开	28 万	巴州区档案馆
苟氏族谱	苟立国	四川巴中	民间资料		2006 年	16 开	60 万	巴州区档案馆
何氏族谱	何全文	四川巴中	民间资料		2005 年	未统计	16 万	巴州区档案馆
邱氏族谱	重修巴州邱氏族谱委员会	四川巴中	民间资料		2005 年	未统计	15 万	巴州区档案馆
四川巴中市福远堂李氏宗谱	李耀俊	四川巴中	民间资料		2008 年	32 开	15 万	巴州区档案馆
苟氏宗谱巴中篇	苟氏宗谱编纂委员会	四川巴中	民间资料		2006 年	16 开	60 万	巴中市档案馆
谢氏族谱	谢　英	四川巴中	民间资料		2004 年	16 开	未统计	巴中市档案馆
中国川东北陆氏族谱	陆采林 戴　诚	四川巴中	民间资料		2011 年	16 开	69 万	巴中市档案馆
杨氏家谱——弘农杨氏巴中成宇公支系卷	杨天礼	四川巴中	民间资料		2019 年	16 开	未统计	巴中市档案馆
胡氏族谱	胡明生	四川巴中	民间资料		2013 年	16 开	未统计	巴中市档案馆

书　名	作者（编者）	作者籍贯	文献类型	出版/印刷单位	印刷时间	开本	字数	收藏者
萧氏宗谱	萧馨钧 萧和一	四川巴中	民间资料		2016 年	16 开	未统计	巴中市档案馆
吴氏族谱	吴承礼	四川巴中	民间资料		2015 年	16 开	未统计	巴中市档案馆
龙氏族谱	龙祖明	四川巴中	民间资料		2019 年	16 开	未统计	巴中市档案馆
王氏族谱	王成明	四川巴中	民间资料		2018 年	16 开	未统计	巴中市档案馆
黄氏族谱	黄　敏	四川巴中	民间资料		2006 年	16 开	22 万	巴州区档案馆
王氏谱牒	王昭林	四川巴中	民间资料		2003 年	16 开	117 万	巴中市档案馆
何氏族谱	何清林	四川巴中	民间资料		2015 年	16 开	未统计	巴中市档案馆
林氏族谱	主　编：林海科 副主编：林品成 林登学	四川巴中	民间资料		2014 年	16 开	未统计	巴中市史志馆
四川巴中陕西宝鸡扈氏族谱续修联宗谱	扈晓明	四川巴中	民间资料		2015 年	16 开	未统计	巴中市史志馆
冉氏族谱	冉星亮 冉德态 冉宗泉 冉禄中 冉星中	四川巴中	民间资料		2011 年	16 开	未统计	巴中市史志馆
苗氏族谱	主　编：苗长安 执行主编：苗发国	四川巴中	公开出版	四川科学技术出版社	2016 年	16 开	41 万	巴中市史志馆

书 名	作者（编者）	作者籍贯	文献类型	出版/印刷单位	印刷时间	开本	字数	收藏者
黄杨宗谱（天佑鸣寿公支系卷）	杨正策	四川巴中	民间资料		2013 年	16 开	未统计	巴中市史志馆
喻氏宗支家谱	喻义德	四川巴中	民间资料		2013 年	16 开	未统计	巴中市史志馆
白土坪李氏族谱	李月如	四川巴中	民间资料		2009 年	16 开	未统计	巴中市史志馆
谢氏族谱	谢玉章	四川巴中	民间资料		2014 年	16 开	未统计	巴中市史志馆
唐氏族谱	唐顺远 唐中耀	四川巴中	民间资料		2012 年	16 开	未统计	巴中市史志馆
罗氏族谱	罗邵钦 罗丕全 罗丕理	四川巴中	民间资料		2015 年	16 开	未统计	巴中市史志馆
陈氏族谱	陈耀先	四川巴中	民间资料		2012 年	16 开	未统计	巴中市史志馆
刘氏族谱	刘明奎	四川巴中	民间资料		2013 年	16 开	未统计	巴中市史志馆
胡氏族谱	胡廷年	四川巴中	民间资料		2015 年	16 开	未统计	巴中市史志馆
五凤祠陈氏族谱	陈联邦	四川巴中	民间资料		2003 年	16 开	未统计	巴中市史志馆
池氏族谱	池氏族谱编撰委员会	四川巴中	民间资料		2015 年	16 开	未统计	巴中市史志馆
罗氏宗支	罗福刚	四川巴中	民间资料		2012 年	16 开	未统计	巴中市史志馆
刘氏宗谱	刘氏宗谱编辑委员会	四川巴中	民间资料		2021 年	16 开	未统计	巴中市史志馆
林氏族谱	林怀科	四川巴中	民间资料		2005 年	16 开	30 万	巴中市史志馆

书 名	作者（编者）	作者籍贯	文献类型	出版/印刷单位	印刷时间	开本	字数	收藏者
邵氏族谱	邵克仁 邵新永	四川巴中	民间资料		2010 年	16 开	未统计	巴中市史志馆
吴氏族谱	吴联人 吴本贤 吴楚文	四川巴中	民间资料		2012 年	16 开	未统计	巴中市史志馆
马氏族谱	马新政	四川巴中	民间资料		2014 年	16 开	28 万	巴中市史志馆
杜氏宗谱	杜光富	四川巴中	民间资料		2000 年	16 开	未统计	巴中市史志馆
谭氏通谱	谭德栋 谭德凡	四川巴中	民间资料		2015 年	16 开	50 万	巴中市史志馆
白氏宗录	白氏宗录编纂组	四川巴中	民间资料		1997 年	16 开	40 万	巴中市史志馆
严氏宗谱	严治述	四川巴中	民间资料		2012 年	16 开	未统计	巴中市史志馆
王氏族谱	王三义 王三江 王仲先	四川巴中	民间资料		2014 年	16 开	未统计	巴中市史志馆
吴氏族谱	吴德明	四川巴中	民间资料		2013 年	16 开	未统计	巴中市史志馆
叶氏族谱	叶成远	四川巴中	民间资料		2020 年	16 开	未统计	巴中市史志馆
金氏族谱	金吉尧 金景贵	四川巴中	民间资料		2021 年	16 开	7 万	巴中市史志馆
牟氏族谱	牟小江	四川巴中	民间资料		2017 年	16 开	未统计	巴中市史志馆
陈氏史略	陈正统	四川巴中	民间资料		2008 年	16 开	13 万	巴中市图书馆
巴中独柏树李氏族谱	李 仁	四川巴中	民间资料		2000 年	16 开	20 万	巴中市图书馆

书　名	作者（编者）	作者籍贯	文献类型	出版/印刷单位	印刷时间	开本	字数	收藏者
周氏族谱	周必琦 周必琳	四川巴中	民间资料		2014 年	16 开	未统计	巴中市史志馆
贾氏族谱	贾寿中 贾仁中	四川巴中	民间资料		2005 年	16 开	36 万	巴中市史志馆
天池寨李氏家谱	李昭德 李刚德	四川巴中	民间资料		2016 年	16 开	未统计	巴中市史志馆
巴中喻氏谱汇	喻伟文	四川巴中	民间资料		2022 年	16 开	45 万	恩阳区史志档案中心
巴中喻氏史略	喻汉文 喻哲文	四川巴中	民间资料		2002 年	16 开	6 万	恩阳区史志档案中心
贾氏家谱（四川巴州）	贾杨炜 浪　僧	四川巴中	民间资料		2021 年	16 开	30 万	景瑞三
罗铜祠陈氏族谱	陈明俊 陈明帅	四川巴中	民间资料		2007 年	32 开	8 万	景瑞三
张氏族谱	张浩良	四川巴中	民间资料		2011 年	32 开	10 万	景瑞三
蒲氏宗谱	蒲朝忠	四川巴中	民间资料		2010 年	16 开	48 万	景瑞三
张氏家史考略	张文学	四川巴中	民间资料		不　详	32 开	未统计	巴州区图书馆
李氏族谱	李兆廷	四川南江	民间资料		2011 年	16 开	50 万	南江县图书馆
家世春秋	李　琦	四川南江	内部出版		2015 年	16 开	9 万	南江县图书馆
冷氏族谱	冷元光	四川南江	民间资料		2010 年	32 开	10 万	南江县图书馆
梁氏族谱	梁氏族谱编纂委员会	四川南江	公开出版	四川师范大学电子出版社	2016 年	16 开	41 万	南江县图书馆

书　名	作者（编者）	作者籍贯	文献类型	出版/印刷单位	印刷时间	开本	字数	收藏者
何氏族谱	何特书	四川南江	民间资料		2010 年	16 开	40 万	南江县图书馆
天水源流·赵氏族谱	赵氏族谱编委会	四川南江	民间资料		2000 年	32 开	20 万	南江县图书馆
天水源流·赵氏族谱（第二卷）	赵锡瑕	四川南江	民间资料		2012 年	16 开	19 万	南江县图书馆
李氏族谱	李慧生	四川南江	民间资料		2009 年	16 开	21 万	南江县图书馆
正直蔡氏宗谱	蔡绪新	四川南江	民间资料		1995 年	16 开	未统计	巴中市史志馆
袁氏联谱（上下卷）	袁万明	四川南江	民间资料		2013 年	16 开	40 万	南江县图书馆
黄氏族谱	南江县炽昌教育促进会	四川南江	民间资料		2010 年	16 开	18 万	南江县图书馆
吴氏族谱	吴新贵	四川南江	民间资料		2012 年	16 开	22 万	南江县图书馆
巴中岳氏统谱（上下册）	巴中岳研会南江办事处	四川南江	民间资料	巴中岳研会南江办事处	2018 年	16 开	36 万	南江县图书馆
陈氏家乘记	陈彰模	四川南江	民间资料		1999 年	16 开	19 万	南江县图书馆
袁氏族谱（南江赶场）	袁万强	四川南江	民间资料		2014 年	16 开	未统计	巴中市史志馆
李氏宗族志	李书敏	四川南江	民间资料		2000 年	16 开	7 万	南江县政协
张氏家谱（南江赶场阴家沟）	张兴皇	四川南江	民间资料		2005 年	16 开	36 万	巴中市史志馆

书 名	作者 （编者）	作者 籍贯	文献 类型	出版/ 印刷单位	印刷 时间	开本	字数	收藏者
陈氏宗谱 （谦益庄离楚入川菩船岭分支）	陈氏宗谱编委会	四川 南江	民间 资料		2010 年	16 开	30 万	景瑞三
川北尹氏通谱	尹正容 尹长云	四川 南江	民间 资料		2021 年	16 开	80 万	景瑞三
魏氏新谱（南江·通江·汉江）	魏国利	四川 巴中	民间 资料		2010 年	16 开	未统计	巴中市 史志馆
张氏族谱志	张忠孝	四川 通江	公开 出版	四川文艺出版社	2014 年	未统计	未统计	通江县 图书馆
石门山惠英·王氏族谱	王从国	四川 通江	民间 资料		2017 年	未统计	未统计	通江县 图书馆
王氏族志	王作沛	四川 通江	公开 出版	大众文艺出版社	2009 年	16 开	47 万	通江县 图书馆
小刘坪房谱	刘汉伟	四川 通江	民间 资料		2002 年	未统计	未统计	通江县 图书馆
四川通江杜氏宗谱	杜映祥	四川 通江	民间 资料		2013 年	16 开	110 万	通江县 图书馆
四川通江杜氏宗谱（修订本）	杜映祥	四川 通江	民间 资料		2018 年	16 开	未统计	通江县 图书馆
通江虎台溪向氏家谱	向世斌	四川 通江	民间 资料		2008 年	16 开	未统计	通江县 图书馆
四川通江李氏（土主）宗谱	李 禹	四川 通江	民间 资料		2020 年	16 开	42 万	通江县 图书馆
谢氏族谱（谢锷公后裔）	谢玉章	四川 通江	民间 资料		2014 年	未统计	未统计	通江县 图书馆
王氏族谱	王政芳	四川 通江	内部 资料		2001 年	16 开	未统计	通江县 图书馆

书　名	作者（编者）	作者籍贯	文献类型	出版/印刷单位	印刷时间	开本	字数	收藏者
川北吴氏族谱（首卷）	吴宗润	四川通江	民间资料		2016 年	16 开	未统计	通江县图书馆
李氏公流谱	李先甲	四川通江	民间资料		2004 年	32 开	未统计	通江县图书馆
马三垭王族	王仕平	四川通江	民间资料		2018 年	16 开	30 万	景瑞三
马三垭王氏族谱	王芝兰	四川通江	民间资料		2013 年	16 开	未统计	通江县图书馆
四川省通江县马三垭王氏宗谱	王芝香 王政芳 赵国坤	四川通江	民间资料		2015 年	16 开	未统计	通江县档案馆
三槐王氏通谱	王芝兰	四川通江	民间资料		2018 年	16 开	未统计	通江县档案馆
入川始祖王鼎后裔柴炭烟灰王氏族谱	王永忠	四川通江	民间资料		2018 年	16 开	未统计	通江县图书馆
九石坎王氏族谱	九石坎王氏族谱编委会	四川通江	民间资料		2017 年	16 开	4 万	通江县图书馆
四川通江吴越钱宗氏谱	通江吴越钱氏宗谱编委会	四川通江	民间资料		2019 年	16 开	33 万	通江县图书馆
通江瓦室镇鹿鸣山程氏族谱	程一丹	四川通江	民间资料		2015 年	16 开	未统计	通江县图书馆
四川兴隆李氏宗谱	李　禹	四川通江	民间资料		2015 年	16 开	28 万	通江县图书馆
四川通江龙溪沟王氏宗谱	王延寿 王　勇	四川通江	民间资料		2015 年	16 开	未统计	通江县图书馆
四川通江史氏宗谱	史学明	四川通江	民间资料		2014 年	16 开	33 万	通江县图书馆
巴中黔江袁氏联谱（上下）	袁万明	四川通江	民间资料		2015 年	16 开	80 万	通江图书馆

书 名	作者（编者）	作者籍贯	文献类型	出版/印刷单位	印刷时间	开本	字数	收藏者
四川通江贾氏家谱	贾能奎	四川通江	民间资料		2013 年	16 开	未统计	通江县图书馆
中华邱氏大宗谱四川通江分谱	中华邱氏大宗谱通江分谱编委会	四川通江	民间资料		2017 年	16 开	20 万	通江县图书馆
刘氏大宗谱	刘　剑	四川通江	民间资料		2012 年	16 开	未统计	通江县图书馆
朱氏家谱	朱氏家谱编委会	四川通江	民间资料		2011 年	16 开	未统计	通江县图书馆
四川通江余氏宗谱	余　鼎	四川通江	民间资料		2017 年	16 开	50 万	通江县图书馆
王家坪铺司坪王家沟王氏宗谱	王仕坪	四川通江	民间资料		2015 年	16 开	未统计	通江县图书馆
杜氏族谱	杜氏族谱编委会	四川通江	公开出版	中国文史出版社	2012 年	16 开	未统计	通江县图书馆
四川通江张氏族谱	张瑞图	四川通江	民间资料		2015 年	16 开	35 万	通江县图书馆
四川通江阎氏族谱	阎登荣	四川通江	民间资料		不详	16 开	未统计	通江县图书馆
四川通江贾氏家谱	贾能奎贾纲维	四川通江	公开出版	成都音像出版社	2013 年	16 开	35 万	通江县档案馆
中国四川马三垭湖南祁阳（东）江西吉水王氏宗谱	王清福	四川宣汉	公开出版	中州古籍出版社	2021 年	16 开	100 万	通江县档案馆
赵氏家谱	赵国昆	四川通江	民间资料		2000 年	16 开	未统计	通江县档案馆
赵氏宗谱（三修版）	赵国坤	四川通江	民间资料		2019 年	16 开	未统计	通江县档案馆
赵氏宗谱	赵光仁	四川通江	民间资料		2014 年	16 开	未统计	通江县档案馆

书　名	作者（编者）	作者籍贯	文献类型	出版/印刷单位	印刷时间	开本	字数	收藏者
通江碑坝永乐朱氏家谱	朱以颂	四川通江	民间资料		2011 年	16 开	未统计	通江县档案馆
巴中市曹氏族谱	曹　海	四川通江	民间资料		2012 年	16 开	未统计	通江县档案馆
道光二十年槐堂族谱	王　杰	四川通江	民间资料		道光二十年	16 开	未统计	通江县档案馆
土顶子程氏世禄	程发银	四川通江	民间资料		2018 年	16 开	未统计	通江县档案馆
四川通江岳氏族谱（首卷）	岳氏族谱编纂委员会	四川通江	民间资料		2019 年	16 开	未统计	通江县档案馆
四川省通江县程氏宗谱	程一丹	四川通江	民间资料		2020 年	16 开	60 万	通江县档案馆
百忍堂张氏族谱	张泽勤 张泽民 张泽贤	四川通江	民间资料		2021 年	16 开	未统计	通江县档案馆
张氏族谱	张发信	四川通江	民间资料		2019 年	16 开	24 万	通江县档案馆
王氏宗谱（四川省金堂县淮口镇公支）	王清华	四川通江	民间资料		2014 年	16 开	未统计	通江县档案馆
通江县瓦室镇鹿鸣村马氏族谱	马良忠 马绍龙 程一丹	四川通江	民间资料		2020 年	16 开	未统计	通江县档案馆
李氏分流谱	李祯和	四川通江	民间资料		2004 年	32 开	24 万	通江县档案馆
彭城刘氏大湾堂五修宗谱	刘正珏	四川通江	民间资料		2001 年	16 开	未统计	通江县档案馆
四川省通江县梓潼乡凤凰山袁氏族谱	袁作述 袁中华	四川通江	民间资料		2002 年	16 开	未统计	通江县档案馆

书　名	作者 （编者）	作者 籍贯	文献 类型	出版／ 印刷单位	印刷 时间	开本	字数	收藏者
吉家坝王氏源流	王端朝	四川 通江	内部 资料		2015 年	16 开	15 万	通江县 档案馆
赵松溪宗支家谱	赵州清 赵凤祥 赵礼文	四川 通江	民间 资料		2012 年	16 开	12 万	巴中市 史志馆
中华李唐吴王房统谱	李如万	四川 通江	民间 资料		2018 年	16 开	50 万	得汉城 村民委 员会
土地垭王氏家谱	王立新	四川 通江	民间 资料		2019 年	16 开	15 万	景瑞三
李氏宗谱	李怀茂 李瑞祯	四川 通江	民间 资料		2004 年	16 开	20 万	景瑞三
向氏源流 小蕨坪	向平章 向嘉丰	四川 通江	民间 资料		1993 年	16 开	25 万	景瑞三
子贞何氏族谱	何光宇	四川 平昌	民间 资料		2002 年	16 开	未统计	巴中市 史志馆
王氏宗谱	王廷玉	四川 平昌	民间 资料		不详	未统计	未统计	平昌县 图书馆
赵家简史	赵学成	四川 平昌	民间 资料		2002 年	32 开	10 万	平昌县 图书馆
平昌县江口镇 元宝村戴家沟 李氏家谱	李景骏	四川 平昌	民间 资料		2006 年	未统计	9 万	平昌县 图书馆
林氏族谱	林怀科	四川 平昌	民间 资料		2005 年	16 开	30 万	平昌县 图书馆
世贤何氏宗谱	何正仁	四川 平昌	民间 资料		2016 年	未统计	未统计	平昌县 图书馆
赵氏族谱 手写本	赵　洪	四川 平昌	手稿		2003 年	未统计	未统计	平昌县 图书馆

书　名	作者（编者）	作者籍贯	文献类型	出版/印刷单位	印刷时间	开本	字数	收藏者
鲁氏宗谱（平昌西兴黄山片区鲁氏支系）	鲁正鳌	四川平昌	民间资料		2010年	16开	未统计	平昌县图书馆
鲜氏宗谱（川东北平昌响滩片区）	鲜光仕	四川平昌	民间资料		2015年	未统计	未统计	平昌县图书馆
根姓寻源	韩荣光	四川平昌	民间资料		1994年	未统计	未统计	平昌县图书馆
平昌高峰谢氏族谱	谢兴德	四川平昌	民间资料		2006年	32开	12万	平昌县图书馆
赵氏族谱（涵水镇）	赵正光	四川平昌	民间资料		2005年	16开	15万	平昌县图书馆
根姓寻源（平昌响滩韩氏宗谱续）	韩挽澜	四川平昌	民间资料		2022年	16开	30万	平昌县方志馆
三宝山·名山湾吴氏家谱	吴云波	四川平昌	民间资料		2016年	16开	27万	平昌县方志馆
蒲姓溯源	蒲茂科	四川平昌	民间资料		2011年	32开	20万	平昌县方志馆
周氏族谱（平昌卷）	周尚盛	四川平昌	民间资料		2009年	16开	120万	平昌县方志馆
曾氏支系族谱	西兴太平曾氏族谱编委会	四川平昌	民间资料		2020年	16开	40万	平昌县方志馆
胡氏宗谱	平昌邱家支系胡氏族谱编委会	四川平昌	民间资料		2016年	16开	30万	平昌县方志馆
铜坑周氏族谱	驷马周氏族谱编委会	四川平昌	民间资料		2018年	16开	36万	平昌县方志馆

书 名	作者（编者）	作者籍贯	文献类型	出版/印刷单位	印刷时间	开本	字数	收藏者
望京白氏族谱	白氏族谱编委会	四川平昌	民间资料		2017年	16开	100万	平昌县方志馆
谭氏通谱（龙岗等地）	谭氏族谱编委会	四川平昌	民间资料		2015年	16开	80万	平昌县方志馆
张氏家谱（平昌县斯滩乡）	张氏族谱编委会	四川平昌	民间资料		2016年	16开	60万	平昌县方志馆
陈价支谱	陈价支谱编委会	四川平昌	民间资料		2021年	16开	50万	平昌县方志馆
李氏族谱（白平李氏）	李氏族谱编委会	四川平昌	民间资料		2009年	16开	30万	平昌县方志馆
道人山赵氏族谱	赵氏族谱编委会	四川平昌	民间资料		2019年	16开	60万	平昌县方志馆
苟氏族谱（巴中篇）	苟氏族谱编委会	四川平昌	民间资料		2006年	16开	60万	平昌县方志馆
彭氏族谱（孝友堂）	彭氏族谱编委会	四川平昌	民间资料		2004年	16开	80万	平昌县方志馆
伯头何氏族谱	何氏族谱编委会	四川平昌	民间资料		2005年	16开	30万	平昌县方志馆
杜氏族谱（金宝山支系）	杜氏族谱编委会	四川平昌	民间资料		2019年	16开	40万	平昌县方志馆
谢氏族谱（斯滩河支系）	谢氏族谱编委会	四川平昌	民间资料		2019年	16开	20万	平昌县方志馆
李氏族谱（涵水土门支系）	李氏族谱编委会	四川平昌	民间资料		2014年	16开	35万	平昌县方志馆
李氏族谱（点灯山支系）	李氏族谱编委会	四川平昌	民间资料		2010年	16开	40万	平昌县方志馆
王氏族谱（涵水支系）	王氏族谱编委会	四川平昌	民间资料		2014年	16开	40万	平昌县方志馆

书 名	作者 （编者）	作者 籍贯	文献 类型	出版 / 印刷单位	印刷 时间	开本	字数	收藏者
邓氏族谱	邓延锷	四川 平昌	民间 资料		2012 年	16 开	35 万	巴中市 档案馆
岳氏族谱平昌 首卷	岳映泉 岳善元	四川 平昌	民间 资料		2015 年	16 开	未统计	巴中市 档案馆
王氏族谱	王登谟	四川 平昌	民间 资料		2018 年	16 开	未统计	通江县 档案馆
四川平昌胡氏 族谱	胡文华	四川 平昌	民间 资料		不详	16 开	11 万	巴中市 图书馆

第二章

政治经济管理

第一节 政 治

书　名	作者 （编者）	作者 籍贯	文献 类型	出版/ 印刷单位	印刷 时间	开本	字数	收藏者
中国共产党巴中市巴州区执政实录（2013—2020）（全8册）	巴州区委党史办公室		内部资料	巴州区委党史办公室	2014—2020	16开	40万—66万	巴州区委党史办公室
党支部工作新经验	巴中县委组织部		内部资料	巴中县委组织部	1982年	32开	未统计	巴州区档案馆
巴中县整党工作基本经验选编	巴中县委整党办		内部资料	巴中县委整党办	1987年	32开	未统计	巴州区档案馆
在党的旗帜下前进	巴中县委组织部		内部资料	巴中县委组织部	1986年	32开	未统计	巴州区档案馆
巴州区基层干部理论学习与实践成果汇编	巴州区委宣传部		内部资料	巴州区委宣传部	不详	16开	25万	巴州区图书馆
思想政治工作集锦	巴中县委宣传部		内部资料	巴中县委宣传部	1988年	32开	15万	恩阳区图书馆
中国共产党恩阳执政实录（2013）	恩阳区委史志档案局		公开出版	中国文史出版社	2016年	16开	81万	恩阳区史志档案中心
中国共产党恩阳执政实录（2014）	恩阳区委史志档案局		公开出版	中国文史出版社	2016年	16开	106万	恩阳区史志档案中心
中国共产党恩阳执政实录（2015）	恩阳区委史志档案局		公开出版	中国文史出版社	2016年	16开	66万	恩阳区史志档案中心

书　名	作者（编者）	作者籍贯	文献类型	出版/印刷单位	印刷时间	开本	字数	收藏者
中国共产党恩阳执政实录（2016）	恩阳区委史志档案局		内部资料	恩阳区史志档案中心	2017年	16开	43万	恩阳区史志档案中心
中国共产党恩阳执政实录（2017）	恩阳区委史志档案局		内部资料	恩阳区史志档案中心	2018年	16开	49万	恩阳区史志档案中心
中国共产党恩阳执政实录（2018）	恩阳区委史志档案局		内部资料	恩阳区史志档案中心	2019年	16开	56万	恩阳区史志档案中心
中国共产党恩阳执政实录（2019）	恩阳区委史志档案局		内部资料	恩阳区史志档案中心	2020年	16开	49万	恩阳区史志档案中心
中国共产党恩阳执政实录（2020）	恩阳区委史志档案局		内部资料	恩阳区史志档案中心	2021年	16开	52万	恩阳区史志档案中心
中国共产党南江执政实录（2014年）	南江县委党史研究室		内部资料	南江县委党史研究室	2016年	16开	95万	南江县委党史研究室
中国共产党南江执政实录（2015年）	南江县委党史研究室		内部资料	南江县委党史研究室	2017年	16开	90万	南江县委党史研究室
中国共产党南江执政实录（2016年）	南江县委党史研究室		内部资料	南江县委党史研究室	2018年	16开	83万	南江县委党史研究室
中国共产党南江执政实录（2017年）	南江县委党史研究室		内部资料	南江县委党史研究室	2019年	16开	84万	南江县委党史研究室
中国共产党南江执政实录（2018年）	南江县委党史研究室		内部资料	南江县委党史研究室	2020年	16开	100万	南江县委党史研究室
中国共产党南江执政实录（2019年）	南江县委党史研究室		内部资料	南江县委党史研究室	2021年	16开	80万	南江县委党史研究室

书　名	作者（编者）	作者籍贯	文献类型	出版/印刷单位	印刷时间	开本	字数	收藏者
中国共产党南江执政实录（2020年）	南江县委党史研究室		内部资料	南江县委党史研究室	2022年	16开	100万	南江县委党史研究室
基层政治工作探索	熊运和	四川通江	公开出版	中国铁道出版社	1997年	32开	未统计	通江县图书馆
廉政风云	通江县纪委		内部资料		2013年	未统计	未统计	通江县图书馆
求索——通江县各级中心学习组理论调研文集	冯仕廉	四川通江	内部资料	通江县委宣传部	1997年	32开	32万	巴中市图书馆
奋进——通江县各级中心学习组理论调研文集	冯仕廉	四川通江	内部资料	通江县委宣传部	1998年	32开	未统计	通江县档案馆
超越——通江县各级中心学习组理论调研文集	冯仕廉	四川通江	内部资料	通江县委宣传部	1999年	32开	未统计	通江县档案馆
中国共产党通江执政实录（2009—2013）	通江县委党史研究室		公开出版	光明日报出版社	2015年	16开	42万	通江县委党史研究室
中国共产党通江执政实录（2014）	通江县委党史研究室		公开出版	光明日报出版社	2015年	16开	未统计	巴中市史志馆
中国共产党通江执政实录（2019）	通江县委党史研究室		内部资料	通江县委党史研究室	2020年	16开	40万	通江县委党史研究室
中国共产党通江执政实录（2020）	通江县委党史研究室		内部资料	通江县委党史研究室	2021年	16开	31万	通江县委党史研究室
优秀调研成果选编	通江县委先进性教育活动办公室		内部资料	通江县委先进性教育活动办公室	2006年	16开	20万	景瑞三

书名	作者（编者）	作者籍贯	文献类型	出版/印刷单位	印刷时间	开本	字数	收藏者
川陕苏区的群众工作	中共通江县委		内部资料	中共通江县委	不详	16开	25万	景瑞三
通江政协文集	通江县政协		内部出版	通江县政协	1993年	32开	10万	景瑞三
中国共产党平昌执政实录（2017）	平昌县委党史研究室		内部资料	平昌县委党史研究室	2019年	16开	86万	巴中市史志馆
中国共产党平昌执政实录（2018）	平昌县委党史研究室		内部资料	平昌县委党史研究室	2020年	16开	82万	巴中市史志馆
高举旗帜科学发展	巴中市委办公室		内部资料	巴中市委办公室	2009年	16开	未统计	巴中市史志馆
巴中市保持共产党员先进性教育活动成果汇编——理论成果卷	巴中市委保持共产党员先进性教育活动领导小组办公室		内部资料	巴中市委保持共产党员先进性教育活动领导小组办公室	2006年	16开	28万	巴中市档案馆
巴中市保持共产党员先进性教育活动成果汇编——实践成果卷	巴中市委保持共产党员先进性教育活动领导小组办公室		内部资料	巴中市委保持共产党员先进性教育活动领导小组办公室	2006年	16开	30万	巴中市档案馆
巴中地区人大工委全体会议、巴中市人民代表大会资料汇编（上下册）	主 编：夏长蓉	四川巴中	内部资料	巴中市档案馆	2014年	16开	未统计	巴中市档案馆
巴中地区政协工作委员会全体会议、政协巴中市委员会全体会议资料汇编	主 编：夏长蓉	四川巴中	内部资料	巴中市档案馆	2014年	16开	未统计	巴中市档案馆

书 名	作者（编者）	作者籍贯	文献类型	出版／印刷单位	印刷时间	开本	字数	收藏者
中共巴中地委中共巴中市委党代会资料汇编	主编：夏长蓉	四川巴中	内部资料	巴中市档案馆	2014年	16开	未统计	巴中市档案馆
巴中历年来重大活动资料汇编（第一册）（1993.09—2013.12）	主编：夏长蓉	四川巴中	内部资料	巴中市档案馆	2014年	16开	未统计	巴中市档案馆
巴中历年来重大活动资料汇编（第二册）（2004.01—2006.12）	主编：夏长蓉	四川巴中	内部资料	巴中市档案馆	2014年	16开	未统计	巴中市档案馆
巴中历年来重大活动资料汇编（第三册）（2007.01—2009.12）	主编：夏长蓉	四川巴中	内部资料	巴中市档案馆	2014年	16开	未统计	巴中市档案馆
巴中历年来重大活动资料汇编（第四册）（2010.01—2011.12）	主编：夏长蓉	四川巴中	内部资料	巴中市档案馆	2014年	16开	未统计	巴中市档案馆
巴中历年来重大活动资料汇编（第五册）（2012.01—2013.12）	主编：夏长蓉	四川巴中	内部资料	巴中市档案馆	2014年	16开	未统计	巴中市档案馆
中共巴中地委书记韩忠信重大活动资料汇编（1993.09—1997.03）	主编：夏长蓉	四川巴中	内部资料	巴中市档案馆	2014年	16开	未统计	巴中市档案馆

书名	作者（编者）	作者籍贯	文献类型	出版/印刷单位	印刷时间	开本	字数	收藏者
中共巴中地（市）委书记周登全重大活动资料汇编（1997.06—2001.12）	主 编：夏长蓉	四川巴中	内部资料	巴中市档案馆	2014年	16开	未统计	巴中市档案馆
中共巴中市委书记杨安民重大活动资料汇编（2001.12—2005.08）	主 编：夏长蓉	四川巴中	内部资料	巴中市档案馆	2014年	16开	未统计	巴中市档案馆
中共巴中市委书记熊光林重大活动资料汇编（2005.08—2006.08）	主 编：夏长蓉	四川巴中	内部资料	巴中市档案馆	2014年	16开	未统计	巴中市档案馆
中共巴中市委书记李仲彬重大活动资料汇编（2006.08—2011.03）	主 编：夏长蓉	四川巴中	内部资料	巴中市档案馆	2014年	16开	未统计	巴中市档案馆
中共巴中市委书记李刚重大活动资料汇编（2011.01—2013.12）	主 编：夏长蓉	四川巴中	内部资料	巴中市档案馆	2014年	16开	未统计	巴中市档案馆
警钟	巴中市纪委市监察局		内部资料	巴中市纪委市监察局	2014年	32开	32万	恩阳区图书馆
中国共产党巴中执政实录（2013）	巴中市委党史办公室		内部资料	巴中市委党史办公室	2016年	16开	73万	巴中市图书馆
中国共产党巴中执政实录（2014）	巴中市委党史办公室		内部资料	巴中市委党史办公室	2016年	16开	84万	巴中市图书馆

书 名	作者 （编者）	作者 籍贯	文献 类型	出版／ 印刷单位	印刷 时间	开本	字数	收藏者
中国共产党巴中执政实录（2015）	巴中市委党史办公室		内部资料	巴中市委党史办公室	2017 年	16 开	130 万	巴中市图书馆
中国共产党巴中执政实录（2016）	巴中市委党史办公室		内部资料	巴中市委党史办公室	2018 年	16 开	98 万	巴中市图书馆
中国共产党巴中执政实录（2017）	巴中市委党史办公室		内部资料	巴中市委党史办公室	2019 年	16 开	86 万	巴中市图书馆
中国共产党巴中执政实录（2018）	巴中市委党史办公室		内部资料	巴中市委党史办公室	2019 年	16 开	81 万	巴中市图书馆
中国共产党巴中执政实录（2019）	巴中市委党史办公室		内部资料	巴中市委党史办公室	2019 年	16 开	40 万	景瑞三
廉政文化大讲堂——警示教育资料手稿（1—9 册）	程世昌	四川巴中	内部资料		2015 年	16 开	283 万	巴中市图书馆
市委中心组学习资料（统筹城乡文化发展）	巴中市委宣传部		内部资料	巴中市委宣传部	2011 年	16 开	26 万	巴中市图书馆
中国共产党巴中市第三次代表大会精神简明读本	巴中市委宣传部		内部资料	巴中市委宣传部	2011 年	32 开	30 万	巴中市图书馆
巴山星火——川陕苏区党群关系纪实	巴中市纪委等		公开出版	四川人民出版社	2017 年	16 开	22 万	川陕革命根据地博物馆
廉政风云——川陕苏区时期的检察廉政工作	彭俊礼	四川通江	公开出版	中央文献出版社	2013 年	16 开	25 万	巴中市史志馆

书 名	作者（编者）	作者籍贯	文献类型	出版/印刷单位	印刷时间	开本	字数	收藏者
跨越进行时——电视解读巴中科学发展之路	陈兴国李治平	四川巴中	公开出版	四川师范大学电子出版社	2012 年	16 开	28 万	巴中市史志馆
坚持科学发展构建和谐巴中	巴中市委办公室		内部资料	巴中市委办公室	2007 年	16 开	未统计	巴中市史志馆
"三讲"教育资料选编	巴中地委"三讲"教育领导小组办公室		内部资料	巴中地委"三讲"教育领导小组办公室	1999 年	16 开	20 万	景瑞三
中共巴中市委规范性文件汇编（2016—2018）	巴中市委办公室		内部资料	巴中市委办公室	2020 年	16 开	60 万	景瑞三
红军精神与巴中经验	巴中市教育局		内部出版	巴中市教育局	2001 年	32 开	6 万	景瑞三
巴中市第一届决策咨询委员会决策咨询成果汇编	巴中市决策咨询委		内部资料	巴中市委政研室	2019 年	16 开	44 万	景瑞三
决策咨询文集	巴中市决策咨询委		内部资料	巴中市委研究室	2015 年	16 开	25 万	景瑞三
六大纪律面对面（巴中市廉政教育读本）	巴中市纪委巴中市监委		内部资料	巴中市纪委巴中市监委	2018 年	16 开	10 万	景瑞三
优秀调研文集	巴中市委办公室、市委政研室		内部出版	巴中市委办公室、市委政研室	2001 年	16 开	80 万	景瑞三
优秀调研文集	巴中市委办公室、市委政研室		内部出版	巴中市委办公室、市委政研室	2002 年	32 开	26 万	景瑞三
优秀调研文集	巴中市委办公室、市委政研室		内部出版	巴中市委办公室、市委政研室	2003 年	32 开	27 万	景瑞三

书 名	作者 （编者）	作者 籍贯	文献 类型	出版/ 印刷单位	印刷 时间	开本	字数	收藏者
纪念改革开放30年理论研讨会（论文集）	巴中市委宣传部		内部出版	巴中市委宣传部	2008 年	16 开	20 万	景瑞三
中国共产党巴中市委决策志要	巴中市委党史办公室		内部资料	巴中市委党史办公室	2011 年	32 开	未统计	景瑞三
时代先锋——巴中市先进典型事迹汇编（第一卷）	巴中市委宣传部		内部资料	巴中市委宣传部	2000 年	32 开	20 万	景瑞三
时代先锋——巴中市先进典型事迹汇编（第二卷）	巴中市委宣传部		内部资料	巴中市委宣传部	2001 年	32 开	20 万	景瑞三
巴山魂——巴中地区农村基层组织建设纪实	巴中地委组织部		内部资料	巴中地委组织部	1998 年	32 开	10 万	景瑞三
脱贫攻坚 一面旗帜——巴中经验集萃	四川省委宣传部巴中地委		公开出版	四川人民出版社	1999 年	32 开	15 万	景瑞三
回眸 2004	巴中市委政研室		内部出版	巴中市委政研室	2004 年	32 开	28 万	景瑞三
学习贯彻十八大精神、推动城乡一体化论坛文汇	巴中市政协		内部资料	巴中市政协	2012 年	32 开	15 万	景瑞三
巴中市人民政协理论与实践研究会论文汇编	巴中市政协理论与实践研究会		内部资料	巴中市政协	2013 年	16 开	15 万	景瑞三

书 名	作者（编者）	作者籍贯	文献类型	出版/印刷单位	印刷时间	开本	字数	收藏者
新常态新机遇新巴中——深入学习贯彻市委三届九次全会精神	巴中市广播电视台		内部资料	巴中市广播电视台	2014 年	16 开	8 万	景瑞三

第二节 经 济

书 名	作者（编者）	作者籍贯	文献类型	出版／印刷单位	印刷时间	开本	字数	收藏者
巴州区农业专业工作经济组织建设探索与实践	巴州区农合组织建设指导小组		内部资料	巴州区农合组织建设指导小组	不详	32 开	6 万	巴州区图书馆
复兴巴中林业	张 峨	四川巴中	内部资料		2013 年	32 开	8 万	巴州区图书馆
农业综合开发土地治理项目实用技术手册	巴州区农业局		内部资料	巴州区农业局	2006 年	32 开	8 万	巴州区图书馆
巴中县国民经济十年巨大成就	巴中县工业普查办公室		内部资料	巴中县工业普查办公室	1960 年	8 开	未统计	巴州区档案馆
巴中县 1990 年人口普查资料	巴中县人口普查办		内部资料	巴中县人口普查办	1992 年	不详	未统计	巴州区档案馆
四川省巴中县第二次全国工业普查资料汇编	巴中县工业普查领导小组办公室		内部资料	巴中县工业普查领导小组办公室	1987 年	16 开	50 万	巴州区档案馆
国民经济统计历史资料（1949—1975）	巴中县计划委员会		内部资料	巴中县计划委员会	1976 年	16 开	25 万	巴州区档案馆
四川省巴中县第三次全国人口普查手工汇总资料汇编	巴中县人口普查办公室		内部资料	巴中县人口普查办公室	1983 年	16 开	12 万	巴州区档案馆
巴中县城区总体规划说明	巴中县建设局		内部资料	巴中县建设局	1983 年	不详	未统计	巴州区档案馆

书　名	作者（编者）	作者籍贯	文献类型	出版/印刷单位	印刷时间	开本	字数	收藏者
农业基础知识	巴中县教育局、巴中县农业局		内部资料	巴中县教育局巴、中县农业局	1980年	32开	未统计	巴州区档案馆
江北公社龙泉社区"三包一奖、四固定"	巴中县委农村工作部		内部资料	巴中县委农村工作部	1961年	32开	4万	巴州区档案馆
怎样办好农业合作社	巴中县委农村工作部		内部资料	巴中县委农村工作部	1955年	32开	1万	巴州区档案馆
巴中县发展农村经济典型经验选编	巴中县农贸办公室		内部资料	巴中县农贸办公室	1987年	32开	5万	巴州区档案馆
1961年农业税征收任务分配表	巴中县人委		内部资料	巴中县人委	1962年	16开	11万	巴州区档案馆
土化肥资料汇编	巴中县科研所		内部资料	巴中县科研所	1960年	32开	未统计	巴州区档案馆
抗旱资料汇编	巴中县档案馆		内部资料	巴中县档案馆	1960年	32开	未统计	巴州区档案馆
森林与农业	巴中县林业局		内部资料	巴中县林业局	1975年	32开	未统计	巴州区档案馆
巴中县桑果桐先进典型130例	李毓珍		内部资料	巴中县桑果桐办	1983年	32开	未统计	巴州区档案馆
发展山羊业	巴中县国际农发畜牧项目办		内部资料	巴中县国际农发畜牧项目办	1989年	32开	未统计	巴州区档案馆
开发利用水资源典型事例选编	巴中县农村工作部		内部资料	巴中县农村工作部	1983年	32开	未统计	巴州区档案馆
巴中县创制改制农具工具汇集	巴中县委办公室		内部资料	巴中县委办公室	1958年	16开	未统计	巴州区档案馆

书 名	作者（编者）	作者籍贯	文献类型	出版/印刷单位	印刷时间	开本	字数	收藏者
滚珠联合制造机图	巴中县农具改革委员会		内部资料	巴中县农具改革委员会	1958 年	16 开	3 万	巴州区档案馆
巴中县农业区划资料（一、二、三）	巴中县农业区划委员会		内部资料	巴中县农业区划委员会	1981 年	16 开	55 万	巴州区档案馆
巴中农业资料选编（第二辑）	巴中县农业区划委员会		内部资料	巴中县农业区划委员会	不详	32 开	15 万	巴州区档案馆
巴中县农业经济资料（一）	巴中县农业经济委员会		内部资料	巴中县农业经济委员会	1981 年	16 开	40 万	巴州区档案馆
巴中县农业经济资料（二）	巴中县农业经济委员会		内部资料	巴中县农业经济委员会	1981 年	16 开	28 万	巴州区档案馆
四川省巴中县农业区划成果运用一百例	何茂兴		内部资料	巴中县农村工作部	1982 年	32 开	未统计	巴州区档案馆
巴中县第二次工业普查资料	巴中县工业普查办公室		内部资料	巴中县工业普查办公室	1987 年	16 开	未统计	巴州区档案馆
重建记忆——巴中市巴州区灾后恢复重建纪实	刘建成 杨 斌	四川巴中	内部资料	巴州区委宣传部	2011 年	16 开	5 万	巴州区档案馆
南江黄羊选种的成就与进展	王维春 邓泽高 熊朝瑞 贾旌旗	四川南江	内部资料	南江县畜牧食品局	2001 年	32 开	50 万	南江县教科体局
巴山土鸡生产与经营	贾正贵	四川南江	公开出版	上海交通大学出版社	2014 年	32 开	12 万	南江县小河职业中学
新南江新跨越	杜纯裕	四川南江	公开出版	中央文献出版社	2011 年	16 开	28 万	南江县图书馆
新南江的记忆与展望	张长荣	四川通江	公开出版	中央文献出版社	2009 年	16 开	35 万	巴中市图书馆

书　名	作者 （编者）	作者 籍贯	文献 类型	出版／ 印刷单位	印刷 时间	开本	字数	收藏者
南江县经济发展战略研讨论文集	南江县委研究室		内部资料	南江县委研究室	1987年	16开	8万	景瑞三
南江农业五十年（1949—1999）	郑东明 张奎元 吴维生 苏光明 易　明	四川南江	内部资料	南江县政协、南江县农业局	2000年	32开	12万	南江县地方志办公室
数说南江30年	李玉君 吴益生 周文辉	四川南江	内部资料	南江县统计局	2009年	16开	17万	南江县地方志办公室
通江茶事概览	彭从凯	四川通江	公开出版	中国文史出版社	2006年	32开	23万	通江县图书馆
突破·跨越	中共通江县委		内部资料	中共通江县委	2015年	16开	未统计	通江县图书馆
县域经济起飞	蒋南平 刘道平[①]		内部资料		1998年	32开	22万	通江县档案馆
四川省通江县自然资源调查及农业区划（全10册）	通江县农业区划委员会		内部资料	通江县农业区划委员会	1983年	16开	40万	景瑞三
四川省通江县农业区域开发总体规划	通江县农业区划委员会办公室		内部资料	通江县农业区划委员会办公室	1991年	16开	4万	景瑞三
通江县农业区划成果应用专题调查资料选编	通江县农业区划办公室		内部资料	通江县农业区划办公室	1984年	32开	8万	景瑞三

---

① 刘道平：曾在通江工作。

书　名	作者 （编者）	作者 籍贯	文献 类型	出版 / 印刷单位	印刷 时间	开本	字数	收藏者
通江县农业资源及农业生产数据资料	通江县农业局 等		内部资料	通江县农业局	1985 年	16 开	10 万	景瑞三
四川省通江县第三次人口普查手工汇总资料汇编	通江县人口普查办公室		内部资料	通江县人口普查办公室	1983 年	16 开	8 万	景瑞三
通江县 1990 年人口普查资料	通江县人口普查办公室		内部资料	通江县人口普查办公室	1992 年	16 开	71 万	景瑞三
通江县水资源开发利用总体规划报告	通江县水利局		内部资料	通江县水利局	2005 年	16 开	20 万	景瑞三
四川省通江县社会经济生态发展总体规划（1986—2000）	通江县委通江县政府		内部资料	通江县委通江县政府	1988 年	16 开	20 万	景瑞三
四川省通江县国民经济和社会发展十年规划和第八个五年计划（1991—2000）	通江县计划委员会		内部资料	通江县计划委员会	1992 年	16 开	15 万	景瑞三
通江县第三次产业普查资料	通江县第三次产业普查协调小组办公室		内部资料	通江县第三次产业普查协调小组办公室	1994 年	16 开	20 万	景瑞三
四川省通江县第二次工业普查资料汇编	通江县工业普查领导小组办公室		内部资料	通江县工业普查领导小组办公室	1987 年	16 开	10 万	景瑞三
使命——川陕革命根据地红军烈士陵园修缮暨王坪新村建设纪实	主　编：赵邦秀　副主编：张晓君　张干金　吴纯业	四川通江	内部资料	通江县委宣传部	不详	未统计	未统计	巴中市史志馆

书 名	作者（编者）	作者籍贯	文献类型	出版/印刷单位	印刷时间	开本	字数	收藏者
通江县十大开国将军故里调研文集	通江县老区建设促进会等		内部资料	通江县委党史研究室	2011年	32开	未统计	巴中市史志馆
新编四川革命老区概览·通江部分	通江县政府办公室等		内部资料	通江县政府办公室	不详	16开	未统计	巴中市史志馆
通江经济发展考察及研究	蒋南平 谢合明 刘道平 王 菲		内部出版	四川新闻出版局	1997年	32开	22万	景瑞三
平昌县国民经济和社会发展第十个五年计划	张明吉	四川平昌	内部资料	平昌县发改委	2001年	16开	4万	平昌县图书馆
平昌县经济普查资料（2004）	周 俊	四川平昌	内部资料	平昌县统计局	2006年	16开	20万	平昌县图书馆
平昌县国民经济和社会发展第十二个五年规划纲要	平昌县发改委		内部资料	平昌县发改委	2011年	16开	未统计	平昌县图书馆
走近经济学	王洪雁	四川平昌	内部资料		2007年	32开	未统计	平昌县图书馆
平昌县经济分析	何天府	四川平昌	内部资料		2013年	16开	未统计	平昌县图书馆
巴中地区经济社会发展概览（地区卷）	总 编：李亚男 副总编：成和容 杨 斌	四川巴中	内部资料	巴中地区行署办公室	1996年	32开	15万	巴中市图书馆

书名	作者（编者）	作者籍贯	文献类型	出版/印刷单位	印刷时间	开本	字数	收藏者
巴中地区经济社会发展概览（南江卷）	总编：李亚男 副总编：成和容 张根生 何廷远	四川巴中	内部资料	巴中地区行署办公室	1996年	32开	15万	巴中市图书馆
巴中地区经济社会发展概览（平昌卷）	总编：李亚男 副总编：成和容 曾立平 孙高晓	四川巴中	内部资料	巴中地区行署办公室	1997年	32开	15万	巴中市图书馆
巴中市2010年人口普查资料（上中下册）	巴中市人口普查办公室		内部资料	巴中市人口普查办公室	2014年	16开	60万	巴中市图书馆
巴中市第三次经济普查2015年（上下册）	巴中市经济普查领导小组办公室		内部资料	巴中市经济普查领导小组办公室		16开	38万	巴中市图书馆
四川省第三次产业普查资料（巴中地区）	巴中地区第三次产业普查办公室		内部资料	巴中地区第三次产业普查办公室	1994年	16开	未统计	巴州区图书馆
巴中地区第一次农业普查资料（1997）	赵正均 钟良 甘国杰	四川巴中	内部资料	巴中地区农业普查领导小组办公室	2001年	16开	未统计	巴中市史志馆
四川省"十二五"经济社会发展战略丛书——巴中卷	明亮 王国旗 李嘉文	四川巴中	公开出版	中共中央党校出版社	2011年	16开	31万	巴中市图书馆
打好老区建设发展翻身仗	巴中市委市政府		公开出版	中国文联出版社	2008年	16开	10万	巴中市图书馆
巴中面向未来高端访谈	李秀东	四川通江	内部资料		2011年	16开	10万	巴中市图书馆
反贫困探索与实践	王吉安	四川宣汉	公开出版	四川人民出版社	2013年	32开	15万	巴中市史志馆

书 名	作者（编者）	作者籍贯	文献类型	出版/印刷单位	印刷时间	开本	字数	收藏者
巴中地区投资招商指南	巴中地委、巴中地区行署		内部资料	巴中地委、巴中地区行署	1994年	不详	20万	巴中市图书馆
追梦腾飞——巴中恩阳机场建设纪实	张学金	四川巴中	内部资料		2019年	8开	未统计	巴中市史志馆
巴中市残疾人扶贫模式创新研究	黄恒学 李本钦	四川巴中	公开出版	中国经济出版社	2015年	16开	18万	巴中市史志馆
跋涉中的辉煌——写在巴中建区周年之际	巴中地委办公室		内部资料	巴中地委办公室	1994年	32开	未统计	巴中市史志馆
创业壮歌——巴中地区经济社会发展概览	巴中地区行署办公室		内部资料	巴中地区行署办公室	1998年	32开	20万	景瑞三
先锋礼赞——巴中地区经济社会发展概览	主　编：谭毅 副总编：成和容 李亚男	四川巴中	内部资料	巴中地委办公室	1999年	32开	未统计	巴中市史志馆
春华秋实——巴中地区经济社会发展概览	主　编：欧文宇 副主编：成和容 李亚男	四川巴中	内部资料	巴中地区行署办公室	1999年	32开	未统计	巴中市史志馆
唐巴路上竞风流	熊光林 彭天锡 陈正统 周仁义	四川巴中	内部资料	巴中市委（县级市）	1995年	32开	27万	巴中市史志馆
青春扶贫工作案例	巴中市委组织部 等		内部资料	巴中团市委	2016年	16开	未统计	巴中市史志馆

书 名	作者（编者）	作者籍贯	文献类型	出版 / 印刷单位	印刷时间	开本	字数	收藏者
促进巴中经济社会发展	**主　编：**卢耸岗 **副主编：**蒋东生 高隆才 李晓春	四川巴中	内部资料	巴中市委宣传部	1995 年	32 开	未统计	巴中市史志馆
2020 年度经济社会发展重点理论研究项目结项课题成果汇编	巴中市社科联		内部资料	巴中市社科联	2021 年	16 开	未统计	巴中市史志馆
追赶跨越——巴中市扶贫开发纪实	巴中市委市政府		内部资料	巴中市委市政府	2012 年	16 开	未统计	巴中市史志馆
巴中市人口和经济综合数据资料汇编	巴中市档案馆		内部资料	巴中市档案馆	2014 年	16 开	未统计	巴中市档案馆
京都岁月——巴中人北京创业发展纪实	李中焜	四川通江	内部资料	巴中籍在京企业家协会	2010 年	16 开	26 万	景瑞三
秦巴记忆——巴中人陕西创业发展纪实	李中焜	四川通江	内部资料	巴中市未来经济文化发展研究中心	2011 年	16 开	24 万	景瑞三
青春彩羽——巴中人内蒙创业发展纪实	李中焜	四川通江	内部资料	巴中市政协文史委	2012 年	16 开	24 万	景瑞三
巴渝情深——巴中人重庆创业发展纪实	李中焜	四川通江	内部资料	巴中市人民政府驻重庆办事处	2007 年	16 开	20 万	景瑞三
赢在齐鲁——巴中人山东创业发展纪实	李中焜	四川通江	内部资料	四川华西民工救助中心驻济南办事处	2010 年	16 开	15 万	景瑞三

书 名	作者（编者）	作者籍贯	文献类型	出版/印刷单位	印刷时间	开本	字数	收藏者
非凡足迹——巴中人唐山创业发展纪实	李中焜	四川通江	内部资料		2013年	16开	26万	景瑞三
津色年华——巴中人天津创业发展纪实	李中焜	四川通江	内部资料		2014年	16开	26万	景瑞三
逐梦高原——巴中人云南创业发展纪实	李中焜	四川通江	内部资料		2015年	16开	25万	景瑞三
人在他乡	巴中对外开放领导小组办公室		内部资料	巴中对外开放领导小组办公室	2008年	16开	13万	景瑞三
巴中地区第三次工业普查资料	巴中地区第三次工业普查办公室		内部资料	巴中地区第三次工业普查办公室	1997年	16开	50万	景瑞三
现代农业几个理论与实践问题	巴中市老科技工作者协会		内部资料	巴中市老科技工作者协会	2017年	32开	8万	景瑞三
川陕革命老区发展论坛论文集	巴中市委市政府		内部资料	巴中市委市政府	2004年	32开	10万	景瑞三
等待鹏飞——脱贫攻坚振兴记	王小平	四川平昌	公开出版	四川民族出版社	2021年	16开	32万	景瑞三
决战脱贫·市州卷·巴中脱贫攻坚纪实	巴中市委宣传部、巴中市扶贫开发局		公开出版	四川人民出版社	2021年	16开	26万	景瑞三
四川民生报告（巴中卷）	巴中市民生办		内部资料	巴中市民生办	2014年	16开	15万	景瑞三
巴中市防灾避险绿地专项规划	四川省城乡规划设计院		内部资料	四川省城乡规划设计院	2013年	16开	10万	景瑞三

书　名	作者 （编者）	作者 籍贯	文献 类型	出版/ 印刷单位	印刷 时间	开本	字数	收藏者
贫困地区经济发展探索——中共巴中地委党校学员论文集（1996—1998）	巴中地委党校		公开出版	西南交通大学出版社	1999 年	32 开	67 万	景瑞三
攻坚纪实	巴中地区扶贫开发办公室		内部出版	巴中地区扶贫开发办公室	1997 年	32 开	25 万	景瑞三
唐巴路碑	姚义贤	四川巴中	内部资料	巴中地区交通局	1996 年	未统计	未统计	巴州区图书馆
2020 年度经济社会发展重点理论研究项目课题成果汇编	巴中市社会科学联合会		内部资料	巴中市社会科学联合会	2021 年	16 开	25 万	巴州区图书馆
巴中地区文明新村建设典型集锦	巴中地委办公室		内部资料	巴中地委办公室	1996 年	32 开	5 万	巴州区图书馆
搞好四大工程，实现两个转变，促进巴中地区经济发展	巴中地委宣传部		内部资料	巴中地委宣传部	1996 年	32 开	10 万	恩阳区图书馆
中国光彩事业巴中行	巴中市委		内部资料	巴中市委	不详	16 开	2 万	巴州区图书馆
巴中市立县农产品标准汇编	巴中市农业标准化技术委员会		内部出版	巴中市农业标准化技术委员会	2004 年	16 开	15 万	景瑞三

第三节 管 理

书　名	作者 （编者）	作者 籍贯	文献 类型	出版／ 印刷单位	印刷 时间	开本	字数	收藏者
巴州区农村专业技术协会组建与规范运作指南	巴州区委组织部、巴州区科协		内部资料	巴州区委组织部、巴州区科协	2004 年	32 开	6 万	巴州区图书馆
产业技术手册	巴州区科学技术研究所		内部资料	巴州区科学技术研究所	不详	32 开	10 万	巴州区图书馆
社区水资源保护手册	大巴山生态与贫困问题研究会		内部资料	大巴山生态与贫困问题研究会	2013 年	未统计	未统计	巴州区图书馆
林业政策选编	巴中县林业局		内部资料	巴中县林业局	1975 年	64 开	未统计	巴州区图书馆
巴中市巴州区创建文明城市工作手册	巴州区创建全国文明城市指挥部		内部资料	巴州区创建全国文明城市指挥部	2017 年	32 开	10 万	巴州区图书馆
新市民宣传手册	巴州区总工会		内部资料	巴州区总工会	不详	32 开	5 万	巴州区图书馆
党务工作业务指导	巴中县委组织部		内部资料	巴中县委组织部	1980 年	32 开	未统计	巴中县档案馆
南江县文物管理工作手册	南江县文物局		内部资料	南江县文物局	2014 年	不详	20 万	巴中市图书馆
南江县公安派出所消防监督手册	南江县公安局		内部资料	南江县公安局	2018 年	32 开	6 万	巴中市图书馆
巴中市五创联动学习资料	巴中市五创联动工作办公室		内部资料	巴中市五创联动工作办公室	2012 年	16 开	30 万	巴中市图书馆

书 名	作者 （编者）	作者 籍贯	文献 类型	出版 / 印刷单位	印刷 时间	开本	字数	收藏者
基层公共图书馆创新与发展	杨翠萍	四川 南江	公开 出版	中国文联出版社	2008 年	未统计	13 万	巴中市 图书馆
健康教育宣传手册	巴中市爱国卫生运动委员会		内部 资料	巴中市卫生局	2013 年	32 开	20 万	巴中市 图书馆
图书怎么分类	刘国钧	四川 巴中	公开 出版	中华书局	1953 年	32 开	35 万	巴中市 图书馆
家在巴中——2014 年巴中市民手册	巴中市精神文明办公室		内部 资料	巴中市精神文明办公室	2014 年	32 开	13 万	巴中市 图书馆
中共巴中市委第四届委员会巡察工作制度汇编	巴中市委巡察办		内部 资料	巴中市委巡察办	2017 年	32 开	未统计	巴中市 史志馆
志局内外	李秀国	四川 通江	内部 资料	通江县县志办公室	2002 年	32 开	28 万	巴中市 史志馆
巴中地方志编修培训教材	巴中市地方志办公室		内部 资料	巴中市地方志办公室	2004 年	16 开	未统计	巴中市 史志馆
民营经济服务指南	巴中市工商联		内部 资料	巴中市工商联	2003 年	32 开	未统计	巴中市 史志馆
部内管理文件汇编	巴中市委组织部		内部 资料	巴中市委组织部	1996 年	32 开	未统计	巴中市 史志馆
在改革中前进的巴中工会	李先国	四川 巴中	内部 出版	巴中市总工会	1993 年	32 开	12 万	作者
巴中市政府投资项目监督管理工作手册	巴中市纪委巴中市监察局		内部 资料	巴中市纪委巴中市监察局	2009 年	32 开	10 万	巴中市 史志馆
审判管理资料选编	巴中市中级人民法院		内部 资料	巴中市中级人民法院	2010 年	32 开	20 万	景瑞三
中共巴中市委办公工作手册	巴中市委办公室		内部 出版	巴中市委办公室	2015 年	16 开	20 万	景瑞三

书名	作者（编者）	作者籍贯	文献类型	出版/印刷单位	印刷时间	开本	字数	收藏者
发展改革知行百篇	唐公昭	四川南江	公开出版	四川大学出版社	2009年	16开	83万	景瑞三
巴中新市民手册	巴中市总工会		内部资料	巴中市总工会	1985年	32开	3万	景瑞三
通江县农村公共品供给困境研究	王友强 李汉文	四川通江	公开出版	四川人民出版社	2005年	32开	10万	景瑞三
公民道德知识读本	通江县委宣传部		内部出版	通江县委宣传部	2003年	32开	10万	景瑞三
市县经济管理研究	黄联学	四川南江	公开出版	中国城市出版社	2002年	32开	15万	景瑞三
政协委员学习资料	巴中市政协		内部出版	巴中市政协	2002年	16开	不详	景瑞三

第三章

人文社科法规

第一节 人 文

书 名	作者（编者）	作者籍贯	文献类型	出版／印刷单位	印刷时间	开本	字数	收藏者
巴山人走天涯	邵星伟	四川巴中	民间资料		2008 年	32 开	23 万	巴州区图书馆
巴山人闯世界	邵星伟	四川巴中	民间资料		2008 年	32 开	23 万	巴州区图书馆
新时代巴山人	邵星伟	四川巴中	民间资料		2011 年	32 开	23 万	巴州区图书馆
海内外巴山人	邵星伟	四川巴中	民间资料		2004 年	32 开	24 万	巴中市图书馆
天下巴山人	邵星伟	四川巴中	民间资料		2009 年	32 开	24 万	景瑞三
当代巴中人	邵星伟	四川巴中	民间资料		2007 年	32 开	25 万	景瑞三
巴山人丰碑	邵星伟	四川巴中	民间资料		2012 年	32 开	20 万	景瑞三
可爱的新时代人——华夏珍藏版	邵星伟	四川巴中	民间资料		2012 年	32 开	28 万	景瑞三
巴山人向前进	邵星伟	四川巴中	民间资料		2010 年	32 开	23 万	景瑞三
人间真情（人物传记）	闫淑兰	四川巴中	民间资料		2019 年	32 开	15 万	巴州区图书馆
人生旅程纪实	王 超	四川巴中	民间资料		不详	32 开	8 万	巴州区图书馆
开创新局面的战斗堡垒、先锋战士	巴中县委组织部		内部资料	巴中县委组织部	1983 年	32 开	未统计	巴州区档案馆

书 名	作者（编者）	作者籍贯	文献类型	出版/印刷单位	印刷时间	开本	字数	收藏者
建设老根据地的尖兵	巴中县委宣传部		内部资料	巴中县委宣传部	1959年	32开	6万	巴州区档案馆
巴中中学校友通讯录	巴中中学校庆筹备组		内部资料	巴中中学	1998年	32开	20万	巴州区图书馆
四川省巴中中学校友录（1868—2018）	巴中中学		内部资料	巴中中学	2018年	16开	15万	巴中市图书馆
走进农民工	巴州区总工会		内部资料	巴州区总工会	不详	32开	25万	巴州区图书馆
巴中农民状元谱	熊光林	四川巴中	内部资料	巴中县委办公室	1989年	32开	未统计	巴州区档案馆
巴州区十大孝星事迹汇编	巴州区委巴州区政府		内部资料	巴州区委巴州区政府	2007年	32开	12万	巴州区图书馆
永开初心映巴山（上中下）	巴州区纪委		内部资料	巴州区纪委	2022年	32开	8万	巴州区纪委
永开初心映巴山	巴中市纪委		内部资料	巴中市纪委	2022年	32开	9万	巴州区图书馆
巴山妹子	朱仕珍	四川巴中	民间资料		1996年	16开	未统计	巴州区档案馆
开拓者的风采	巴中县委办公室		内部资料	巴中县委办公室	1987年	32开	40万	巴州区档案馆
勤劳致富一百例	巴中县委县政府		内部资料	巴中县委县政府	1982年	32开	7万	巴州区档案馆
巴中人才集（第一册）	李玉石	四川巴中	民间资料		1988年	32开	18万	巴州区档案馆
巴蜀英杰	戴元明赵建国	四川巴中	公开出版	成都出版社	1995年	32开	9万	作者
恩阳历史名人录	恩阳区政协		内部资料	恩阳区政协	2020年	16开	11万	恩阳区史志档案中心

书 名	作者 （编者）	作者 籍贯	文献 类型	出版/ 印刷单位	印刷 时间	开本	字数	收藏者
大巴山人	王永明	四川 巴中	公开 出版	成都出版社	1996 年	32 开	12 万	恩阳区 图书馆
巴山之子	巴山之子丛书编辑委员会		民间 资料		1998 年	32 开	35 万	恩阳区 图书馆
巴山之子	陈大洲	四川 巴中	民间 资料		2008 年	32 开	10 万	恩阳区 图书馆
国家记忆—— 艺术家列传	李利民	四川 巴中	民间 资料		不详	16 开	未统计	恩阳区 图书馆
永远的巴山红 叶——王瑛的 故事 （上中下）	巴中市纪律 检查委员会 等		公开 出版	四川美术出 版社	2020 年	未统计	9 万	恩阳区 图书馆
大巴山的呼唤 ——王瑛	郝敬堂	四川 巴中	公开 出版	四川出版集 团	2009 年	32 开	8 万	恩阳区 图书馆
戎马一生·董 正洪传记	董越岭	四川 南江	民间 资料		2009 年	32 开	34 万	南江县 档案馆
巴山忠魂	南江县二战 先烈传记编 审领导小组		内部 资料	南江县文化 馆	1990 年	32 开	20 万	南江县 档案馆
天南地北 南江人	南江县委统 战部		内部 资料	南江县委统 战部	1998 年	32 开	30 万	南江县 档案馆
女匠	谭守勋	四川 南江	公开 出版	黄河出版社	2014 年	32 开	26 万	南江县 档案馆
集州群英	南江县委统 战部		内部 资料	南江县委统 战部	1993 年	32 开	12 万	南江县 档案馆
知青岁月	南江县委统 战部		内部 出版	南江县委统 战部	2006 年	32 开	23 万	南江县 图书馆
杨雄外传	远　山 张仕芳	四川 南江	公开 出版	中国社会出 版社	2014 年	32 开	17 万	南江县 政协
巴山女红军	远　山	四川 南江	公开 出版	中国青年出 版社	2014 年	32 开	17 万	南江县 政协

书 名	作者 （编者）	作者 籍贯	文献 类型	出版／ 印刷单位	印刷 时间	开本	字数	收藏者
陶三春	远 山	四川 南江	公开 出版	中国社会出 版社	2015 年	32 开	20 万	南江县 政协
毛泽东颂	南江红色文 化研究会		公开 出版	中国文联出 版社	2016 年	32 开	23 万	南江县 政协
王瑛颂	南江县委宣 传部		公开 出版	大众文艺出 版社	2009 年	16 开	26 万	南江县 图书馆
通江 100 位红 军人物	通江县老区 建设促进会		公开 出版	中国文联出 版社	2012 年	16 开	73 万	通江县 图书馆
通江籍 十大将军	红四方面军 总指挥部旧 址纪念馆		内部 资料	红四方面军 总指挥部旧 址纪念馆	不详	32 开	未统计	通江县 图书馆
九旬红军老战 士陈金钰	红四方面军 总指挥部旧 址纪念馆		公开 出版	红旗出版社	2008 年	未统计	未统计	通江县 委宣传 部
历史的铭记	向思第	四川 通江	民间 资料		2009 年	32 开	35 万	通江县 图书馆
铁溪红军人物	杨 波	四川 通江	公开 出版	中国文史出 版社	2019 年	16 开	未统计	通江县 图书馆
通江女红军	彭俊礼	四川 通江	公开 出版	中国文史出 版社	2015 年	16 开	未统计	通江县 图书馆
农民怪才 李心剑	高隆才	四川 通江	民间 资料		2018 年	未统计	未统计	通江县 图书馆
红军在通江	彭俊礼	四川 通江	内部 资料	通江老科技 工作者协会	2010 年	16 开	30 万	通江县 档案馆
通江三李	王沐元	四川 通江	内部 资料	兴隆乡人民 政府	2019 年	32 开	未统计	通江县 档案馆
诺水精英	通江县委组 织部		内部 资料	通江县委组 织部	1991 年	32 开	未统计	通江县 档案馆
红军高级将领 刘伯坚	唐思孝	四川 平昌	公开 出版	成都科技大 学出版社	1995 年	32 开	38 万	平昌县 图书馆

书　名	作者 （编者）	作者 籍贯	文献 类型	出版／ 印刷单位	印刷 时间	开本	字数	收藏者
毛泽东生平 大事记	赵学成	四川 平昌	民间 资料		1993 年	16 开	15 万	平昌县 方志馆
刘伯坚专集	平昌县委党 史研究室		内部 资料	平昌县委党 史研究室	1983 年	32 开	20 万	平昌县 方志馆
张国焘成败记	张崇鱼	四川 巴中	民间 资料		2002 年	32 开	23 万	川陕革 命根据 地博物 馆
一个真实的 何畏	张崇鱼	四川 巴中	民间 资料		2013 年	32 开	80 万	川陕革 命根据 地博物 馆
红四方面军 人物大全	川陕革命根 据地博物馆		内部 资料	川陕革命根 据地博物馆	不详	未统计	未统计	川陕革 命根据 地博物 馆
川陕革命根据 地英烈传	川陕革命根 据地历史研 究会		公开 出版	四川省社会 科学院出版 社	1984 年	32 开	16 万	川陕革 命根据 地博物 馆
红军伉俪—— 人生路上留下 的记忆	张崇鱼	四川 巴中	民间 资料		不详	未统计	未统计	川陕革 命根据 地博物 馆
巴山红叶 祭忠魂	巴中军分区		内部 资料	巴中军分区	2011 年	32 开	6 万	川陕革 命根据 地博物 馆
川陕忠魂	柳建辉 李　映	四川 南江	公开 出版	中共党史出 版社	2012 年	32 开	20 万	巴中市 史志馆

书 名	作者（编者）	作者籍贯	文献类型	出版／印刷单位	印刷时间	开本	字数	收藏者
巴中历史文化名人	主　编：朱　东　副主编：尹治才　执行副主编：景瑞三	四川巴中	公开出版	西南大学出版社	2021年	16开	37万	巴中市史志馆
吴瑞林史料	耿仲琳	不详	民间资料		2008年	32开	未统计	巴中市史志馆
刘伯坚	刘　豹	四川平昌	公开出版	人民出版社	2013年	16开	15万	巴中市史志馆
大巴山人	王永明	四川巴中	公开出版	成都出版社	1996年	32开	10万	巴中市史志馆
刘瑞龙：从川陕苏区到延安	巴中市委		公开出版	中共党史出版社	2010年	16开	15万	巴中市史志馆
燃烧的青春	巴中市青年联合会		内部资料	巴中市青年联合会	2004年	16开	未统计	巴中市史志馆
黄埔的宜宾人·巴中人	邱启光	不详	民间资料		2014年	32开	20万	巴中市史志馆
巴中地区农民教育典型	巴中地委、巴中地区行署		内部资料	巴中地委、巴中地区行署	1995年	32开	未统计	巴中市史志馆
巴山先锋	主　编：王吉安①	四川宣汉	内部资料	巴中地委组织部	1995年	32开	未统计	巴中市史志馆
英名壮巴山	川陕苏区将帅碑林管委会办公室		内部资料	川陕苏区将帅碑林管委会办公室	2010年	16开	105万	巴中市史志馆
红四方面军人物大全第一集（2529人）	主　编：张崇鱼	四川巴中	内部资料	红四方面军人物大全编委办公室	2016年	16开	未统计	巴中市档案馆

---

① 王吉安：曾在巴中工作。

书 名	作者（编者）	作者籍贯	文献类型	出版/印刷单位	印刷时间	开本	字数	收藏者
红四方面军人物大全第二集（2121人）	主编：张崇鱼	四川巴中	内部资料	红四方面军人物大全编委办公室	2016年	16开	未统计	巴中市档案馆
红四方面军人物大全第三集（1350人）	主编：张崇鱼	四川巴中	内部资料	红四方面军人物大全编委办公室	2016年	16开	未统计	巴中市档案馆
刘瑞龙在川陕苏区	张崇鱼	四川巴中	内部资料	川陕苏区将帅碑林管委会	2001年	32开	6万	巴中市档案馆
血沃巴山	唐敦教	四川巴中	公开出版	四川大学出版社	2016年	16开	57万	巴中市档案馆
永远的巴山红叶——学习宣传王瑛先进事迹汇编	巴中市委宣传部		内部资料	巴中市委宣传部	2009年	16开	28万	巴中市图书馆
巴中名人录	杨翠萍	四川南江	公开出版	大众文艺出版社	2007年	32开	10万	巴中市图书馆
四川地方文献资料数据库——人物传	杨翠萍[1]彭德泉[2]		内部资料	巴中市图书馆学会	2002年	32开	9万	巴中市图书馆
红四方面军人物大全	石仲全	四川巴中	内部资料	川陕苏区将帅碑林纪念馆	不详	32开	8万	巴中市图书馆
烈士千秋	张崇鱼	四川巴中	内部资料	川陕苏区将帅碑林纪念馆	2014年	32开	5万	巴中市图书馆
不忘毛泽东	蔡杰	四川巴中	内部资料	巴州区税务局老年人协会	2014年	32开	6万	巴中市图书馆

[1] 杨翠萍：四川南江人。
[2] 彭德泉：四川通江人。

书 名	作者（编者）	作者籍贯	文献类型	出版／印刷单位	印刷时间	开本	字数	收藏者
陈昌浩在川陕苏区	张崇鱼	四川巴中	内部资料	川陕苏区将帅碑林管委会办公室	2006年	32开	7万	巴中市图书馆
巴山魂	巴中地委组织部		内部资料	巴中地委组织部	1998年	32开	15万	巴中市图书馆
川陕革命根据地英烈传	温贤美	四川巴中	公开出版	四川省社会科学院出版社	1984年	32开	16万	巴中市图书馆
光大兮，川陕忠魂	赵勇灵	四川巴中	公开出版	中国文联出版社	2013年		26万	巴中市图书馆
平昌系列文化丛书——古今人物	平昌文化广播影视新闻出版局		内部资料	平昌文化广播影视新闻出版局	2017年	16开	21万	巴中市图书馆
王瑛颂	南江县委宣传部		公开出版	大众文艺出版社	2009年	16开	26万	巴中市图书馆
青年卫士风采录	巴中团市委		内部资料	巴中团市委	2005年	32开	10万	景瑞三
通江历史人物选	通江县政协		内部资料	通江县政协	1984年	32开	10万	景瑞三
文人阿强	孙百川	四川巴中	民间资料		2007年	32开	15万	景瑞三
敦哥其人其事	李常青	四川巴中	公开出版	中国言实出版社	2014年	32开	15万	景瑞三
少女奢香传奇	陈志林	四川巴中	公开出版	中国文史出版社	2015年	16开	32万	景瑞三
巴山魔王	周立邦	四川平昌	民间资料		2011年	16开	22万	景瑞三
巴中十年创辉煌——巴中十年各行各业先进集体先进个人事迹续编	巴中市委办公室		内部出版	巴中市委办公室	2004年	16开	30万	景瑞三

书 名	作者（编者）	作者籍贯	文献类型	出版/印刷单位	印刷时间	开本	字数	收藏者
芬芳满人间——王瑛先进事迹报告团全国巡回报告资料汇编	巴中市委宣传部		内部出版	巴中市委宣传部	2009 年	32 开	10 万	景瑞三
二将军的故事（上）	白崇湘	四川巴中	民间资料		2004 年	32 开	7 万	景瑞三
42 位将军的秘密往事	何 表	四川通江	公开出版	中国文史出版社	2007 年	16 开	25 万	景瑞三
女法官飞燕	谢 果	四川南江	公开出版	四川民族出版社	2018 年	32 开	12 万	景瑞三
诺水精英	通江县委组织部		内部出版	通江县委组织部	1991 年	32 开	10 万	景瑞三
巴山女儿	李 瑛	四川通江	公开出版	解放军文艺出版社	2006 年	16 开	18 万	景瑞三
风采录	彭俊礼	四川通江	内部出版	通江县政协	1998 年	32 开	8 万	景瑞三
风雨九十春（王朴庵同志光辉的一生）	张秉直	四川巴中	公开出版	四川大学出版社	2013 年	32 开	21 万	景瑞三
风云人物	吴光昕	四川通江	内部出版		2003 年	32 开	15 万	景瑞三
人文巴中	巴中市文化局		内部资料	巴中市文化局	未统计	16 开	未统计	巴中市史志馆
人间处处有真情	通江县委宣传部		内部资料	通江县委宣传部	1991 年	32 开	未统计	通江县档案馆

第二节 社 科

书 名	作者（编者）	作者籍贯	文献类型	出版/印刷单位	印刷时间	开本	字数	收藏者
巴山鸿爪	蔡一星	四川巴中	民间资料		1995 年	32 开	8 万	巴州区图书馆
巴中的前世今生	阳 云	四川巴中	公开出版	作家出版社	2004 年	16 开	23 万	巴州区图书馆
生活记事	程世昌	四川巴中	民间资料		2019 年	未统计	未统计	巴州区图书馆
时代颂歌	王永明	四川巴中	公开出版	新疆人民出版社	2004 年	32 开	12 万	巴州区图书馆
哲学社会科学的作用	赵 英 李泽敏		公开出版	四川人民出版社	2015 年	32 开	34 万	巴州区图书馆
时代心声	张宗明	四川巴中	民间资料		2004 年	32 开	20 万	巴州区图书馆
天下奇观	谯志春 程世昌	四川巴中	内部资料	巴中老龄工作委员会	2003 年	32 开	20 万	巴州区图书馆
贪腐官员血泪忏悔录（一）	程世昌	四川巴中	民间资料		1999 年	32 开	6 万	巴州区图书馆
贪腐官员血泪忏悔录（二、三）	程世昌	四川巴中	民间资料		2019 年	16 开	10 万	巴州区图书馆
贪腐官员血泪忏悔	程世昌	四川巴中	民间资料		2012 年	32 开	20 万	景瑞三
警示良言选集	程世昌	四川巴中	民间资料		2019 年	16 开	19 万	巴州区图书馆
秦风巴俗——通江专号	余 江 夏文冰	四川巴中	内部资料	秦风巴俗编辑部	2016 年	16 开	20 万	巴中市图书馆

书名	作者（编者）	作者籍贯	文献类型	出版/印刷单位	印刷时间	开本	字数	收藏者
川东北农耕工用具图录生产工具（第一册）	主　编：余　江	四川巴中	公开出版	线装书局出版社	2022年	16开	12万	景瑞三
川东北农耕工用具图录生产器具（第二册）	主　编：余　江	四川巴中	公开出版	线装书局出版社	2022年	16开	12万	景瑞三
川东北农耕工用具图录篾编竹器（第三册）	主　编：余　江	四川巴中	公开出版	线装书局出版社	2022年	16开	12万	景瑞三
川东北农耕工用具图录手工匠作（第四册）	主　编：余　江	四川巴中	公开出版	线装书局出版社	2022年	16开	12万	景瑞三
客家人	肖　平 肖又尺	四川巴中	公开出版	天地出版社	2013年	16开	19万	巴中市图书馆
民俗礼仪	朱文哲	四川巴中	民间资料		1999年	32开	4万	巴州区档案馆
巴州区非物质文化遗产图典	巴州区文化广播电视和旅游局		内部资料	巴州区文化广播电视和旅游局	2019年	16开	3万	巴州区档案馆
巴山下的罪恶	张雄志 邓兴定	四川巴中	民间资料		1989年	32开	7万	恩阳区图书馆
夫妻必备	袁家详	四川巴中	民间资料		2002年	32开	8万	恩阳区图书馆
恩阳民俗	恩阳区政协		内部资料	恩阳区政协	2015年	16开	28万	恩阳区政协
长寿真谛	柯孟杰	四川巴中	民间资料		2006年	32开	15万	恩阳区图书馆
国策耀巴山	巴中地区计生委		内部资料	巴中地区计生委	2000年	32开	30万	恩阳区图书馆

书 名	作者（编者）	作者籍贯	文献类型	出版/印刷单位	印刷时间	开本	字数	收藏者
巴中方言俗语总汇	姚作舟 李玉双	四川巴中	民间资料		2001 年	32 开	26 万	恩阳区图书馆
巴中民俗	李旭升	四川巴中	公开出版	四川人民出版社	2006 年	32 开	15 万	恩阳区图书馆
巴中方言土语	陈 俊	四川巴中	公开出版	中国文联出版社	2015 年	16 开	16 万	恩阳区图书馆
巴中民间俗语赏析	罗开强	四川南江	公开出版	四川师范大学电子出版社	2020 年	16 开	32 万	巴州区图书馆
南江大要案侦破实录	谢英才	四川南江	民间资料		2019 年	16 开	27 万	南江县图书馆
巴山幺店子	符道今	四川南江	公开出版	四川师范大学电子出版社	2012 年	32 开	21 万	南江县政协
四山堂杂记	黄光照	四川南江	内部资料	南江县教育促进会	2011 年	32 开	41 万	南江县图书馆
曾星翔史志论文选	彭从凯	四川通江	公开出版	中国文史出版社	2007 年	未统计	未统计	通江县图书馆
红楼茶事	彭从凯	四川通江	公开出版	中国文史出版社	2014 年	16 开	33 万	通江县图书馆
傅振伦方志思想研究	曾星翔	四川通江	民间资料		2007 年	16 开	未统计	通江县图书馆
乡村发展报告	张浩良	四川巴中	公开出版	中国文史出版社	2006 年	16 开	未统计	通江县图书馆
千年一村沙回坪	张浩良 张熙明	四川巴中	民间资料		2017 年	16 开	未统计	通江县图书馆
秦巴古道沙回坪	张浩良 张熙明	四川巴中	公开出版	现代出版社	2016 年	16 开	未统计	通江县图书馆
乡土鹿鸣山	张浩良 等	四川巴中	公开出版	中国戏剧出版社	2009 年	32 开	13 万	巴中市史志馆

书　名	作者（编者）	作者籍贯	文献类型	出版/印刷单位	印刷时间	开本	字数	收藏者
养生文摘	王健康	四川平昌	民间资料		2008 年	32 开	9 万	平昌县图书馆
中国传统村落——通江梨园坝	彭从凯	四川通江	民间资料		2014 年	16 开	3 万	巴中市图书馆
古村落泥溪梨园坝	孙和平 彭从凯	四川通江	民间资料		2013 年	未统计	未统计	巴中市史志馆
红白双喜大全	马良江	四川通江	民间资料		不详	32 开	8 万	巴中市图书馆
风云得汉城	通江县委宣传部		公开出版	中共党史出版社	2017 年	16 开	未统计	巴中市图书馆
鸿爪一痕（全四卷）	空　谷①	四川仪陇	内部资料	通江县委宣传部	2004 年	32 开	80 万	通江县档案馆
鸿爪一痕	空　谷	四川仪陇	内部资料	通江县委宣传部	1998 年	32 开	19 万	通江县档案馆
大千世界——民族风情卷	空　谷	四川仪陇	内部资料	通江县委宣传部	1999 年	32 开	19 万	通江县档案馆
易学五章	向思第	四川通江	民间资料		2021 年	32 开	未统计	通江县档案馆
平昌系列文化丛书——民风民俗	周尚盛	四川平昌	内部资料	平昌文化广播影视新闻出版局	2017 年	16 开	46 万	平昌县图书馆
地方民俗礼仪礼文	周尚盛	四川平昌	民间资料		2006 年	32 开	38 万	平昌县图书馆
平昌风情	何茂森	四川平昌	民间资料		2006 年	16 开	未统计	平昌县图书馆
古镇轶事	韩荣光 韩春涛	四川平昌	民间资料		2006 年	32 开	18 万	平昌县图书馆

---

① 空谷：曾在通江工作。

书 名	作者（编者）	作者籍贯	文献类型	出版/印刷单位	印刷时间	开本	字数	收藏者
古镇轶事续	韩荣光 韩春涛	四川平昌	民间资料		2012 年	32 开	19 万	平昌县图书馆
巴山鳞爪	罗义修	四川平昌	民间资料		2008 年	16 开	35 万	平昌县图书馆
贺尔婚育	董大培	四川平昌	公开出版	作家出版社	2011 年	32 开	10 万	平昌县图书馆
平昌茶话	何茂森	四川平昌	民间资料		不详	未统计	未统计	平昌县图书馆
民间墓碑文化	廖国宇	四川平昌	民间资料		2018 年	16 开	8 万	平昌县政协
奋进的南江	南江县委党史办		内部资料	南江县委党史办	2010 年	32 开	20 万	巴中市史志馆
人文巴中——巴中传统村落立档调查	阳 云	四川巴中	民间资料		2015 年	16 开	未统计	巴中市史志馆
巴山巴水育巴人——巴中古今	巴中市地方志办公室		内部资料	巴中市地方志办公室	2002 年	32 开	15 万	巴中市史志馆
湖广填四川	肖 平	四川巴中	公开出版	天地出版社	2013 年	16 开	14 万	巴中市图书馆
巴中歇后语方言	孙志平	四川南江	民间资料		2018 年	32 开	8 万	巴中市图书馆
乡村的混沌——四川通江灾害救援与生态健康指南	张熙明 张雪梅	四川巴中	内部资料		2008 年	32 开	10 万	巴中市图书馆
巴中风尚志	阳 云	四川巴中	公开出版	团结出版社	2020 年	16 开	35 万	巴中市政协
中华美德举要	喻汉文	四川巴中	民间资料		2015 年	16 开	32 万	巴中市图书馆

书　名	作者 （编者）	作者 籍贯	文献 类型	出版 / 印刷单位	印刷 时间	开本	字数	收藏者
红楼书话	向　前	四川 巴中	公开 出版	中国文史出 版社	2016 年	16 开	40 万	巴中市 图书馆
红云崖集萃	冯仕廉	四川 通江	内部 资料	通江县委宣 传部	1997 年	未统计	22 万	巴中市 图书馆
长寿真谛	何梦杰	四川 巴中	民间 资料		2006 年	32 开	15 万	巴中市 图书馆
国家级传统村 落——平昌白 衣	余　江	四川 平昌	内部 资料	巴中民间文 艺家协会	2019 年	16 开	10 万	巴中市 图书馆
健康长寿的金 钥匙	白崇湘	四川 巴中	公开 出版	中国文联出 版社	2013 年	32 开	6 万	景瑞三
养生指南	苟勤暄	四川 巴中	民间 资料		2008 年	32 开	24 万	景瑞三
古今闲谈	王保清	四川 通江	民间 资料		2015 年	32 开	10 万	景瑞三
梦萦千秋壮思 飞——巴山风 情卷	赵明智	四川 通江	公开 出版	中国戏剧出 版社	2009 年	32 开	14 万	景瑞三
梦萦千秋壮思 飞——巴山逸 文卷	赵明智	四川 通江	公开 出版	中国戏剧出 版社	2009 年	32 开	20 万	景瑞三
梦萦千秋壮思 飞——漫步巴 山卷	赵明智	四川 通江	内部 资料	大巴山生态 与贫困问题 研究会	2005 年	32 开	15 万	景瑞三
梦萦千秋 壮思飞	赵明智	四川 通江	公开 出版	中国文联出 版社	2008 年	32 开	15 万	景瑞三
梦萦千秋壮思 飞——缘结巴 山卷	赵明智	四川 通江	内部 资料	大巴山生态 与贫困问题 研究会	1998 年	32 开	15 万	景瑞三
养生宝典	程世昌	四川 巴中	民间 资料		2006 年	32 开	20 万	景瑞三

书名	作者（编者）	作者籍贯	文献类型	出版/印刷单位	印刷时间	开本	字数	收藏者
养生益寿文摘集	程世昌	四川巴中	民间资料		2022 年	32 开	10 万	景瑞三
愿健康伴随您	巴中市老龄工作委员会办公室		内部资料	巴中市老龄工作委员会办公室	2002 年	32 开	5 万	景瑞三
天下奇观	巴中市老龄工作委员会办公室		内部出版	巴中市老龄工作委员会办公室	2004 年	32 开	未统计	景瑞三
正道感悟	王治寿	四川平昌	内部出版		2011 年	16 开	56 万	景瑞三
巴中民居设计	巴中市勘察设计院		内部资料	巴中市勘察设计院	2003 年	16 开	2 万	景瑞三
巴中民间语言	阳　云陈　俊	四川巴中	公开出版	中国华侨出版社	2022 年	16 开	62 万	景瑞三
冲突与秩序	张浩良	四川巴中	公开出版	中央文献出版社	2008 年	32 开	10 万	景瑞三
中国方志百家言论集萃	曾星翔	四川通江	公开出版	四川省社会科学院出版社	1988 年	32 开	17 万	景瑞三
写袱子全书	程源辉	四川平昌	民间资料		2021 年	32 开	3 万	平昌县政协
人口控制与实践	赵学成	四川平昌	公开出版	成都科技大学出版社	1992 年	16 开	18 万	平昌县图书馆
平昌县民间文学资料集成	平昌民间文学集成编委会		内部资料	平昌县文化馆	1986 年	32 开	4 万	平昌县政协
平昌风情	平昌县政协学习文史委		内部资料	平昌县政协	2006 年	16 开	20 万	景瑞三
孝行录手抄本	王延玉	四川平昌	民间资料		未统计	16 开	未统计	平昌县图书馆

书 名	作者（编者）	作者籍贯	文献类型	出版/印刷单位	印刷时间	开本	字数	收藏者
中外集邮知识之最	苟元海	四川平昌	公开出版	四川出版社	2006 年	16 开	5 万	平昌县政协
人口控制与实践	赵学成	四川平昌	公开出版	四川文艺出版社	1993 年	16 开	10 万	平昌县图书馆
群众工作手册	谭红杰 陈兴国		内部资料	巴中市委组织部	2014 年	16 开	未统计	巴中市史志馆
家风规训律集萃	程世昌	四川巴中	内部资料	巴州区委党史办	未统计	32 开	12 万	巴中市图书馆
巴中市第一次社会科学优秀成果表扬作品集	巴中市社科联		内部资料	巴中市社科联	2019 年	16 开	未统计	景瑞三
格言选录	何巽之	四川平昌	民间资料		2020 年	32 开	1 万	景瑞三
古今中外美德剪影	巴中地区人事劳动局		内部出版	巴中地区人事劳动局	1994 年	32 开	未统计	景瑞三
耄耋情怀——易荣凯先生书写小集（家教第九集）	易荣凯	四川平昌	民间资料		2015 年	16 开	未统计	景瑞三
梁永乡愁	程 君 程仕清	四川巴中	民间资料		2017 年	32 开	6 万	巴州区图书馆
红楼书画	向 前	四川巴中	公开出版	中国文史出版社	2016 年	16 开	40 万	景瑞三
巴中民风民俗	主 编：朱 东 侯中文 副主编：尹治才 秦 渊 执行副主编：景瑞三	四川巴中	公开出版	西南大学出版社	2022 年	16 开	43 万	景瑞三

书　名	作者 （编者）	作者 籍贯	文献 类型	出版/ 印刷单位	印刷 时间	开本	字数	收藏者
巴中乡愁记忆	主　编： 朱　东 侯中文 副主编： 尹治才 秦　渊 执行副主编： 景瑞三	四川 巴中	公开 出版	西南大学出 版社	2022 年	16 开	35 万	景瑞三

第三节 法 规

书 名	作者（编者）	作者籍贯	文献类型	出版/印刷单位	印刷时间	开本	字数	收藏者
国土管理法规选编	巴中县国土局		内部资料	巴中县国土局	1988年	32开	未统计	巴州区图书馆
劳动保障法律法规	巴州区劳动和社会保障局		内部资料	巴州区劳动和社会保障局	2007年	32开	20万	巴州区图书馆
农村政策法规60问	巴州区委办公室、区政府办公室		内部资料	巴州区委办公室、区政府办公室	2005年	32开	1万	巴州区图书馆
科技政策法规汇编	巴州区科学技术局		内部资料	巴州区科学技术局	2002年	32开	23万	巴州区图书馆
依法治区学习资料	巴州区环境保护局		内部资料	巴州区环境保护局	2013年	32开	2万	巴州区图书馆
法律撑起一片蓝天	巴州区司法局		内部资料	巴州区司法局	2004年	32开	3万	巴州区图书馆
妇女儿童权益保障相关法律法规知识汇编	巴州区妇儿工委		内部资料	巴州区妇儿工委	不详	32开	10万	巴州区图书馆
法制知识宣传	巴州区政法委		内部资料	巴州区政法委	不详	32开	10万	巴州区图书馆
职工（农民工）维权知识问答	巴州区总工会		内部资料	巴州区总工会	2015年	32开	6万	巴州区图书馆
现行工资福利政策全书	何 进	四川巴中	内部资料		2003年	16开	50万	巴州区档案馆
巴中市恩阳区依法治区政策法律法规选编	恩阳区司法局		内部资料	恩阳区司法局	2014年	16开	30万	恩阳区图书馆

书　名	作者 （编者）	作者 籍贯	文献 类型	出版／ 印刷单位	印刷 时间	开本	字数	收藏者
环境保护法律 法规选编	平昌县环境 保护局		内部 资料	平昌县环境 保护局	2004 年	32 开	未统计	平昌县 图书馆
预防职务犯罪 法律知识读本	平昌县检察 院		内部 资料	平昌县检察 院	2009 年	32 开	未统计	平昌县 图书馆
干部法律知识 读本	冉进梯	四川 平昌	内部 资料		2002 年	32 开	36 万	平昌县 图书馆
新闻出版法律 法规选编	巴中市文化 体育新闻出 版局		内部 资料	巴中市文化 体育新闻出 版局	2003 年	32 开	13 万	巴州区 图书馆
涉侨涉台政策 法规选编 （2000—2015）	巴中市侨务 办		内部 资料	巴中市侨务 办	不详	未统计	未统计	巴州区 图书馆
巴中市计划生 育行政执法	巴中市计划 生育委员会		内部 资料	巴中市计划 生育委员会	1994 年	16 开	未统计	巴中区 档案馆
简明法律法规 知识读本	巴中市人民 政府法制办 公室		内部 资料	巴中市人民 政府法制办 公室	2015 年	未统计	26 万	巴中市 图书馆
文化法律法规 选编	巴中市文化 体育新闻出 版局		内部 资料	巴中市文化 体育新闻出 版局	2003 年	16 开	26 万	巴中市 图书馆
机构编制管理 政策法规文件 汇编	南江县机构 编制委员会 办公室		内部 资料	南江县机构 编制委员会 办公室	2007 年	16 开	10 万	巴中市 图书馆
民政常用法律 法规选编	巴中市民政 局		内部 资料	巴中市民政 局	2000 年	未统计	20 万	巴中市 图书馆
法治巴中典型 案例选编	巴中市依法 治市领导小 组办公室		内部 资料	巴中市依法 治市领导小 组办公室	2016 年	32 开	未统计	巴中市 史志馆
巴中法院文集	巴中市中级 人民法院		内部 资料	巴中市中级 人民法院	2008 年	16 开	40 万	景瑞三
巴中市农村法 律服务手册	巴中市司法 局		内部 出版	巴中市司法 局	2016 年	32 开	20 万	景瑞三

书 名	作者 （编者）	作者 籍贯	文献 类型	出版/ 印刷单位	印刷 时间	开本	字数	收藏者
情系法苑	何光烈	四川 通江	民间 资料		2014 年	16 开	20 万	景瑞三
法治巴中集萃	巴中市依法 治市领导小 组办公室		内部 资料	巴中市依法 治市领导小 组办公室	2015 年	16 开	12 万	景瑞三
依法治市学习 宣传资料	巴中市依法 治市领导小 组办公室		内部 资料	巴中市依法 治市领导小 组办公室	2014 年	16 开	6 万	景瑞三
法治求索—— 川陕省恩阳县 苏维埃法庭纪 实	王国旗	四川 巴中	内部 资料		2016 年	未统计	未统计	市史志 馆

第四章

教育科技医药

第一节 教 育

书 名	作者（编者）	作者籍贯	文献类型	出版/印刷单位	印刷时间	开本	字数	收藏者
邱苔荪与巴中新学教育	李元进	四川巴中	公开出版	黑龙江教育出版社	2020年	32开	21万	巴州区图书馆
四川省巴中中学教育教学文集	巴中中学		内部资料	巴中中学	1998年	32开	53万	巴州区图书馆
无言教育教学研究文集	萧功厚 黄学云	四川巴中	民间资料		不详	32开	13万	巴州区图书馆
小学素质教育"五工程"	张临伟	四川巴中	民间资料		不详	未统计	未统计	巴州区图书馆
优秀作文选	巴中县文教委		内部资料	巴中县文教委	不详	未统计	未统计	巴州区图书馆
非物质文化遗产保护工作教材	朱仕玲	四川巴中	内部资料	巴中市非遗保护工作委员会	不详	32开	15万	巴州区图书馆
畜牧兽医教材	巴中县职业教育办公室		内部资料	巴中县职业教育办公室	1977年	32开	未统计	巴州区图书馆
畜牧兽医进修班教材	巴中县人民委员会		内部资料	巴中县人民委员会	1958年	32开	未统计	巴州区图书馆
良师风范录	黄中建		内部资料	巴中县文教局	1989年	32开	未统计	巴州区图书馆
农民教育典型事例选	巴中县成人教育委员会		内部资料	巴中县成人教育委员会	不详	32开	未统计	巴中县档案馆
细节定成败（教育论述）	舒雨湖	四川巴中	公开出版	万卷出版公司	2014年	32开	20万	作者
师之初（教育论述）	舒雨湖	四川巴中	公开出版	吉林出版集团	2012年	32开	20万	作者

书 名	作者（编者）	作者籍贯	文献类型	出版/印刷单位	印刷时间	开本	字数	收藏者
老早走向成功的四项修炼	舒雨湖	四川巴中	公开出版	新疆青少年出版社	2009 年	32 开	24 万	作者
恩阳区财务人员培训资料	恩阳区财政局		内部资料	恩阳区财政局	2017 年	16 开	30 万	恩阳区图书馆
政府会计制度培训资料	恩阳区财政局		内部资料	恩阳区财政局	2018 年	16 开	30 万	恩阳区图书馆
当个好老师	尹建国	四川南江	公开出版	四川教育出版社	2005 年	32 开	16 万	巴中市图书馆
初涉数海	李兆延	四川南江	民间资料		2003 年	32 开	2 万	南江县档案馆
优秀教师成长解码	廖国良	四川南江	公开出版	天津教育出版社	2015 年	16 开	24 万	南江县教研室
跟随名师学写作	廖国良	四川南江	公开出版	四川师范大学电子出版社	2021 年	16 开	19 万	南江县教研室
随课微写	廖国良	四川南江	公开出版	四川师范大学电子出版社	2019 年	16 开	60 万	南江县教研室
魅力语文教学	廖国良	四川南江	公开出版	四川教育出版社	2009 年	16 开	25 万	南江县教研室
教育科研成果表达艺术	廖国良	四川南江	公开出版	陕西人民教育出版社	2011 年	16 开	26 万	南江县教研室
精美数学教学	杨新跃	四川南江	公开出版	光明日报出版社	2016 年	16 开	20 万	作者
怎样做校本教学专题研究	杨新跃	四川南江	公开出版	陕西人民出版社	2017 年	16 开	18 万	作者
小学数学问题伴学艺术与技巧	杨新跃	四川南江	公开出版	光明日报出版社	2017 年	16 开	14 万	作者
图解小学数学压轴题（五年级）	彭如武	四川南江	公开出版	华东理工大学出版社	2015 年	16 开	22 万	作者

书 名	作者（编者）	作者籍贯	文献类型	出版／印刷单位	印刷时间	开本	字数	收藏者
图解小学数学思维训练题（五年级）	彭如武	四川南江	公开出版	华东理工大学出版社	2018 年	16 开	16 万	作者
小升初核心母题 36 道	彭如武	四川南江	公开出版	上海社会科学院出版社	2018 年	16 开	23 万	作者
小学数学培优微专题（五年级）	彭如武	四川南江	公开出版	上海社会科学院出版社	2019 年	16 开	26 万	作者
18 招破解小学数学图形综合题	彭如武	四川南江	公开出版	上海教育出版社	2022 年	16 开	14 万	作者
四川省南江中学发展纪略（建校 90 周年校庆）	杨小松	四川南江	内部资料	南江中学	2018 年	16 开	39 万	南江中学
古代汉语知识荟萃	秦 国	四川平昌	民间资料		1996 年	32 开	30 万	平昌县图书馆
与课改同行	魏 阳	四川平昌	民间资料		2005 年	未统计	未统计	平昌县图书馆
电教星河	周平儒	四川平昌	公开出版	成都科技大学出版社	1993 年	16 开	10 万	平昌县教科体局
投影教材制作 100 例	周平儒	四川平昌	公开出版	中国文史出版社	2004 年	16 开	13 万	平昌县教科体局
人工环境学	石文星	四川南江	公开出版	中国建筑工业出版社	2017 年	16 开	未统计	作者
化学课外活动参考	巴中师范学校		内部资料	巴中师范学校	1996 年	32 开	4 万	巴中市图书馆
教育实践与探索	王端朝	四川通江	公开出版	成都时代出版社	2004 年	32 开	20 万	景瑞三

书 名	作者（编者）	作者籍贯	文献类型	出版/印刷单位	印刷时间	开本	字数	收藏者
历史图示教学研究	朱凡章	四川巴中	民间资料		2006 年	32 开	15 万	景瑞三
孙子兵法对教育教学的启示	常映德	四川巴中	公开出版	四川大学出版社	1998 年	32 开	16 万	景瑞三
中等职业教育思考与探索	王友强 杨述安	四川通江	民间资料		2009 年	32 开	23 万	景瑞三
小学素质教育"五工程"模式探究	陈 临	四川巴中	内部出版		1999 年	32 开	10 万	景瑞三
习作选录	蔡 杰	四川巴中	民间资料		2012 年	32 开	8 万	景瑞三
好理念好孩子——献给父母一把金钥匙	张之富	四川巴中	公开出版	辽宁教育出版社	2016 年	16 开	18 万	景瑞三
小学生词语扩展手册	喻汉文	四川巴中	公开出版	陕西师范大学出版社	2014 年	32 开	20 万	景瑞三
教育政论研究与实践	张永红	四川通江	公开出版	光明日报出版社	2008 年	未统计	30 万	景瑞三
班主任工作手册	王永强	四川通江	公开出版	光明日报出版社	2008 年	未统计	18 万	景瑞三
山区教育理论与实践	王永强	四川通江	公开出版	黑龙江人民出版社	1997 年	16 开	12 万	景瑞三
王友强教育论文集	通江县中小学教研室		内部出版	通江县中小学教研室	1997 年	32 开	6 万	景瑞三
实践探索——四川省通江中学教育教学文集	主 编：张家成 副主编：任仲儒	四川通江	内部资料	通江中学	2001 年	32 开	15 万	景瑞三
老师论文集	通江县实验中学		内部资料		2006 年	32 开	30 万	景瑞三

书　名	作者 （编者）	作者 籍贯	文献 类型	出版／ 印刷单位	印刷 时间	开本	字数	收藏者
山区教育理论 与实践	王育能	四川 通江	公开 出版	黑龙江人民 出版社	1997 年	32 开	12 万	景瑞三
中小学教学 经验	通江县政协		内部 资料	通江县政协	1984 年	32 开	10 万	景瑞三
教海弄潮	屈俊山	四川 通江	公开 出版	中国三峡出 版社	2003 年	32 开	15 万	景瑞三
珍爱生命　关 注平安（中学 版）	主　编： 田　勇 副主编： 王照鼎	四川 通江	内部 出版	通江县教育 文化体育局	2007 年	32 开	10 万	景瑞三
会计集中核算 操作指南	王　强	四川 通江	内部 出版	通江县财政 局	2002 年	32 开	10 万	景瑞三
乡村教师花甲 忆往录——柳 林日事	蒲朝忠	四川 巴中	民间 资料		2012 年	16 开	20 万	景瑞三

第二节 科 技

书 名	作者（编者）	作者籍贯	文献类型	出版/印刷单位	印刷时间	开本	字数	收藏者
农村实用技术教材	巴中县科协		内部资料	巴中县科协	1993 年	32 开	20 万	巴州区图书馆
公民基本科学素养（农村篇）	巴州区科协		内部资料	巴州区科协	不详	32 开	5 万	巴州区图书馆
崇尚科学 反对邪教	巴州区科协		内部资料	巴州区科协	不详	32 开	7 万	巴州区图书馆
中药材规范化栽培与采收技术	巴州区科协		内部资料	巴州区科协	2016 年	32 开	17 万	巴州区图书馆
公民科学素质提升知识读本	巴州区科协		内部资料	巴州区科协	不详	32 开	5 万	巴州区图书馆
实用技术汇编	巴州区科技信息研究所		内部资料	巴州区科技信息研究所	不详	32 开	27 万	巴州区图书馆
巴中县农业科学技术成果应用汇编	巴中县农业局		内部资料	巴中县农业局	1984 年	32 开	未统计	巴州区图书馆
水稻棉花栽培技术	巴中县人民委员会		内部资料	巴中县人民委员会	1956 年	32 开	未统计	巴州区图书馆
栽培技术手册	巴中县人民委员会		内部资料	巴中县人民委员会	1960 年	32 开	未统计	巴州区图书馆
大春作物栽培技术手册	巴中县农林水利科		内部资料	巴中县农林水利科	1961 年	32 开	未统计	巴州区图书馆
农业技术传授教材之一、二	巴中县农林水利科		内部资料	巴中县农林水利科	1961 年	32 开	未统计	巴州区图书馆
晚秋作物栽培要点	巴中县农林水利科		内部资料	巴中县农林水利科	1960 年	32 开	未统计	巴州区图书馆

书　名	作者（编者）	作者籍贯	文献类型	出版／印刷单位	印刷时间	开本	字数	收藏者
巴中县几种主要树种造林技术	巴中县林业科		内部资料	巴中县林业科	1966年	32开	未统计	巴州区图书馆
怎样饲养长毛兔	巴中县科委巴中县畜牧局		内部资料	巴中县科委巴中县畜牧局	1982年	32开	未统计	巴州区图书馆
中药材规范化种植	巴州区科技信息研究所		内部资料	巴州区科技信息研究所	不详	32开	8万	巴州区图书馆
科技工作文选	巴中县科委		内部资料	巴中县科委	1983年	32开	未统计	巴州区图书馆
知识产权保护与运用	巴州区科学技术信息研究所		内部资料	巴州区科学技术信息研究所	不详	32开	25万	巴州区图书馆
巴中市巴州区老科协事（2007—2012）	巴州区老科协		内部资料	巴州区老科协	2011年	16开	30万	巴州区图书馆
农村实用新技术	巴中县农村青年实用技术函授学校		内部资料	巴中县农村青年实用技术函授学校	1988年	32开	23万	巴州区图书馆
农业科技试用教材——作物保护	巴中县业余教育办公室		内部资料	巴中县业余教育办公室	1978年	32开	8万	巴州区档案馆
四川省巴中县农业科技成果应用集锦	巴中县农业局		内部资料	巴中县农业局	1984年	32开	15万	巴州区档案馆
巴中县农民文化技术学校教材——农村实用数学	巴中县农民技术学校		内部资料	巴中县农民技术学校	1982年	32开	10万	巴州区档案馆
巴中县农民文化技术学校教材——农村实用化学及土壤肥料	巴中县农民技术学校		内部资料	巴中县农民技术学校	1982年	32开	3万	巴州区档案馆

书　名	作者（编者）	作者籍贯	文献类型	出版/印刷单位	印刷时间	开本	字数	收藏者
骨粉颗粒肥料的用法	巴中县骨粉厂		内部资料	巴中县骨粉厂	1956年	32开	1万	巴州区档案馆
大春作物栽培技术	巴中县人民委员会农业科		内部资料	巴中县人民委员会农业科	1965年	32开	3万	巴州区档案馆
农药污染与防治	巴中县环境保护办公室		内部资料	巴中县环境保护办公室	1983年	32开	3万	巴州区档案馆
蚕桑生产实用技术	巴中县蚕桑站		内部资料	巴中县蚕桑站	1989年	32开	未统计	巴州区档案馆
气象与饮食	舒雨湖	四川巴中	公开出版	远方出版社	2007年	32开	10万	作者
气象与旅游	舒雨湖	四川巴中	公开出版	远方出版社	2007年	32开	10万	作者
空气调节用制冷技术	石文星	四川南江	公开出版	中国建筑工业出版社	2016年	16开	未统计	作者
小型空调热泵装置设计	石文星	四川南江	公开出版	中国建筑工业出版社	2013年	16开	未统计	作者
多联式空调技术及相关标准实施指南	石文星	四川南江	公开出版	中国标准出版社	2011年	16开	未统计	作者
平昌县农村实用技术普及读本	赵建仁	四川通江	内部资料	平昌县科协	2006年	32开	15万	平昌县图书馆
农业科技资料汇编	余昌顺	四川平昌	内部资料		2006年	32开	17万	平昌县图书馆
平昌县农村残疾人实用技术培训资料	马红星	四川平昌	内部资料		2008年	32开	未统计	平昌县图书馆
科技与社会主义新农村	巴中市科协		内部出版	巴中市科协	2007年	32开	10万	景瑞三

书　名	作者 （编者）	作者 籍贯	文献 类型	出版 / 印刷单位	印刷 时间	开本	字数	收藏者
资源环境与可 持续发展论文 集	巴中市科协		内部 出版	巴中市科协	2008 年	32 开	16 万	巴中市 图书馆
对接大交通学 术论文集	巴中市科协		内部 资料	巴中市科协	2010 年	32 开	10 万	巴中市 图书馆
特色产业与县 域经济学术论 坛论文集	巴中市科协		内部 资料	巴中市科协	2011 年	32 开	17 万	巴中市 史志馆
两化互动统 筹、城乡建言 献策暨巴中市 第五届学术论 坛	巴中市科协		内部 资料	巴中市科协	2013 年	32 开	16 万	巴中市 史志馆
巴中市第七届 学术大会论文 集	巴中市科协		内部 资料	巴中市科协	2014 年	16 开	40 万	巴中市 图书馆
巴中市第八届 学术大会论文 集	巴中市科协		内部 资料	巴中市科协	2015 年	16 开	38 万	巴中市 图书馆
巴中市第九届 学术大会论文 集	巴中市科协		内部 资料	巴中市科协	2016 年	16 开	26 万	巴中市 图书馆
巴中市第十届 学术大会论文 集	巴中市科协		内部 资料	巴中市科协	2017 年	16 开	16 万	巴中区 图书馆
巴中市第十一 届学术大会论 文集	巴中市科协		内部 资料	巴中市科协	2018 年	16 开	32 万	巴中区 图书馆
南江黄羊饲养 技术	李富育	四川 通江	内部 出版	通江县政协	1997 年	32 开	10 万	景瑞三
农业科技丛书 ——小麦	通江县政协		内部 资料	通江县政协	1984 年	32 开	2 万	景瑞三

书 名	作者（编者）	作者籍贯	文献类型	出版／印刷单位	印刷时间	开本	字数	收藏者
农业科技丛书——水稻	通江县政协		内部资料	通江县政协	1984 年	32 开	2 万	景瑞三
农业科技丛书——玉米	通江县政协		内部资料	通江县政协	1984 年	32 开	2 万	景瑞三
农业科技丛书——洋芋	通江县政协		内部资料	通江县政协	1984 年	32 开	2 万	景瑞三
农业科技丛书——红苕	通江县政协		内部资料	通江县政协	1984 年	32 开	2 万	景瑞三
农业科技丛书——林业	通江县政协		内部资料	通江县政协	1984 年	32 开	2 万	景瑞三
农业科技丛书——果树	通江县政协		内部资料	通江县政协	1984 年	32 开	2 万	景瑞三
农业科技丛书——多种经营	通江县政协		内部资料	通江县政协	1984 年	32 开	2 万	景瑞三
农业科技丛书——良种繁育	通江县政协		内部资料	通江县政协	1984 年	32 开	2 万	景瑞三
农业科技丛书——植保	通江县政协		内部资料	通江县政协	1984 年	32 开	2 万	景瑞三
农业科技丛书——植物生理	通江县政协		内部资料	通江县政协	1984 年	32 开	2 万	景瑞三
农业科技丛书——土肥	通江县政协		内部资料	通江县政协	1984 年	32 开	2 万	景瑞三
农业科技丛书——农业气象	通江县政协		内部资料	通江县政协	1984 年	32 开	2 万	景瑞三
食用菌栽培技术	通江县银耳协会		内部资料	通江县银耳协会	2007 年	32 开	8 万	景瑞三
通江银耳栽培	张学工	四川通江	内部出版	通江银耳科研所	1998 年	32 开	8 万	景瑞三
通江银耳生产技术	通江食用菌研究所		内部资料	通江食用菌研究所	1990 年	32 开	3 万	景瑞三

书 名	作者 （编者）	作者 籍贯	文献 类型	出版/ 印刷单位	印刷 时间	开本	字数	收藏者
长毛兔、肉兔养殖新技术	通江县畜牧局		内部资料	通江县畜牧局	1985 年	32 开	5 万	景瑞三
五倍子的人工经营及生产技术	通江县林业局		内部资料	通江县林业局	1986 年	32 开	5 万	景瑞三
养蚕技术资料	范裕维	四川通江	内部资料	通江县丝绸公司	1997 年	32 开	1 万	景瑞三
四大工程技术要点	通江县农村工作委员会		内部资料	通江县农村工作委员会	1996 年	32 开	3 万	景瑞三
农村致富实用手册	通江县扶贫开发办公室		内部出版	通江县扶贫开发办公室	2002 年	32 开	10 万	景瑞三
通江县食用菌栽培技术	通江县银耳产业发展局		内部资料	通江县银耳产业发展局	1999 年	32 开	8 万	景瑞三
立体栽培花香菇技术教材	祁建军	四川通江	内部资料	通江县银耳生产经营管理办公室	1998 年	32 开	3 万	景瑞三
铁五倍丰产经营技术	彭廷发 谢树明	四川通江	内部资料	通江县林业局	1991 年	32 开	3 万	景瑞三
天麻研究	通江县科委		内部资料	通江县科委	不详	32 开	3 万	景瑞三
巴中市主栽中药材生产技术手册	巴中市农业局		内部资料	巴中市农业局	2014 年	32 开	15 万	景瑞三

第三节 医 药

书 名	作者	作者籍贯	文献类型	出版/印刷单位	印刷时间	开本（纸张）	字数	收藏者
新型冠状病毒肺炎公开防护指南	巴州区科学信息技术研究所		内部资料	巴州区科学信息技术研究所	2020 年	32 开	8 万	巴州区图书馆
巴中县中药材资源普查资料	巴中县中药材公司		内部资料	巴中县中药材公司	1986 年	未统计	未统计	巴州区图书馆
巴中县防疫资料汇编（1—2）	巴中县卫生防疫站	四川巴中	内部资料	巴中县卫生防疫站	1980 年	未统计	未统计	巴州区图书馆
四川省巴中县防疫资料汇编	周作斌莫绐松	四川巴中	内部资料	巴中县卫生防疫站	1982 年	未统计	未统计	巴州区图书馆
巴中县防疫资料汇编	巴中县卫生防疫站	四川巴中	内部资料	巴中县卫生防疫站	1986 年	未统计	未统计	巴州区图书馆
巴中县疟疾防治资料（1954—1990）	巴中县卫生防疫站		内部资料	巴中县卫生防疫站	1990 年	未统计	未统计	巴州区图书馆
巴中市初级卫生保健资料汇编	李光银周治廷	四川巴中	内部资料	巴中市初级卫生保健委办公室	1994 年	未统计	未统计	巴州区图书馆
中医治癌秘籍临床指南	邱全光邱龙睦	四川巴中	民间资料		2018 年	16 开	20 万	巴州区档案馆
名老中医邱雨辰临床经验选编	邱全光邱龙睦	四川巴中	民间资料		2010 年	16 开	15 万	巴州区档案馆
仲景小术	唐克勤	四川南江	民间资料		不详	32 开	未统计	南江县档案馆

书 名	作者	作者籍贯	文献类型	出版/印刷单位	印刷时间	开本（纸张）	字数	收藏者
畜禽营养与饲料	袁俊益	四川南江	公开出版	上海交通大学出版社	2014 年	16 开	30 万	南江县小河职业中学
畜禽疾病防治	黄　颖	四川南江	公开出版	上海交通大学出版社	2014 年	16 开	21 万	南江县小河职业中学
兽医基础	张　勇	四川南江	公开出版	上海交通大学出版社	2014 年	16 开	27 万	南江县小河职业中学
儿童临床验方选	王从学	四川平昌	公开出版	广西民族出版社	1989 年	16 开	15 万	平昌县方志馆
男科临症新探	王从学	四川平昌	公开出版	四川文艺出版社	1989 年	16 开	15 万	平昌县方志馆
中医资料选编	通江县政协		内部资料	通江县政协	1984 年	32 开	15 万	景瑞三
通江医学文选	通江县卫生局		内部资料	通江县卫生局	1988 年	16 开	20 万	景瑞三
巴中市中药资源图集	巴中市中医药产业促进中心		内部资料	巴中市中医药产业促进中心	2020 年	16 开	13 万	景瑞三
巴中市食药同源中药材图集	巴中市中医药产业促进中心		内部资料	巴中市中医药产业促进中心	2021 年	16 开	7 万	景瑞三
健康知识和疾病预防控制手册	巴中市疾病预防控制中心		内部资料	巴中市疾病预防控制中心	2019 年	32 开	3 万	景瑞三

第五章

宣传文化文集

第一节 宣 传

书 名	作者（编者）	作者籍贯	文献类型	出版／印刷单位	印刷时间	开本	字数	收藏者
巴中日报三年纪事	巴中日报社		内部资料	巴中日报社	2005 年	32 开	10 万	巴州区图书馆
我爱祖国"三热爱"	巴中县委宣传部		公开出版	教育科学出版社	1990 年	32 开	11 万	巴州区图书馆
巴中日报创刊十年回顾	巴中日报社		内部资料	巴中日报社	2003 年	32 开	未统计	巴州区图书馆
党在我心中	巴中县委宣传部		内部资料	巴中县委宣传部	1991 年	32 开	16 万	巴州区档案馆
文明春风拂面来	巴中市委巴中市政府		内部资料	巴中市委巴中市政府	1998 年	32 开	10 万	巴州区档案馆
瘦地新闻作品选	樊万韬	四川南江	内部出版	南江报社编辑部	1995 年	32 开	18 万	南江县图书馆
革命老区采访记	陈 浩	四川巴中	民间资料		2019 年	16 开	15 万	巴中市史志馆
巴中日报新闻作品选	巴中日报社		内部资料	巴中日报社	2004 年	16 开	17 万	巴中市图书馆
巴中日报新闻作品选——巴中日报创刊十周年丛书	巴中日报社		内部资料	巴中日报社	2018 年	32 开	8 万	巴中市图书馆
游光雾仙山探诺水洞天——巴中日报创刊十周年丛书	巴中日报社		内部资料	巴中日报社	2003 年	16 开	16 万	巴中市图书馆

书 名	作者 （编者）	作者 籍贯	文献 类型	出版 / 印刷单位	印刷 时间	开本	字数	收藏者
十年磨一剑 ——巴中日报 创刊十周年丛 书	巴中日报社		内部 资料	巴中日报社	2003 年	16 开	10 万	巴中市 图书馆
巴中市宣传思 想文化精品工 程集（2012）	巴中市委宣 传部		内部 资料	巴中市委宣 传部	2013 年	16 开	16 万	巴中市 图书馆
巴中市宣传思 想文化精品工 程集（2013）	巴中市委宣 传部		内部 资料	巴中市委宣 传部	2013 年	16 开	27 万	巴中市 图书馆
时评巴中	闻 水	四川 巴中	公开 出版	中国戏剧出 版社	2011 年	32 开	24 万	巴中市 图书馆
时评巴中	闻 水	四川 巴中	公开 出版	大众文艺出 版社	2009 年	32 开	20 万	巴中市 图书馆
媒体看巴中	巴中市委宣 传部		内部 资料	巴中市委宣 传部	2010 年	32 开	30 万	巴中市 图书馆
记者眼中的 巴中	巴中地委宣 传部	四川 巴中	内部 资料	巴中地委宣 传部	1999 年	32 开	35 万	巴中市 史志馆
见证 2012 ——巴中对外 宣传报道选	巴中市委宣 传部		内部 资料	巴中市委宣 传部	2013 年	16 开	36 万	巴中市 图书馆
奋进 2013 ——巴中对外 宣传报道选	巴中市委宣 传部		内部 资料	巴中市委宣 传部	2014 年	16 开	39 万	巴中市 图书馆
巴中日报三年 记事（2002— 2005）	主 编： 向荣华	四川 通江	内部 资料	巴中日报社	不详	32 开	未统计	巴中市 史志馆
世纪之交 看巴中	巴中地委办 公室		内部 资料	巴中地委办 公室	2000 年	32 开	20 万	景瑞三
大跨越	巴中广播电 视报		内部 出版	巴中广播电 视报	1996 年	32 开	8 万	景瑞三

书 名	作者 （编者）	作者 籍贯	文献 类型	出版 / 印刷单位	印刷 时间	开本	字数	收藏者
足迹——巴中广播电视报十周年纪念文章	巴中广播电视报社		内部出版	巴中广播电视报社	2004 年	32 开	22 万	景瑞三
热土颂歌	巴中广播电视报社		内部资料	巴中广播电视报社	1998 年	32 开	10 万	景瑞三
绮罗精品工程	巴中市委宣传部		内部资料	巴中市委宣传部	2013 年	16 开	20 万	景瑞三
青青无花果（新闻类）	谭守勋	四川南江	民间资料		1996 年	32 开	10 万	景瑞三
巴中市创建森林城市宣传工作手册	巴中市创建森林城市领导小组办公室		内部资料	巴中市创建森林城市领导小组办公室	2013 年	32 开	2 万	景瑞三

第二节 文 化

书 名	作者 （编者）	作者 籍贯	文献 类型	出版/ 印刷单位	印刷 时间	开本	字数	收藏者
映山红 （上下）	巴中县委党 史办公室		内部 资料	巴中县委党 史办公室	1984 年	32 开	30 万	巴州区 图书馆
灵山碑林	巴中县平梁 区委		内部 资料	巴中县平梁 区委	1987 年	16 开	9 万	巴州区 档案馆
渔溪民间文学	钱科远	四川 巴中	内部 资料		2011 年	16 开	13 万	巴州区 图书馆
川陕革命根据 地石刻标语 （第一、二集）	川陕革命根 据地博物馆		内部 资料	川陕革命根 据地博物馆	1979 年	32 开	15 万	巴州区 档案馆
线装文库	李利民	四川 巴中	民间 资料		2014 年	16 开	未统计	恩阳区 图书馆
恩阳古镇	巴中市巴州 区校本教材 编委会		内部 资料	巴州区教育 局	2003 年	32 开	9 万	恩阳区 图书馆
中国历史文化 名镇——四川 恩阳	陈 俊	四川 巴中	公开 出版	知识产权出 版社	2020 年	16 开	17 万	恩阳区 图书馆
中国文化	李利民	四川 巴中	民间 资料		2014 年	16 开	未统计	恩阳区 图书馆
醒世贤文	栈 中	四川 巴中	民间 资料		2017 年	32 开	5 万	恩阳区 图书馆
妙趣语选	王永明 王 旭	四川 巴中	民间 资料		1999 年	32 开	8 万	恩阳区 图书馆
寄语新世纪	川陕革命根 据地博物馆		内部 资料	川陕革命根 据地博物馆	2000 年	32 开	6 万	恩阳区 图书馆

书　名	作者 （编者）	作者 籍贯	文献 类型	出版 / 印刷单位	印刷 时间	开本	字数	收藏者
一九三二年红军石刻标语汇集	南江县档案馆		内部资料	南江县档案馆	1960 年	32 开	5 万	巴州区档案馆
南江民间文化拾遗	赵子爵	四川南江	内部资料	南江县文体局	2007 年	32 开	23 万	南江县档案馆
神韵——探索米仓山文化	符　忠	四川南江	内部资料	南江县文化广播影视出版局	2012 年	32 开	5 万	南江县图书馆
南江民间文化拾遗	赵子爵	四川南江	内部资料	南江县老科协	2010 年	32 开	40 万	南江县档案馆
南江红色文化拾遗	赵子爵	四川南江	内部资料		2010 年	32 开	20 万	南江县政协
米仓神韵——探索米仓古道文化空间	胡天寿	四川南江	内部出版	南江县文化广播影视新闻出版局	2012 年	16 开	3 万	南江县政协
历久弥新的光雾山精神	胡天寿	四川南江	公开出版	中国文联出版社	2016 年	32 开	16 万	南江县政协
文风塔——正直坝文化印记	何青林	四川南江	内部资料		2020 年	32 开	9 万	南江县政协
南江县艺文志（上下）	南江县政协		内部资料	南江县政协	2015 年	16 开	20 万	南江县政协
红韵	通江县图书馆		内部资料	通江县图书馆	2013 年	16 开	10 万	通江县图书馆
红润两河口	肖裕孟	四川通江	内部资料	通江县两河口镇综合文化站	2021 年	16 开	未统计	景瑞三
红色通江	杨永红	四川通江	公开出版	光明日报出版社	2015 年	32 开	15 万	通江县委宣传部
通江红军石刻标语	红四方面军总指挥部旧址纪念馆		内部资料	红四方面军总指挥部旧址纪念馆	不详	16 开	未统计	通江县图书馆

书 名	作者（编者）	作者籍贯	文献类型	出版/印刷单位	印刷时间	开本	字数	收藏者
美在民间（剪纸）	李怀玉	四川通江	民间资料		2015 年	16 开	10 万	通江县委宣传部
平昌文化系列丛书——民间文艺	陈永久	四川平昌	内部资料	平昌文化广播影视新闻出版局	2017 年	16 开	70 万	平昌县图书馆
平昌文化系列丛书——红色文化	池青昌	四川平昌	内部资料	平昌文化广播影视新闻出版局	2017 年	16 开	37 万	平昌县图书馆
平昌文化系列丛书——文学艺术	李景唐	四川平昌	内部资料	平昌文化广播影视新闻出版局	2017 年	16 开	78 万	平昌县图书馆
平昌民间文学资料集成（第一、二、六、七卷）	陈永久朱国祥	四川平昌	内部资料		1987 年	32 开	未统计	平昌县图书馆
平昌文浩	平昌县政协文史委		内部资料	平昌县政协	不详	未统计	未统计	巴州区图书馆
江口醇快讯十年经典回顾	刘 峰	四川平昌	内部资料	平昌江口醇酒厂	2007 年	未统计	未统计	平昌县图书馆
小角楼创品牌之路	何成盛	四川平昌	内部资料	平昌小角楼酒厂	2005 年	32 开	20 万	平昌县图书馆
巴蜀文艺五种·文选	牟家宽	四川平昌	公开出版	巴蜀书社	1992 年	16 开	16 万	平昌县方志馆
红旗飘江口	平昌县委党史研究室		内部资料	平昌县委党史研究室	1985 年	32 开	15 万	平昌县史志馆
巴山石韵（人文巴中）	张显宝	四川巴中	内部资料	巴中石韵编辑部	2016 年	16 开	25 万	巴中市图书馆
巴中石刻（人文巴中）	阳 云	四川巴中	内部资料	巴中市文学艺术界联合会	2016 年	16 开	2 万	巴中市图书馆
石头上的史诗	王明渊王璟	四川巴中	公开出版	成都时代出版社	2014 年	16 开	30 万	巴中市图书馆

书 名	作者（编者）	作者籍贯	文献类型	出版/印刷单位	印刷时间	开本	字数	收藏者
南龛石刻赏析	李雪梅	四川巴中	公开出版	中国文史出版社	2016 年	16 开	11 万	巴中市图书馆
川陕革命根据地红军石刻影印集	巴中市委巴中市政府		内部资料	巴中市委巴中市政府	2005 年	24 开	8 万	巴中市图书馆
巴中石窟	雷玉华陈崇勋	四川巴中	公开出版	巴蜀书社	2009 年	16 开	20 万	巴中市图书馆
巴中石窟研究	雷玉华	四川巴中	公开出版	民族出版社	2011 年	未统计	未统计	作者
两大碑林精品手迹荟萃	川陕革命根据地博物馆		内部资料	川陕革命根据地博物馆	2020 年	16 开	未统计	巴中市图书馆
巴中石窟——唐代彩雕艺术	巴中市文物局		公开出版	浙江摄影出版社	2012 年	未统计	未统计	巴中市图书馆
巴中与巴文化	黄 鸣	四川巴中	公开出版	四川人民出版社	2012 年	16 开	15 万	巴中市图书馆
巴賨文化	梁廷保梁 群	四川南江	民间资料		不详	未统计	20 万	巴中市图书馆
知识使者的呼唤	杨翠萍	四川南江	公开出版	大众文艺出版社	2007 年	32 开	59 万	巴中市图书馆
巴文化普及读本	巴中市文化广播影视新闻出版局		公开出版	四川人民出版社	2015 年	32 开	10 万	巴中市图书馆
民间文艺	巴中市文化广播影视新闻出版局		内部资料		2017 年	16 开	70 万	巴中市图书馆
文学艺术	巴中市文化广播影视新闻出版局		内部资料		2017 年	16 开	78 万	巴中市图书馆
红色恩阳	主 编：吴兴德	四川通江	公开出版	中国文史出版社	2014 年	32 开	10 万	巴中市图书馆
古镇恩阳	主 编：吴兴德	四川通江	公开出版	中国文史出版社	2014 年	32 开	6 万	巴中市图书馆

书　名	作者（编者）	作者籍贯	文献类型	出版／印刷单位	印刷时间	开本	字数	收藏者
文化恩阳	主　编：吴兴德	四川通江	公开出版	中国文史出版社	2014 年	32 开	8 万	巴中市图书馆
特色恩阳	主　编：吴兴德	四川通江	公开出版	中国文史出版社	2014 年	32 开	8 万	巴中市图书馆
古镇恩阳	巴州区政协		内部资料	巴州区政协	2007 年	32 开	31 万	巴中市图书馆
平昌茶话	何茂森 张治生	四川平昌	公开出版	团结出版社	2017 年	16 开	12 万	巴中市图书馆
川陕苏区将帅碑林碑文集（上中下）	川陕苏区将帅碑林办公室		内部资料	川陕苏区将帅碑林办公室	1995 年	32 开	70 万	川陕革命根据地博物馆
华夏文明之歌——巴中石窟艺术研究	苟延一	四川巴中	内部资料		1992 年	32 开	30 万	巴中市史志馆
爱我巴州	主　编：王品先 刘德成 张家生 黄吉翠	四川巴中	内部资料		2002 年	32 开	20 万	巴中市史志馆
魅力恩阳·红色恩阳		四川巴中	公开出版	中国文史出版社	2014 年	32 开	10 万	巴中市史志馆
红色宣言——中国工农红军石刻·墨书	巴中市委 巴中市政府		内部出版	巴中市委 巴中市政府	2010 年	16 开	5 万	景瑞三
红色印记·巴州篇	巴州区老区建设促进会		内部资料	巴州区老区建设促进会	2021 年	16 开	8 万	景瑞三
柏林湾人文	张熙明	四川通江	民间资料		2014 年	32 开	20 万	景瑞三
巴中文脉	黄　鸣	四川巴中	内部资料	巴中市文化广播电视和旅游局	不详	16 开	15 万	景瑞三

书 名	作者（编者）	作者籍贯	文献类型	出版/印刷单位	印刷时间	开本	字数	收藏者
壁州沧桑	通江县委宣传部		内部资料	通江县委宣传部	1989 年	16 开	12 万	景瑞三
红色记忆耀通江	通江县老科协		内部资料	通江县老科协	2012 年	32 开	20 万	景瑞三
南龛石刻赏析	南龛石窟研究所		公开出版	中国文史出版社	2016 年	16 开	11 万	景瑞三
红军文化论纲——点击川陕苏区首府通江	通江县委党校、通江县委党史研究室		内部资料	通江县委党校、通江县委党史研究室	2007 年	16 开	10 万	景瑞三
巴人巴水育巴人——巴中古今	巴中地方志办公室		内部资料	巴中地方志办公室	2002 年	32 开	15 万	巴中市史志馆

第三节 文 集

书 名	作者（编者）	作者籍贯	文献类型	出版/印刷单位	印刷时间	开本	字数	收藏者
巴中清代文献稿（民国十三年版）	邱苔荪	四川巴中	内部刊印	周集云、赵元成翻印	1985 年	32 开	30 万	巴州区档案馆
巴中历代文献辑录	赵元成 刘 瑞 周集云	四川巴中	内部资料		1985 年	32 开	16 万	巴州区档案馆
巴中历代文选	刘 瑞	四川巴中	内部资料	巴中市南龛文化产业园管委会	2017 年	16 开	58 万	巴中市政协
我的回忆录和论文选集	张纯本	四川巴中	民间资料		2003 年	16 开	26 万	巴州区档案馆
张恩舜回忆录	张恩舜	四川巴中	手稿		1992 年	16 开	25 万	巴州区档案馆
代全文集（三）	李代全	四川巴中	公开出版	团结出版社	2017 年	32 开	17 万	巴州区文化馆
代全文集（六）	李代全	四川巴中	公开出版	团结出版社	2019 年	未统计	未统计	巴州区文化馆
百年印记——中国共产党成立一百周年文学作品专集	巴州区委宣传部		内部资料	巴州区委宣传部	2021 年	16 开	20 万	景瑞三
遗安集	李 卓	四川巴中	民间资料		2009 年	32 开	未统计	景瑞三
草根文集	张世用	四川巴中	民间资料		不详	32 开	4 万	恩阳区图书馆
瑞华文稿	马瑞华	四川巴中	民间资料		2016 年	16 开	18 万	恩阳区图书馆

书 名	作者（编者）	作者籍贯	文献类型	出版/印刷单位	印刷时间	开本	字数	收藏者
回望在南江的那几十年（上下）	李先哲	四川南江	民间资料		2016 年	32 开	31 万	南江县档案馆
身边的小事	李先哲	四川南江	民间资料		2016 年	32 开	17 万	南江县档案馆
石斌德文稿	石斌德	四川南江	内部资料	南江县保险支公司	1995 年	32 开	16 万	南江县档案馆
野老集	蔡笃周	四川南江	民间资料		2011 年	32 开	15 万	南江县图书馆
何平文集	何 平	四川南江	内部出版	南江县政协	2002 年	32 开	7 万	南江县政协
谷风文集（上中下卷）	蹇茂昌	四川通江	民间资料		1998 年	32 开	50 万	通江县图书馆
梅溪杂俎	曾星翔	四川通江	公开出版	中国文联出版社	2014 年	32 开	20 万	通江县图书馆
向思第文集	向思第	四川通江	公开出版	现代出版社	2016 年	16 开	未统计	通江县图书馆
向思第文集（续集）	向思第	四川通江	公开出版	现代出版社	2016 年	16 开	未统计	通江县图书馆
岚山集	刘朝卓 杨金儒	四川通江	公开出版	大众文艺出版社	2010 年	32 开	4 万	通江县图书馆
风雨丹青路	黄定中	四川通江	民间资料		2004 年	32 开	未统计	通江县档案馆
林木文集	张浩良	四川巴中	公开出版	大众文艺出版社	1999 年	32 开	14 万	通江县档案馆
蓦然回首	杨 波	四川通江	民间资料		2009 年	32 开	30 万	通江县档案馆
躬耕集	王北辰	四川通江	民间资料		2009 年	32 开	未统计	通江县档案馆
雪鸿堂集校注	李亚烈 李猛烈	四川通江	公开出版	中国文史出版社	2012 年	16 开	123 万	通江县档案馆

书 名	作者（编者）	作者籍贯	文献类型	出版/印刷单位	印刷时间	开本	字数	收藏者
建言集	彭俊礼	四川通江	内部出版	通江县政协	1999 年	32 开	10 万	通江县档案馆
求索与感悟	罗传俊	四川平昌	民间资料		2008 年	16 开	21 万	平昌县图书馆
追忆岁月	张学政	四川平昌	民间资料		2008 年	16 开	8 万	平昌县图书馆
平昌文化名人作品选	胡继昌	四川平昌	民间资料		2003 年	未统计	未统计	平昌县图书馆
临簧轩圆梦集	韩荣光	四川平昌	民间资料		2017 年	32 开	未统计	平昌县图书馆
回眸岁月	张崇瑞	四川平昌	民间资料		2006 年	32 开	11 万	平昌县图书馆
蔡菁文集	蔡通福	四川平昌	民间资料		2005 年	32 开	8 万	平昌县图书馆
难得作品选	廖 瑞	四川平昌	民间资料		2008 年	16 开	20 万	平昌县图书馆
大成巴山集	林大成	四川巴中	公开出版	线装书局出版社	2014 年	32 开	27 万	巴中市史志馆
风雨九十春	张秉直	四川巴中	公开出版	四川大学出版社	2013 年	未统计	未统计	巴中市史志馆
红旗伴我成长	张崇鱼	四川巴中	内部资料	将帅碑林纪念馆	2013 年	32 开	25 万	巴中市图书馆
俊礼文集	彭俊礼	四川通江	内部资料	通江县政协	2002 年	32 开	12 万	巴中市图书馆
心语集	彭俊礼	四川通江	公开出版	中国文联出版社	2012 年	16 开	22 万	巴中市图书馆
愫语集	彭俊礼	四川通江	民间资料		1997 年	32 开	5 万	景瑞三
悠闲集	韩在俊	四川巴中	民间资料		2011 年	32 开	4 万	巴中市图书馆

书　名	作者（编者）	作者籍贯	文献类型	出版/印刷单位	印刷时间	开本	字数	收藏者
边鼓集	于　一	四川巴中	公开出版	文化艺术出版社	1991年	16开	18万	巴中市图书馆
耄耋文存	谢　英	四川巴中	民间资料		2013年	未统计	30万	巴中市图书馆
庚午文存	谢　英	四川巴中	民间资料		2010年	32开	30万	巴中市图书馆
包装情愫——包装作品论文选	杨希锷	四川巴中	民间资料		2003年	32开	20万	巴中市图书馆
吴文贵论文选编	吴文贵	四川巴中	内部资料	巴中地区供销合作社	1997年	16开	42万	巴中市图书馆
方寸乡土天地宽——拙笔斋耕耘集	张联和赵明浩白剑云	四川通江	公开出版	大众文艺出版社	2013年	32开	10万	巴中市图书馆
谈天文集——感悟人生	谭　毅	四川巴中	公开出版	中国文联出版社	2012年	16开	28万	巴中市图书馆
谈天文集——人生诗话	谭　毅	四川巴中	公开出版	中国文联出版社	2012年	16开	25万	巴中市图书馆
谈天文集——今生无悔	谭　毅	四川巴中	公开出版	中国文联出版社	2012年	16开	10万	巴中市图书馆
谈天文集——政思闲语	谭　毅	四川巴中	公开出版	中国文联出版社	2017年	16开	15万	景瑞三
谈天文集——心路足迹	谭　毅	四川巴中	公开出版	中国文联出版社	2012年	16开	10万	景瑞三
谈天文集——心花绽放	谭　毅	四川巴中	公开出版	中国文联出版社	2012年	16开	20万	景瑞三
谈天文集——今生有缘	谭　毅	四川巴中	公开出版	中国文联出版社	2015年	16开	20万	景瑞三
谈天文集——心海浪花	谭　毅	四川巴中	公开出版	中国文联出版社	2015年	16开	15万	景瑞三

书 名	作者（编者）	作者籍贯	文献类型	出版／印刷单位	印刷时间	开本	字数	收藏者
檀溪笔论	谭毅	四川巴中	公开出版	中国三峡出版社	2000年	32开	15万	景瑞三
谭毅文存（人生随笔卷）	谭毅	四川巴中	公开出版	成都时代出版社	2005年	32开	24万	景瑞三
谭毅文存（文论卷）	谭毅	四川巴中	公开出版	成都时代出版社	2005年	32开	未统计	景瑞三
安山文集	李耀俊	四川巴中	内部出版		2002年	32开	10万	景瑞三
探索与实践	陈延荣	四川巴中	民间资料		2014年	16开	80万	景瑞三
实践与思考——巴中广电职工理论文集	巴中广播电视局		内部出版		2003年	32开	16万	景瑞三
蔡菁文集第二卷（2005—2007）	蔡通福	四川平昌	民间资料		2007年	32开	8万	景瑞三
蔡菁文集第三卷（2007—2009）	蔡通福	四川平昌	民间资料		2009年	32开	8万	景瑞三
蔡菁文集第四卷（2008—2010）	蔡通福	四川平昌	民间资料		2007年	32开	8万	景瑞三
遣闲集	向家礼	四川通江	民间资料		2001年	32开	3万	景瑞三
山行集	董邵达	四川南江	民间资料		2012年	16开	10万	景瑞三
过去的时光（夏文斌获奖作品选）	夏文斌	四川南江	民间资料		2016年	16开	12万	景瑞三
雪鸿堂集	李番 李钟璧 李钟峨	四川通江	民间资料	雪鸿堂集重刊委员会	2010年	16开	20万	景瑞三

书　名	作者 （编者）	作者 籍贯	文献 类型	出版／ 印刷单位	印刷 时间	开本	字数	收藏者
草芥集	李旭升	四川 巴中	内部 出版		2006 年	32 开	8 万	景瑞三
征程无悔	谢百军	四川 南江	公开 出版	四川大学出 版社	2008 年	32 开	15 万	景瑞三
旱塘庐文纂	傅晓东	四川 通江	公开 出版	中国文联出 版社	2009 年	32 开	23 万	景瑞三
六十年风雨	杜映祥	四川 通江	民间 资料		2010 年	32 开	10 万	景瑞三
立斋集（续）	何特殊	四川 南江	民间 资料		2001 年	32 开	5 万	景瑞三
立斋集 （第三篇）	何特殊	四川 南江	内部 资料	南江老年大 学	2004 年	32 开	15 万	景瑞三
立斋集 （第四篇）	何特殊	四川 南江	内部 资料	南江县老年 大学	2006 年	32 开	15 万	景瑞三
立斋集 （第五篇）	何特殊	四川 南江	内部 资料	南江老年大 学	2009 年	32 开	15 万	景瑞三
立斋集 （第六篇）	何特殊	四川 南江	民间 资料		2009 年	32 开	8 万	景瑞三
先哲文存 （上下）	李先哲	四川 南江	民间 资料		2019 年	16 开	40 万	景瑞三
初心不老	吴光昕	四川 通江	公开 出版	四川民族出 版社	2019 年	16 开	10 万	景瑞三
风雨人生	吴光昕	四川 通江	内部 出版		2003 年	32 开	15 万	景瑞三
行者无径	张之富	四川 巴中	公开 出版	中国戏曲出 版社	2010 年	32 开	15 万	景瑞三
北山老人 著述集	陈太经	四川 平昌	内部 出版		2001 年	32 开	1 万	景瑞三
八十春秋	朱文哲	四川 巴中	民间 资料		2000 年	32 开	5 万	景瑞三

书　名	作者（编者）	作者籍贯	文献类型	出版/印刷单位	印刷时间	开本	字数	收藏者
中国工农红军石刻标语研讨会论文集	巴中市委巴中市政府		内部资料	中共巴中市委、巴中市政府	2010 年	16 开	9 万	景瑞三
人文荟萃	王端朝	四川通江	内部出版		2006 年	32 开	15 万	景瑞三
探索之路	王端朝	四川通江	公开出版	四川人民出版社	1999 年	32 开	20 万	景瑞三
梦斋文集	杜映祥	四川通江	民间资料		2016 年	32 开	9 万	景瑞三
门阵遗老集	陈正刚	四川通江	民间资料		2007 年	16 开	10 万	景瑞三
了然集	陈正刚	四川通江	民间资料		2010 年	16 开	12 万	景瑞三
会心集	樊万韬	四川南江	内部出版		1999 年	16 开	18 万	景瑞三
野鹤集	诚　华	四川通江	民间资料		1997 年	16 开	8 万	景瑞三
春风集	熊枝蒿	四川通江	公开出版	中国文联出版社	2012 年	16 开	未统计	景瑞三
代全文集（一、二）	王代全	四川巴中	公开出版	团结出版社	2017 年	32 开	18 万	景瑞三
古惑集	冯严德	四川平昌	内部资料	巴中日报总编室	2001 年	32 开	10 万	景瑞三
回顾与文稿	王健康	四川平昌	内部出版		2004 年	32 开	10 万	景瑞三
流金岁月文集	岳钊林	四川通江	民间资料		2014 年	16 开	未统计	通江县图书馆
花甲文献	刘一震	四川通江	公开出版	中国文史出版社	2006 年	未统计	未统计	通江县图书馆

书　名	作者 （编者）	作者籍贯	文献类型	出版/ 印刷单位	印刷时间	开本	字数	收藏者
流金岁月	萧　界	四川通江	内部出版		2006 年	16 开	32 万	景瑞三
平昌文化名人作品选	何茂森	四川平昌	民间资料		2003 年	16 开	15 万	巴中市史志馆
红船颂歌——庆祝中国共产党成立九十周年专辑	通江县老年人协会		内部资料	通江县老年人协会	2011 年	32 开	未统计	通江县档案馆
川陕苏区将帅碑林文集	川陕苏区将帅碑林管委办		内部资料	川陕苏区将帅碑林管委办	2021 年	32 开	5 万	川陕革命根据地博物馆
中国工农红军石刻标语的时代特色和语言风格研究文集	巴中市委		公开出版	中央文献出版社	2010 年	16 开	38 万	川陕革命根据地博物馆
红军将士作品选	川陕苏区将帅碑林管委会		内部资料	川陕苏区将帅碑林管委会	1999 年	32 开	24 万	巴中市史志馆

第六章

文学艺术影视

第一节　诗歌小说散文

书　名	作者（编者）	作者籍贯	文献类型	出版／印刷单位	印刷时间	开本	字数	收藏者
冯鲁溪诗稿清光绪十三年版	冯鲁溪	四川巴中	民间资料	赵元成、周集云翻印	1985 年	32 开	35 万	巴州区档案馆
巴中吟	刘　瑞	四川巴中	民间资料		1999 年	32 开	4 万	巴州区图书馆
清轻集	苟　勋	四川巴中	民间资料		2007 年	64 开	8 万	巴州区图书馆
青山集	张永髦	四川巴中	民间资料		2012 年	32 开	10 万	巴州区图书馆
如梦的年华	王　旭	四川巴中	民间资料		1993 年	32 开	8 万	巴州区图书馆
柔声轻诉	杨　通	四川巴中	公开出版	中国三峡出版社	1998 年	32 开	11 万	巴州区图书馆
朝着老家的方向	杨　通	四川巴中	公开出版	大众文艺出版社	2011 年	16 开	20 万	巴州区图书馆
雪花飘在雪花天	杨　通	四川巴中	公开出版	四川文艺出版社	2014 年	16 开	40 万	巴州区图书馆
山里的女人爱打赌	魏传灵	四川巴中	公开出版	中国戏剧出版社	不详	未统计	未统计	巴州区图书馆
为猪喊冤	魏传灵	四川巴中	公开出版	中国文联出版社	不详	32 开	16 万	巴州区图书馆
百年印记	魏传灵	四川巴中	内部资料	巴州区文化馆	2021 年	16 开	未统计	巴州区图书馆
山路十八弯	周依春	四川巴中	公开出版	四川科学技术出版社	2012 年	未统计	25 万	巴州区图书馆
沙浪	杨绍勇尹华东	四川巴中	公开出版	中国三峡出版社	1997 年	32 开	15 万	巴州区图书馆

书 名	作者 （编者）	作者 籍贯	文献 类型	出版/ 印刷单位	印刷 时间	开本	字数	收藏者
贫贱骄人	熊文渊	四川 巴中	民间 资料		2007 年	未统计	未统计	巴州区 图书馆
诗联楚风	熊文渊	四川 巴中	民间 资料		2005 年	32 开	7 万	巴州区 图书馆
诗联筐举	熊文渊	四川 巴中	民间 资料		2008 年	32 开	7 万	巴州区 图书馆
诗联默丁	熊文渊	四川 巴中	民间 资料		不详	32 开	5 万	巴州区 图书馆
诗联邻查	熊文渊	四川 巴中	民间 资料		2011 年	32 开	未统计	巴州区 图书馆
诗联碌碎	熊文渊	四川 巴中	民间 资料		不详	32 开	5 万	巴州区 图书馆
诗联燕砾	熊文渊	四川 巴中	民间 资料		2008 年	32 开	未统计	巴州区 图书馆
诗联荧烛	熊文渊	四川 巴中	民间 资料		2009 年	32 开	8 万	巴州区 图书馆
诗联斌扶	熊文渊	四川 巴中	民间 资料		2007 年	32 开	未统计	巴州区 图书馆
诗联爆献	熊文渊	四川 巴中	民间 资料		2006 年	32 开	6 万	巴州区 图书馆
诗联引玉	熊文渊	四川 巴中	民间 资料		2010 年	32 开	8 万	巴州区 图书馆
诗联遇管	熊文渊	四川 巴中	民间 资料		2002 年	32 开	6 万	巴州区 图书馆
诗联微全	熊文渊	四川 巴中	民间 资料		2004 年	32 开	8 万	巴州区 图书馆
诗联瘦语	熊文渊	四川 巴中	民间 资料		2011 年	32 开	未统计	巴州区 图书馆
诗联羞明	熊文渊	四川 巴中	民间 资料		2010 年	32 开	未统计	巴州区 图书馆

书　名	作者 （编者）	作者 籍贯	文献 类型	出版／ 印刷单位	印刷 时间	开本	字数	收藏者
诗联箴规	熊文渊	四川 巴中	民间 资料		2007 年	32 开	12 万	恩阳区 图书馆
随想偶记	肖芳云	四川 巴中	民间 资料		2008 年	未统计	未统计	巴州区 图书馆
散淡的闲云	李代全	四川 巴中	公开 出版	大众文艺出 版社	2005 年	32 开	18 万	巴州区 图书馆
滴血的夜色	李代全	四川 巴中	民间 资料		2012 年	32 开	15 万	巴州区 图书馆
滴血的夜色 （续集）	李代全	四川 巴中	民间 资料		2016 年	32 开	未统计	巴州区 图书馆
心海的情潮	李代全 李利民	四川 巴中	公开 出版	作家出版社	2009 年	32 开	10 万	巴州区 图书馆
红叶	李代全	四川 巴中	公开 出版	黄河出版社	2014 年	32 开	16 万	巴州区 档案馆
熟了·李子	李代全	四川 巴中	公开 出版	大众文艺出 版社	不详	未统计	未统计	巴州区 图书馆
灿烂秋色	李利民	四川 巴中	民间 资料		2012 年	32 开	10 万	恩阳区 图书馆
灿烂红叶	李利民 李利春	四川 巴中	民间 资料		2021 年	16 开	20 万	巴州区 图书馆
心泉的流韵	李利民	四川 巴中	公开 出版	中国文联出 版社	2007 年	32 开	10 万	巴州区 图书馆
生命在纸上 行走	李利民	四川 巴中	公开 出版	宁夏人民出 版社	2015 年	32 开	6 万	巴州区 图书馆
我的 65 首诗	李利民	四川 巴中	民间 资料		2015 年	未统计	未统计	巴州区 档案馆
心路历程	李利民	四川 巴中	公开 出版	中国电影出 版社	2017 年	32 开	13 万	巴州区 图书馆
开在泥土 的芬芳	李仕民	四川 巴中	公开 出版	中国戏剧出 版社	2014 年	32 开	20 万	巴州区 图书馆

书 名	作者 （编者）	作者 籍贯	文献 类型	出版 / 印刷单位	印刷 时间	开本	字数	收藏者
敬斋土地 （诗歌卷）	主 编： 李仕民	四川 巴中	公开 出版	四川人民出 版社	2015 年	32 开	16 万	巴州区 图书馆
敬斋土地 （散文卷）	主 编： 李仕民	四川 巴中	公开 出版	四川人民出 版社	2015 年	32 开	20 万	巴州区 图书馆
桑榆之春	巴州区老年 人体协		内部 印刷	巴州区老年 人体协	2013 年	32 开	20 万	巴州区 图书馆
诗心情怀	王怀尧	四川 巴中	民间 资料		2020 年	未统计	未统计	巴州区 图书馆
评诗吟黄山	张宗明 彭淑华	四川 巴中	民间 资料		2021 年	16 开	20 万	巴州区 图书馆
人生旅途 的赞歌	张宗明	四川 巴中	民间 资料		不详	32 开	10 万	巴州区 图书馆
才情侠义集	张宗明	四川 巴中	民间 资料		2009 年	32 开	12 万	巴州区 图书馆
论诗词写作	张宗明	四川 巴中	民间 资料		2021 年	16 开	20 万	巴州区 图书馆
张宗明诗词选 第二卷	张宗明	四川 巴中	民间 资料		2004 年	16 开	未统计	通江县 图书馆
张宗明诗词选 第七卷——圆 梦战歌	张宗明	四川 巴中	民间 资料		2018 年	32 开	30 万	巴中市 图书馆
时代心声	张宗明	四川 巴中	民间 资料		2004 年	32 开	20 万	巴中市 图书馆
山路上的背影	李祥光	四川 巴中	公开 出版	四川师范大 学电子出版 社	2013 年	32 开	未统计	巴州区 图书馆
春雨潇潇	李祥光	四川 巴中	公开 出版	燕山出版社	2015 年	32 开	14 万	巴州区 图书馆
土地的名义	李祥光	四川 巴中	公开 出版	四川民族出 版社	2018 年	32 开	14 万	巴州区 图书馆

书 名	作者 （编者）	作者 籍贯	文献 类型	出版/ 印刷单位	印刷 时间	开本	字数	收藏者
归去来兮	李祥光	四川巴中	公开出版	四川美术出版社	2015 年	32 开	15 万	巴州区档案馆
不安的视线	阳 云	四川巴中	公开出版	大众文艺出版社	1999 年	32 开	13 万	巴州区图书馆
人在小城	阳 云	四川巴中	公开出版	青海人民出版社	1997 年	32 开	16 万	恩阳区图书馆
假如狗开口说话	阳 云	四川巴中	公开出版	作家出版社	2007 年	32 开	40 万	恩阳区图书馆
一只狗的现实处境	阳 云	四川巴中	公开出版	四川民族出版社	2017 年	32 开	13 万	恩阳区图书馆
笔走光雾山	阳 云	四川巴中	公开出版	重庆大学出版社	2010 年	16 开	18 万	恩阳区图书馆
我的前世今生	阳 云	四川巴中	公开出版	作家出版社	2004 年	16 开	23 万	巴中市图书馆
雨夜花香	李先国	四川巴中	公开出版	中国文联出版社	2006 年	32 开	12 万	巴州区图书馆
思露无痕	李先国	四川巴中	公开出版	作家出版社	2009 年	32 开	10 万	巴州区图书馆
优昙仙花	魏友杰	四川巴中	公开出版	四川美术出版社	2009 年	32 开	8 万	巴州区图书馆
执着事业 无悔人生	赵 湘	四川巴中	民间资料		2001 年	32 开	10 万	巴州区图书馆
走出底线	杨中平	四川巴中	民间资料		2019 年	32 开	10 万	巴州区图书馆
尊重	张文学	四川巴中	民间资料		2014 年	32 开	1 万	巴州区图书馆
难忘的往事	张文学	四川巴中	民间资料		2011 年	32 开	10 万	巴州区档案馆
哲庐晚风	朱哲文	四川巴中	民间资料		2007 年	32 开	10 万	巴州区图书馆

书　名	作者（编者）	作者籍贯	文献类型	出版／印刷单位	印刷时间	开本	字数	收藏者
拙作心出堪珍	刘有才①	四川巴中	民间资料		2017 年	32 开	15 万	巴州区图书馆
巴中小说选（第一卷）	巴中市小说学会		公开出版	现代出版社	2017 年	16 开	未统计	巴州区图书馆
说天说地	萧方云	四川巴中	民间资料		2019 年	32 开	7 万	巴州区图书馆
谭毅文存（诗歌散文卷）	谭　毅	四川巴中	公开出版	成都时代出版社	2005 年	32 开	19 万	巴州区图书馆
联咏巴中	谭　毅	四川巴中	公开出版	大众文艺出版社	2008 年	未统计	28 万	巴中市图书馆
心海浪花	谭　毅	四川巴中	民间资料		2015 年	16 开	30 万	巴州区图书馆
谈天文集——诗咏巴中	谭　毅	四川巴中	公开出版	大众文艺出版社	2008 年	32 开	28 万	巴州区图书馆
为心找条回家的路	胡清华	四川巴中	公开出版	大众文艺出版社	2013 年	32 开	17 万	巴州区图书馆
诗韵巴中	胡清华	四川巴中	公开出版	四川师范大学电子出版社	2022 年	16 开	36 万	巴州区文化馆
行走巴中	胡清华	四川巴中	公开出版	四川师范大学电子出版社	2022 年	16 开	21 万	巴州区文化馆
读书笔记	陈光伟	四川巴中	民间资料		2001 年	32 开	10 万	巴州区图书馆
梦里梦外	刘　丽	四川巴中	民间资料		不详	未统计	未统计	巴州区图书馆
叱咤风云	任国强	四川巴中	民间资料		1999 年	32 开	6 万	巴州区图书馆

---

① 刘有才：曾在巴中当知青。

书　名	作者（编者）	作者籍贯	文献类型	出版/印刷单位	印刷时间	开本	字数	收藏者
春华秋实	江春华	四川巴中	公开出版	大众文艺出版社	2006 年	32 开	10 万	巴州区图书馆
儿女情	王永明	四川巴中	民间资料		1989 年	32 开	18 万	巴州区图书馆
消磨	何映朝	四川巴中	民间资料		2001 年	32 开	20 万	巴州区图书馆
夕阳录	王继全	四川巴中	民间资料		2015 年	32 开	10 万	巴州区图书馆
灯光	罗宝寿	四川巴中	内部资料	恩阳中学	2003 年	32 开	9 万	巴州区图书馆
晚年思绪集	吴成功	四川巴中	民间资料		2015 年	32 开	8 万	巴州区图书馆
巴山情怀	张浩良	四川巴中	公开出版	大众文艺出版社	2007 年	32 开	11 万	巴州区图书馆
随缘	张浩良	四川巴中	公开出版	中国三峡出版社	2000 年	32 开	11 万	巴州区图书馆
绿色情缘	张浩良	四川巴中	公开出版	大众文艺出版社	2003 年	32 开	10 万	巴州区图书馆
田园秋色	张浩良	四川巴中	公开出版	中国文联出版社	2013 年	32 开	15 万	景瑞三
感悟乡土	张浩良	四川巴中	公开出版	中国文联出版社	2008 年	32 开	10 万	景瑞三
脚步	张浩良	四川巴中	公开出版	四川美术出版社	2017 年	未统计	20 万	景瑞三
水木云天望星汉	张浩良	四川巴中	民间资料		2021 年	未统计	25 万	景瑞三
诺水风情	张浩良	四川巴中	民间资料		2001 年	32 开	14 万	景瑞三
方寸乡土天地宽	张浩良	四川巴中	公开出版	大众文艺出版社	2007 年	32 开	10 万	景瑞三

书 名	作者（编者）	作者籍贯	文献类型	出版/印刷单位	印刷时间	开本	字数	收藏者
太阳照在花成溪	张秉直 岳绍飞	四川巴中	内部资料	巴州区化成工委	2001 年	32 开	未统计	巴州区教科体局
人间烟火	李琢成	四川巴中	民间资料		2003 年	32 开	15 万	巴州区图书馆
绿肥红瘦	李琢成	四川巴中	公开出版	大众文艺出版社	2006 年	32 开	16 万	巴中市图书馆
小草青青淡淡香	李琢成	四川巴中	公开出版	作家出版社	2010 年	32 开	10 万	巴中市图书馆
栖霞含笑	李琢成	四川巴中	公开出版	作家出版社	2018 年	32 开	16 万	作者
行进在没有终点的路上	李琢成	四川巴中	公开出版	中国文联出版社	2014 年	32 开	9 万	作者
爱浸红初心	李欣蔓	四川巴中	内部资料	巴州区作协	2020 年	32 开	27 万	巴州区图书馆
裂变	李欣蔓	四川巴中	公开出版	四川民族出版社	2021 年	32 开	16 万	巴州区作协
时间的重量	李欣蔓	四川巴中	公开出版	中国文联出版社	2013 年	未统计	未统计	巴州区作协
诗歌选集	巴中县甘泉文艺组		内部资料	巴中县甘泉文艺组	1974 年	32 开	未统计	巴州区档案馆
巴山风	朱仕珍	四川巴中	内部资料	巴中文化馆	1996 年	16 开	未统计	巴州区档案馆
南龛楹联诗词选	巴中县政协		内部资料	巴中县政协	1982 年	16 开	未统计	巴州区档案馆
巴山游击队	辛大明 王永明 杨贵华	四川巴中	公开出版	农村读物出版社	1987 年	32 开	39 万	巴州区档案馆
映山红	王永明 曾精明	四川巴中	内部资料	巴中县委党史办	1984 年	32 开	未统计	巴州区档案馆

书 名	作者 （编者）	作者 籍贯	文献 类型	出版／ 印刷单位	印刷 时间	开本	字数	收藏者
文哲诗选	朱文哲	四川 巴中	民间 资料		1997 年	32 开	2 万	巴州区 档案馆
青涩的背影	潘尔华	四川 巴中	公开 出版	作家出版社	2015 年	32 开	15 万	巴州区 档案馆
梦的窗口	潘尔华	四川 巴中	公开 出版	大众文艺出 版社	2013 年	未统计	未统计	巴州区 档案馆
心中的灯	潘尔华	四川 巴中	公开 出版	重庆出版社	2004 年	16 开	10 万	巴州区 图书馆
舒雨湖诗选	舒雨湖	四川 巴中	公开 出版	中国文联出 版社	2013 年	未统计	未统计	巴州区 档案馆
阿 beng 正传	舒雨湖	四川 巴中	公开 出版	远方出版社	2008 年	未统计	未统计	巴州区 档案馆
磨子记	舒雨湖	四川 巴中	公开 出版	成都时代出 版社	2018 年	未统计	未统计	巴州区 档案馆
四月的早上	舒雨湖	四川 巴中	公开 出版	远方出版社	2008 年	32 开	未统计	巴州区 档案馆
把梦想 写在水上	舒雨湖	四川 巴中	公开 出版	远方出版社	2005 年	32 开	20 万	巴州区 档案馆
大山的良心	郭仕荣	四川 巴中	公开 出版	作家出版社	2017 年	未统计	未统计	巴州区 档案馆
灵魂的芳香	余嗣中	四川 巴中	公开 出版	团结出版社	2017 年	32 开	20 万	巴州区 档案馆
泥娃娃	孙澜僖	四川 巴中	公开 出版	中央编译出 版社	2017 年	32 开	未统计	巴州区 档案馆
湖畔听棠	孙澜僖	四川 巴中	公开 出版	光明日报出 版社	2018 年	32 开	15 万	巴州区 档案馆
洪炉诗赋	赵洪禄	四川 巴中	公开 出版	中国文联出 版社	2017 年	32 开	29 万	巴州区 档案馆
宁静的山间	陈太林	四川 巴中	公开 出版	团结出版社	2019 年	未统计	未统计	巴州区 档案馆

书 名	作者（编者）	作者籍贯	文献类型	出版/印刷单位	印刷时间	开本	字数	收藏者
诗心诗怀	王怀尧	四川巴中	民间资料		2020 年	未统计	未统计	巴州区档案馆
字水流韵	王怀尧	四川巴中	民间资料		2021 年	16 开	15 万	巴州区档案馆
忠诚	罗 忠	四川巴中	公开出版	红旗出版社	2010 年	32 开	18 万	巴州区档案馆
感恩的情怀	张会德	四川巴中	民间资料		2014 年	16 开	21 万	巴州区档案馆
幽梦还乡	徐元富	四川巴中	公开出版	四川民族出版社	2016 年	16 开	16 万	巴州区档案馆
乐观	雷 文	四川巴中	公开出版	四川民族出版社	2015 年	未统计	未统计	巴州区档案馆
永远的微笑	张学党	四川巴中	公开出版	四川民族出版社	2017 年	32 开	8 万	巴州区档案馆
千秋诗词颂巴中	白宗湘	四川巴中	公开出版	中国文联出版社	2007 年	32 开	50 万	巴州区档案馆
风雨人生	张友俊 唐绍兰	四川巴中	民间资料		不详	16 开	30 万	作者
滚烫的土地	曾精明	四川巴中	公开出版	四川文艺出版社	1994 年	32 开	7 万	恩阳区图书馆
大巴山的怀念	王永明 曾精明	四川巴中	公开出版	解放军出版社	1990 年	32 开	12 万	恩阳区图书馆
峥嵘岁月	周文德 吴化金	四川巴中	公开出版	成都科技大学出版社	1992 年	32 开	19 万	恩阳区图书馆
古诗佳话	王正义	四川巴中	民间资料		2003 年	32 开	10 万	恩阳区图书馆
曾经的橄榄林	陈 俊	四川巴中	公开出版	中国三峡出版社	1998 年	32 开	14 万	恩阳区图书馆
三月桃花问春风	陈 俊	四川巴中	公开出版	作家出版社	2008 年	32 开	28 万	恩阳区图书馆

书　名	作者 （编者）	作者 籍贯	文献 类型	出版／ 印刷单位	印刷 时间	开本	字数	收藏者
故园春色	杨开怀	四川 巴中	公开 出版	巴蜀书社	1999 年	32 开	12 万	恩阳区 图书馆
人间真情	闫淑兰	四川 巴中	民间 资料		2019 年	32 开	8 万	恩阳区 图书馆
古诗文名句 集锦	苟　刚	四川 巴中	民间 资料		2003 年	32 开	3 万	恩阳区 图书馆
巴中诗文	李旭升	四川 巴中	公开 出版	四川人民出 版社	2006 年	32 开	26 万	恩阳区 图书馆
醉美巴山	李利春	四川 巴中	公开 出版	现代文学出 版社	2020 年	16 开	17 万	恩阳区 图书馆
龙鸣晚风	雷阳泽	四川 巴中	民间 资料		2020 年	32 开	9 万	恩阳区 图书馆
龙鸣诗选	雷阳泽	四川 巴中	公开 出版	中国文联出 版社	2007 年	32 开	7 万	恩阳区 图书馆
龙鸣吟草	雷阳泽	四川 巴中	民间 资料		2013 年	32 开	8 万	巴中市 图书馆
自在与坚守	程林斌	四川 巴中	民间 资料		2015 年	32 开	未统计	巴中市 史志馆
扶正：书记与 富豪	吴太尚	四川 巴中	公开 出版	新疆人民出 版社	2003 年	16 开	30 万	巴中市 图书馆
逝者如斯	邱启光	四川 巴中	民间 资料		2013 年	16 开	17 万	巴中市 史志馆
永恒的情怀	张崇鱼	四川 巴中	民间 资料		2012 年	32 开	4 万	川陕革 命根据 地博物 馆
双榆笔录	张崇鱼	四川 巴中	内部 资料	川陕苏区将 帅碑林管委 办	2007 年	未统计	15 万	景瑞三

书 名	作者（编者）	作者籍贯	文献类型	出版／印刷单位	印刷时间	开本	字数	收藏者
情系碑林	张崇鱼	四川巴中	内部资料	川陕苏区将帅碑林纪念馆	2019 年	32 开	10 万	川陕革命根据地博物馆
我的五百首顺口溜	张崇鱼	四川巴中	内部资料	川陕苏区将帅碑林纪念馆	2002 年	32 开	3 万	川陕革命根据地博物馆
我的五百首顺口溜（续集）	张崇鱼	四川巴中	内部出版	川陕苏区将帅碑林纪念馆	2014 年	32 开	8 万	川陕革命根据地博物馆
红色天骄	杨贵华	四川巴中	公开出版	宁夏人民出版社	2012 年	16 开	98 万	川陕革命根据地博物馆
跋涉者之歌	王永明 杨贵华	四川巴中	公开出版	农村读物出版社	1987 年	32 开	26 万	巴州区图书馆
荒园漫步	王正池	四川巴中	公开出版	作家出版社	2016 年	32 开	6 万	巴中市图书馆
蓓蕾	刘　睿	四川巴中	民间资料		2012 年	32 开	12 万	巴中市图书馆
王吉安诗词书法集（1）	王吉安	四川宣汉	民间资料		2013 年	16 开	10 万	巴中市图书馆
王吉安诗词书法集（2）	王吉安	四川宣汉	民间资料		2019 年	16 开	10 万	巴中市图书馆
梦想·希望	巴中市文化馆		内部资料	巴中市文化馆	不详	16 开	未统计	巴中市图书馆
漫步征程	余必显	四川巴中	民间资料		2003 年	32 开	7 万	巴中市图书馆
古风新韵	余必显	四川巴中	内部出版		2013 年	32 开	7 万	巴中市图书馆

书 名	作者（编者）	作者籍贯	文献类型	出版／印刷单位	印刷时间	开本	字数	收藏者
漫漫征程	余必显	四川巴中	内部出版		2006 年	32 开	27 万	巴中市图书馆
人生密码	李必强	四川巴中	公开出版	中国文联出版社	2004 年	16 开	18 万	巴中市图书馆
恋山庐诗选	李必强	四川巴中	民间资料		2012 年	32 开	10 万	巴中市图书馆
叩动心灵	刘大喜	四川巴中	公开出版	大众文艺出版社	2012 年	16 开	45 万	巴中市图书馆
微笑的苹果	陈礼贤	四川巴中	公开出版	新疆美术摄影出版社	2011 年	16 开	25 万	巴中市图书馆
乡村记（散文）	陈礼贤	四川巴中	公开出版	中国文联出版社	2015 年	32 开	15 万	巴中市图书馆
临水的细浪	张万林	四川巴中	公开出版	大众文艺出版社	2009 年	32 开	18 万	巴中市图书馆
不要以为我爱你	陈学知	四川巴中	公开出版	中国书籍出版社	2015 年	32 开	23 万	巴中市图书馆
慈念善行	赵勇灵 赵莨宇 唐 群	四川巴中	公开出版	四川美术出版社	2017 年	16 开	26 万	巴中市图书馆
蛮音声声	赵勇灵 赵莨宇 唐 群	四川巴中	民间资料	西南文化传媒中心	2017 年	16 开	26 万	巴中市图书馆
青春苦旅	赵勇灵	四川巴中	公开出版	中国三峡出版社	2004 年	32 开	10 万	巴中市图书馆
大河之舞	罗伟章	四川巴中	公开出版	四川文艺出版社	1996 年	32 开	6 万	巴中市图书馆
看山的风景	黄海东	四川巴中	公开出版	四川美术出版社	2018 年	16 开	20 万	巴中市图书馆
家园梦幻	黄海东	四川巴中	公开出版	中国三峡出版社	2004 年	32 开	18 万	巴中市图书馆

书 名	作者 （编者）	作者 籍贯	文献 类型	出版／ 印刷单位	印刷 时间	开本	字数	收藏者
故乡在炊烟中	黄海东	四川 巴中	公开 出版	中国文联出 版社	2012 年	32 开	23 万	南江县 图书馆
平碌一生	邱龙睦	四川 巴中	民间 资料		2017 年	16 开	26 万	巴中市 图书馆
秋叶集	张发安	四川 巴中	民间 资料		2014 年	32 开	2 万	巴中市 图书馆
风念经	王志国①	四川 阿坝	公开 出版	大众文艺出 版社	2011 年	32 开	20 万	巴中市 图书馆
春风谣	王志国	四川 阿坝	公开 出版	长江文艺出 版社	2015 年	16 开	未统计	巴中市 图书馆
光阴慢	王志国	四川 阿坝	公开 出版	作家出版社	2017 年	16 开	未统计	巴中市 图书馆
微凉	王志国	四川 阿坝	公开 出版	四川民族出 版社	2017 年	32 开	未统计	巴中市 图书馆
山间归来兮	王志国	四川 阿坝	公开 出版	作家出版社	2017 年	16 开	未统计	巴中市 图书馆
星草集	张 灿	四川 巴中	民间 资料		2004 年	32 开	6 万	巴中市 图书馆
小窗物语	郑 州	四川 巴中	民间 资料		2009 年	16 开	10 万	巴中市 图书馆
梦的传说	灵 鹏	四川 巴中	公开 出版	中国文史出 版社	2016 年	32 开	20 万	巴中市 图书馆
大山的良心	郭士荣	四川 巴中	公开 出版	作家出版社	2017 年	32 开	18 万	巴中市 图书馆
心路历程	冯军义	四川 巴中	公开 出版	中国文联出 版社	2015 年	32 开	30 万	巴中市 图书馆

---

① 王志国：巴中工作。

书　名	作者（编者）	作者籍贯	文献类型	出版/印刷单位	印刷时间	开本	字数	收藏者
字水清风	叶兴清	四川巴中	民间资料		2019 年	未统计	18 万	巴中市图书馆
风雨岁月	王志聪	四川巴中	公开出版	作家出版社	2011 年	32 开	10 万	巴中市图书馆
桃围春秋	苟勤暄	四川巴中	民间资料		2006 年	未统计	18 万	巴中市图书馆
三九泉	苟勤暄	四川巴中	民间资料		不详	未统计	30 万	巴中市图书馆
随想偶记	肖方云	四川巴中	民间资料		2008 年	未统计	20 万	巴中市图书馆
多彩的家乡	萧佐远	四川巴中	民间资料		2007 年	未统计	20 万	巴中市图书馆
黄昏随笔	龚联级	四川巴中	民间资料		2013 年	未统计	30 万	巴中市图书馆
岁月情文	余新凯	四川巴中	民间资料		2005 年	未统计	12 万	巴中市图书馆
夕阳心声墨痕（上部）	余新凯	四川巴中	民间资料		2012 年	16 开	10 万	景瑞三
夕阳心声墨痕（下部）	余新凯	四川巴中	民间资料		2012 年	16 开	20 万	景瑞三
大地情深	夏铭锤	四川巴中	民间资料		2017 年	16 开	33 万	巴中市图书馆
红色八成	喻哲文	四川巴中	民间资料		不详	未统计	30 万	巴中市图书馆
朝天诗韵	黄芝龙	四川巴中	民间资料		2013 年	未统计	30 万	巴中市图书馆
斗量人生	李　琦	四川巴中	民间资料		2013 年	未统计	25 万	巴中市图书馆
家事春秋	李　琦	四川巴中	民间资料		2008 年	16 开	3.2 万	巴中市图书馆

书 名	作者 (编者)	作者 籍贯	文献 类型	出版 / 印刷单位	印刷 时间	开本	字数	收藏者
豪情岁月 (春)	李诗定	四川 巴中	公开 出版	中国电影出 版社	不详	未统计	未统计	巴中市 图书馆
豪情岁月 (夏)	李诗定	四川 巴中	公开 出版	中国电影出 版社	不详	未统计	未统计	巴中市 图书馆
豪情岁月 (秋)	李诗定	四川 巴中	公开 出版	中国电影出 版社	不详	未统计	未统计	巴中市 图书馆
豪情岁月 (冬)	李诗定	四川 巴中	公开 出版	中国电影出 版社	不详	未统计	未统计	巴中市 图书馆
凯风	何 凯	四川 巴中	公开 出版	四川民族出 版社	2004 年	未统计	24.2 万	巴中市 图书馆
幸福的距离	李 梅[①]	四川 阆中	公开 出版	大众文艺出 版社	2009 年	32 开	15 万	巴中市 图书馆
心有月光	杨章圣	四川 巴中	公开 出版	中国文联出 版社	2011 年	32 开	13 万	巴中市 图书馆
巴州名胜诗文 集锦	蔡一星	四川 巴中	内部 资料	巴中市政协	2016 年	16 开	12 万	巴中市 图书馆
古诗体裁 五十种	蔡一星	四川 巴中	民间 资料		1999 年	32 开	8 万	巴中市 图书馆
文联诗选集 (上下册)	蔡一星	四川 巴中	民间 资料		不详	32 开	15 万	景瑞三
旅足留踪	张 郁	四川 巴中	民间 资料		2020 年	16 开	60 万	巴中市 图书馆
巴山小草集	朱武大	四川 巴中	内部 资料	巴州区花丛 镇政府	2012 年	32 开	10 万	巴中市 图书馆
回望烟雨故园	王 萌	四川 巴中	公开 出版	光明日报出 版社	2015 年	32 开	20 万	巴中市 图书馆

---

① 李梅：曾在巴中工作。

书　名	作者（编者）	作者籍贯	文献类型	出版/印刷单位	印刷时间	开本	字数	收藏者
今夜，我可以叩开你半掩的门扉	王安全	四川巴中	公开出版	中国文联出版社	2011年	未统计	24万	巴中市图书馆
霓虹闪烁	宋孝义	四川巴中	公开出版	中国文联出版社	2013年	未统计	22万	巴中市图书馆
翠色临窗	钟永国	四川巴中	公开出版	新疆大学出版社	1994年	16开	122万	巴中市图书馆
心的呼唤	孙　胜	四川巴中	公开出版	四川美术出版社	2006年	16开	165万	巴中市图书馆
放歌足迹	王明渊	四川巴中	公开出版	作家出版社	2003年	16开	8万	巴中市图书馆
江口醇小角楼诗词选	平昌人大教科卫委 等		内部资料	平昌县人大常委会	1998年	16开	2万	巴中市图书馆
鸿嘏随笔	彭天锡	四川巴中	内部资料	四川天之兰文化传媒有限公司	2016年	未统计	14万	巴中市图书馆
华夏文明之歌——附录古代巴人巴州石窟和川陕苏区研究	苟廷一	四川巴中	内部资料		1992年	16开	30万	巴中市图书馆
千家艺笔彩汉巴	苟廷一	四川巴中	内部资料	川陕革命根据地博物馆	2001年	32开	30万	巴州区档案馆
漫漫征程	余必显	四川巴中	民间资料		2006年	32开	27万	巴中市图书馆
父子春秋	李焕学 李　勇	四川巴中	民间资料		2005年	32开	12万	巴中市图书馆
慎独斋诗词选	巴州区政协文史资料委员会		内部资料	巴州区政协	2009年	32开	10万	巴中市图书馆

书 名	作者（编者）	作者籍贯	文献类型	出版／印刷单位	印刷时间	开本	字数	收藏者
红色号角	洪荣华 王明渊 朱宗玉	四川巴中	公开出版	四川人民出版社	1991 年	32 开	30 万	巴中市图书馆
诗化成语	朱大武	四川巴中	民间资料		2020 年	32 开	10 万	巴中市图书馆
三江·梦里水乡	巴中市作协		公开出版	大众文艺出版社	2005 年	32 开	12 万	巴中市图书馆
荒园慢步	王正池	四川巴中	公开出版	作家出版社	2016 年	32 开	6 万	巴中市图书馆
茶余饭后	周文炯	四川巴中	公开出版	四川民族出版社	2019 年	32 开	16 万	巴中市图书馆
暇豫居诗集	张仕生	四川巴中	民间资料		2020 年	未统计	18 万	巴中市图书馆
赵云波诗文选	赵云波	四川巴中	公开出版	山西人民出版社	2017 年	16 开	26 万	巴中市图书馆
米槐诗集	米 槐	四川巴中	民间资料		2007 年	32 开	5 万	景瑞三
走向都市	付书华	四川巴中	公开出版	北岳文艺出版社	2009 年	16 开	30 万	景瑞三
风雨春秋	冉崇华	四川巴中	民间资料		2009 年	32 开	15 万	景瑞三
人生感悟	冉崇华	四川巴中	民间资料		2008 年	32 开	8 万	景瑞三
水吟云闲	李信中	四川巴中	公开出版	中国文联出版社	2007 年	32 开	8 万	景瑞三
日宗诗文集	张日宗	四川巴中	民间资料		2010 年	32 开	8 万	景瑞三
梦圆长征	李书敏	四川巴中	民间资料		2018 年	32 开	10 万	景瑞三

书　名	作者 （编者）	作者 籍贯	文献 类型	出版／ 印刷单位	印刷 时间	开本	字数	收藏者
巴山风	白崇湘	四川 巴中	公开 出版	大众文艺出 版社	2001 年	32 开	5 万	景瑞三
千秋诗词 颂巴中	白崇湘	四川 巴中	公开 出版	中国文联出 版社	2001 年	32 开	8 万	景瑞三
巴中文史诗歌 专集	巴中市政协 文史委		内部 资料	巴中市政协	1999 年	32 开	5 万	景瑞三
百年回首	焉发远	四川 巴中	民间 资料		2019 年	16 开	10 万	景瑞三
逆光	罗凤鸣	四川 巴中	公开 出版	中国文联出 版社	2014 年	16 开	13 万	景瑞三
风往脸上吹	罗凤鸣	四川 巴中	公开 出版	阳光出版社	2022 年	32 开	10 万	景瑞三
废纸	罗凤鸣	四川 巴中	公开 出版	团结出版社	2019 年	32 开	8 万	景瑞三
献词	罗凤鸣	四川 巴中	公开 出版	宁夏人民出 版社	2017 年	32 开	15 万	景瑞三
倒行者	罗凤鸣	四川 巴中	公开 出版	黄河出版传 媒集团	2020 年	未统计	11 万	景瑞三
岁月的回声	罗凤鸣	四川 巴中	内部 资料	巴中县委宣 传	1992 年	32 开	43 万	景瑞三
激情年华	周登全①	四川 达州	内部 出版		2009 年	16 开	26 万	景瑞三
这山这水这城 ——巴中广电 职工文学作品 选	巴中广播电 视台		内部 资料	巴中广播电 视局	2003 年	32 开	20 万	景瑞三
明江放歌	张奎元	四川 巴中	公开 出版	中国文史出 版社	2001 年	32 开	32 万	景瑞三

① 周登全：曾在巴中工作。

书 名	作者 （编者）	作者 籍贯	文献 类型	出版／ 印刷单位	印刷 时间	开本	字数	收藏者
尘风疏影	周 游①	四川 宣汉	公开 出版	中国文联出 版社	2012 年	16 开	未统计	景瑞三
惊鸿弄影	周 游	四川 宣汉	公开 出版	作家出版社	2006 年	32 开	16 万	景瑞三
南龛诗文选	刘 瑞	四川 巴中	公开 出版	大众文艺出 版社	2009 年	32 开	26 万	景瑞三
残缘	邹 瑾②	四川 宣汉	公开 出版	中国三峡出 版社	2000 年	32 开	18 万	景瑞三
走出心墙	邹 瑾	四川 宣汉	公开 出版	大众文艺出 版社	2007 年	16 开	20 万	景瑞三
心溪泥缘	邹 瑾	四川 宣汉	公开 出版	青海人民出 版社	1997 年	32 开	13 万	景瑞三
县南风物	陈登枢	四川 巴中	内部 出版	南江县诗词 学会	2007 年	32 开	16 万	景瑞三
筱园之春	陈登枢	四川 巴中	民间 资料		2007 年	32 开	10 万	景瑞三
非非想思录	蔡绪新	四川 巴中	民间 资料		2009 年	32 开	15 万	景瑞三
生活诗词	吴作锐	四川 巴中	民间 资料		2008 年	32 开	10 万	景瑞三
博爱新古体诗 词选	唐思孝	四川 巴中	公开 出版	伊犁人民出 版社	1998 年	32 开	5 万	景瑞三
风雨晴	雷 华	四川 巴中	民间 资料		2008 年	32 开	未统计	景瑞三
风吹过的时光 （散文集）	熊光林	四川 巴中	公开 出版	四川教育出 版社	2008 年	32 开	7 万	景瑞三

① 周游：巴中工作。
② 邹瑾：曾在巴中工作。

书 名	作者（编者）	作者籍贯	文献类型	出版/印刷单位	印刷时间	开本	字数	收藏者
水流过的岁月	熊光林	四川巴中	公开出版	成都时代出版社	2016 年	16 开	20 万	景瑞三
淌过心灵的河流	周苍林	四川巴中	公开出版	内蒙古人民出版社	2010 年	32 开	10 万	景瑞三
诗境映象——光雾山诗象	何柏才 余小文	四川巴中	公开出版	云南美术出版社	2012 年	未统计	未统计	景瑞三
遇见	莫昱超 易子荇	四川巴中	公开出版	中国华侨出版社	2022 年	32 开	未统计	景瑞三
如虹	李先钰	四川巴中	公开出版	中国文联出版社	2013 年	未统计	18 万	景瑞三
巴河的早晨	亦 然	四川巴中	公开出版	大众文艺出版社	2008 年	32 开	未统计	景瑞三
通河无言	亦 然	四川巴中	公开出版	作家出版社	2007 年	32 开	36 万	景瑞三
布景者	李清荷	四川巴中	公开出版	四川民族出版社	2015 年	32 开	15 万	景瑞三
戴着斗笠的诗	周延奎	四川巴中	公开出版	作家出版社	2012 年	32 开	5 万	景瑞三
清明	张茂彬	四川巴中	公开出版	太白文艺出版社	2009 年	32 开	未统计	景瑞三
夏日午后	棱 子	四川巴中	民间资料		2004 年	32 开	10 万	景瑞三
心的呼唤	孙 胜	四川巴中	公开出版	四川美术出版社	2006 年	32 开	17 万	景瑞三
雪色迷彩	冯 杨	四川巴中	民间资料		2006 年	32 开	未统计	景瑞三
杀牛的金花	主 编：张秉直 副主编：程惠映	四川巴中	民间资料		2014 年	32 开	10 万	景瑞三

书 名	作者（编者）	作者籍贯	文献类型	出版/印刷单位	印刷时间	开本	字数	收藏者
我们的风采	巴中广播电视局		内部出版	巴中广播电视局	2003年	16开	未统计	景瑞三
巴山流韵	谭启九	四川巴中	公开出版	西安地图出版社	2002年	32开	25万	景瑞三
纸月亮	张学金	四川巴中	公开出版	大众文艺出版社	2009年	未统计	22万	景瑞三
约风铃	张学金	四川巴中	公开出版	四川文艺出版社	2011年	未统计	17万	景瑞三
太阳是个牧童	钱三炯	四川巴中	公开出版	黑龙江人民出版社	2020年	16开	19万	景瑞三
小时候	周 东 周洪洋	四川巴中	公开出版	四川少儿出版社	2020年	32开	23万	作者
风雨人生	张友俊 唐绍兰	四川巴中	民间资料		不详	16开	30万	作者
在远山想你	杨勇忠	四川南江	民间资料		1997年	32开	10万	巴州区图书馆
不舍的旅程	谢艳阳	四川南江	公开出版	现代出版社	2007年	32开	20万	巴州区图书馆
发芽的云朵	谢艳阳	四川南江	公开出版	四川民族出版社	2018年	32开	15万	巴州区图书馆
风走路	谢艳阳	四川南江	公开出版	作家出版社	2009年	32开	15万	巴州区图书馆
乡音诉说	谢艳阳	四川南江	公开出版	中国文联出版社	2012年	32开	16万	巴州区图书馆
水流向上	谢艳阳	四川南江	公开出版	中国文联出版社	2012年	32开	10万	巴州区图书馆
那些绕指的轻柔	谢艳阳	四川南江	公开出版	作家出版社	2009年	32开	10万	巴州区图书馆
南江诗文选（上册）	南江县委组织部		内部资料	南江县委组织部	1992年	32开	19万	恩阳区图书馆

书 名	作者（编者）	作者籍贯	文献类型	出版/印刷单位	印刷时间	开本	字数	收藏者
南江诗文选（下册）	南江县委组织部		内部资料	南江县委组织部	1992年	32开	43万	南江县图书馆
攸关	岳鹏	四川南江	公开出版	团结出版社	2020年	32开	7万	恩阳区图书馆
雅韵南江（第二版）	颜邦辉	四川南江	公开出版	西南财经大学出版社	2015年	16开	12万	作者
独步长征	赵太国	四川南江	公开出版	解放军文艺出版社	2011年	16开	49万	南江县档案馆
心言集	唐六中	四川南江	民间资料		2003年	32开	23万	南江县档案馆
光雾山风情	雷发远	四川南江	内部资料		不详	32开	12万	南江县档案馆
光雾山风情（二）	雷远发	四川南江	内部资料	南江县诗词楹联学会	2006年	32开	2万	南江县档案馆
松风集	陈飞伯	四川南江	内部资料	南江县诗词楹联学会	2000年	32开	5万	南江县档案馆
南江小巫峡	南江县诗词楹联学会		内部资料	南江县诗词楹联学会	2003年	32开	2万	南江县档案馆
莬夫集	饶季壁	四川南江	内部资料	南江县诗词楹联学会	2005年	32开	2万	南江县档案馆
巴山翡翠	南江县诗词楹联学会		内部资料	南江县诗词楹联学会	2003年	32开	10万	南江县档案馆
槐花吟	王德合 王华	四川南江	内部资料	南江县诗词楹联学会	2004年	32开	10万	南江县档案馆
杜陵余韵	杜荣	四川南江	内部资料	南江县诗词楹联学会	2001年	32开	12万	南江县档案馆
情缘	阎盛明	四川南江	内部资料	南江县诗词楹联学会	2005年	32开	10万	南江县档案馆
竹雅集	何雍修	四川南江	内部资料	南江县诗词楹联学会	2005年	32开	5万	南江县档案馆

书 名	作者（编者）	作者籍贯	文献类型	出版/印刷单位	印刷时间	开本	字数	收藏者
枕流斋诗文集（续集）	岳又修	四川南江	内部资料	南江县诗词楹联学会	2004年	32开	9万	南江县档案馆
出行集	董绍达	四川南江	内部资料	成都金牛区文化艺术联合会	2005年	32开	2万	南江县档案馆
生命的绿色	赵太国	四川南江	公开出版	时代文艺出版社	2011年	32开	2万	南江县档案馆
激情	赵锡暇	四川南江	内部资料	南江县文体局	2004年	32开	2万	南江县档案馆
激情（第二集）	赵锡暇	四川南江	内部资料	南江县诗词楹联学会	2008年	32开	15万	南江县图书馆
激情（第三集）	赵锡暇	四川南江	内部资料	南江县诗词楹联学会	2010年	32开	19万	南江县图书馆
一条玉带连川陕	黄海东	四川南江	公开出版	内蒙古人民出版社	2011年	32开	13万	南江县档案馆
看山的风景	黄海东	四川南江	公开出版	四川美术出版社	2018年	16开	未统计	景瑞三
故乡在炊烟中	黄海东	四川南江	公开出版	中国文联出版社	2012年	未统计	未统计	景瑞三
犁沟	黄海东	四川南江	民间资料		1998年	32开	16万	景瑞三
梦幻	黄海东	四川南江	公开出版	中国三峡出版社	2004年	16开	20万	景瑞三
我春秋	李 卓	四川南江	民间资料		2005年	32开	3万	景瑞三
红绿灯	李 卓	四川南江	内部出版		2004年	32开	3万	景瑞三
中言	李 卓	四川南江	民间资料		2010年	未统计	未统计	景瑞三
微霞合璧	李 卓 李 琦	四川南江	民间资料		2016年	32开	5万	景瑞三

书 名	作者（编者）	作者籍贯	文献类型	出版/印刷单位	印刷时间	开本	字数	收藏者
晚晴诗集（1）	南江老年大学		内部资料	南江老年大学	1997年	32开	14万	南江县档案馆
晚晴诗集（2）	南江老年大学		内部资料	南江老年大学	1999年	32开	17万	南江县档案馆
喋血大巴山	潘广严	四川南江	公开出版	大众文艺出版社	2006年	32开	25万	南江县委党史研究室
红烛	肖南根	四川南江	内部出版	南江县老科协	2010年	32开	10万	南江县图书馆
红叶遍巴山	肖南根	四川南江	民间资料		2007年	32开	14万	南江县图书馆
巴山小巫峡	南江县诗词楹联学会		内部资料	南江县诗词楹联学会	不详	32开	22万	南江县图书馆
远山的呼唤	惠芝涌	四川南江	民间资料		2018年	16开	36万	南江县图书馆
春山	惠芝涌	四川南江	公开出版	海峡文艺出版社	2020年	16开	23万	南江县图书馆
光雾山情韵	岳旭政	四川南江	民间资料		2014年	32开	26万	南江县图书馆
奇秀光雾山	黄治新	四川南江	内部出版	南江县政协	2008年	32开	6万	南江县图书馆
松桧诗文集	赵子爵	四川南江	内部出版	南江县老科协	2011年	32开	6万	南江县图书馆
琴鹤诗文集	赵子爵	四川南江	内部资料	南江县诗词楹联学会	2000年	32开	6万	南江县图书馆
钟声	李晨星	四川南江	内部出版	南江县诗词楹联学会	2005年	32开	3万	南江县图书馆
诗秀光雾山	杨鹄昉	四川南江	公开出版	大众文艺出版社	2013年	32开	3万	南江县图书馆
兴国文集	岳兴国	四川南江	内部出版	南江县诗词楹联学会	2011年	32开	9万	南江县图书馆

书　名	作者 （编者）	作者 籍贯	文献 类型	出版 / 印刷单位	印刷 时间	开本	字数	收藏者
兴国文集 （续集）	岳兴国	四川 南江	民间 资料		2011 年	32 开	3 万	南江县 图书馆
血色黎明	宋孝义 张　英	四川 南江	公开 出版	中国文联出 版社	2015 年	16 开	41 万	南江县 图书馆
不亮底牌	宋孝义 牟宗太 熊成德	四川 南江	公开 出版	新疆人民出 版社	2003 年	32 开	43 万	南江县 图书馆
霓虹闪烁	宋孝义	四川 南江	公开 出版	中国文联出 版社	2013 年	32 开	40 万	南江县 图书馆
沙棘红了	宋孝义	四川 南江	公开 出版	中国戏剧出 版社	2014 年	32 开	30 万	南江县 图书馆
白手印	谭守勋	四川 南江	公开 出版	作家出版社	2007 年	32 开	16 万	南江县 图书馆
云顶恋	谭守勋	四川 南江	民间 资料		2013 年	32 开	20 万	南江县 图书馆
松翁子林 诗文集	杜子林	四川 南江	民间 资料		2010 年	32 开	15 万	南江县 图书馆
难以忘却的 记忆	陈俊明	四川 南江	民间 资料		2012 年	32 开	28 万	南江县 图书馆
山行集	董绍达	四川 南江	民间 资料		1984 年	32 开	32 万	南江县 图书馆
山行集 （续集）	董绍达	四川 南江	民间 资料		不详	32 开	17 万	南江县 图书馆
大巴山留影	蒋家邦	四川 南江	内部 出版	南江县诗词 楹联学会	2006 年	32 开	27 万	南江县 图书馆
清风集	翟文荣	四川 南江	内部 出版	南江县诗词 楹联学会	2001 年	32 开	20 万	南江县 图书馆
闲中拾韵	易清亮	四川 南江	内部 出版	南江县诗词 楹联学会	2013 年	32 开	29 万	南江县 图书馆
撑起我诗国的 蓝天	岳新贵	四川 南江	民间 资料		2014 年	32 开	10 万	南江县 图书馆

书　名	作者 （编者）	作者 籍贯	文献 类型	出版 / 印刷单位	印刷 时间	开本	字数	收藏者
炊烟燃净	魏坤太	四川 南江	公开 出版	中国文联出 版社	2016 年	32 开	29 万	南江县 图书馆
街头巷尾	何廷远	四川 南江	民间 资料		2015 年	16 开	未统计	南江县 图书馆
米仓漫画	张国泰	四川 南江	民间 资料		2017 年	32 开	17 万	南江县 图书馆
山水集州韵	张国泰	四川 南江	民间 资料		2017 年	32 开	17 万	南江县 图书馆
米仓山情韵	岳旭政	四川 南江	民间 资料		2014 年	32 开	16 万	南江县 图书馆
泥土的味道	谢尚尧	四川 南江	公开 出版	现代出版社	2017 年	32 开	13 万	南江县 图书馆
远去的时光	夏文冰	四川 南江	民间 资料		2016 年	32 开	12 万	南江县 图书馆
感念岁月	夏文冰	四川 南江	公开 出版	文化艺术出 版社	2001 年	32 开	15 万	南江县 图书馆
永歌斯土	夏文冰	四川 南江	公开 出版	中国文史出 版社	2005 年	32 开	12 万	南江县 图书馆
彼岸闻水	夏文冰	四川 南江	公开 出版	中国文联出 版社	2011 年	16 开	未统计	南江县 图书馆
诗影	夏文冰	四川 南江	公开 出版	中国文史出 版社	2014 年	32 开	18 万	景瑞三
历代名人 咏南江	南江县政协		内部 出版	南江县政协	2013 年	32 开	9 万	南江县 图书馆
巴山翡翠	蒲守易	四川 南江	内部 资料	南江县诗词 楹联学会	2003 年	32 开	10 万	南江县 图书馆
青云阁诗文集	张华科	四川 南江	民间 资料		不详	32 开	2 万	南江县 图书馆
劲草	何文明	四川 南江	内部 出版	南江县诗词 楹联学会	2011 年	32 开	1 万	南江县 图书馆

书 名	作者（编者）	作者籍贯	文献类型	出版／印刷单位	印刷时间	开本	字数	收藏者
钭岩放歌	何文明	四川南江	民间资料		2021 年	32 开	13 万	南江县图书馆
迟到之爱	南江县诗词楹联学会		内部出版	南江县诗词楹联学会	2004 年	32 开	5 万	南江县图书馆
毛泽东诗词学习资料汇编	蒲守易	四川南江	民间资料		2014 年	32 开	32 万	南江县政协
光雾山	温奇志	四川南江	民间资料		2003 年	32 开	6 万	南江县图书馆
杂草集	刘新智	四川南江	内部出版		2014 年	32 开	7 万	南江县图书馆
雅韵南江（第一版）	郭邦辉	四川南江	公开出版	西南财经大学出版社	2012 年	32 开	10 万	南江县图书馆
雅韵南江（第二版）	郭邦辉	四川南江	公开出版	西南财经大学出版社	2015 年	32 开	23 万	南江县图书馆
新纪情	南江县诗词楹联学会		内部出版	南江县诗词楹联学会	2005 年	32 开	2 万	南江县图书馆
光雾山风情	樊万滔	四川南江	公开出版	中国文联出版社	2006 年	32 开	12 万	南江县图书馆
半生缘	樊万滔	四川南江	民间资料		2021 年	32 开	9 万	南江县图书馆
巴山夜雨	樊万滔	四川南江	公开出版	黑龙江人民出版社	1991 年	16 开	18 万	巴中市图书馆
第五季	樊万滔	四川南江	公开出版	中国文联出版社	2021 年	32 开	16 万	南江县图书馆
故土情深	樊万滔	四川南江	公开出版	光明日报出版社	2016 年	32 开	24 万	南江县图书馆
巴山残阳	樊万滔	四川南江	民间资料		1999 年	32 开	13 万	南江县档案馆
樊万滔中篇小说集	樊万滔	四川南江	公开出版	中国文史出版社	2004 年	32 开	17 万	南江县档案馆

书 名	作者（编者）	作者籍贯	文献类型	出版/印刷单位	印刷时间	开本	字数	收藏者
官路	樊万滔	四川南江	公开出版	大众文艺出版社	2008 年	32 开	23 万	南江县档案馆
望丛传	樊万滔	四川南江	公开出版	四川文艺出版社	2010 年	16 开	24 万	南江县档案馆
民路	樊万滔	四川南江	公开出版	中国文联出版社	2012 年	32 开	23 万	南江县档案馆
白莲侠女	樊万滔	四川南江	公开出版	中国文史出版社	2013 年	32 开	78 万	南江县档案馆
神交	樊万滔	四川南江	民间资料		2015 年	32 开	8 万	南江县档案馆
山魂	李兆森	四川南江	内部出版		2014 年	32 开	9 万	南江县图书馆
山菊	谢太和	四川南江	内部出版		2002 年	32 开	2 万	南江县图书馆
巴山野草	谢太和	四川南江	民间资料		2009 年	32 开	11 万	南江县图书馆
三老追思录	南江县诗词楹联学会		内部资料	南江县诗词楹联学会	2017 年	32 开	14 万	南江县图书馆
黄金叶	张亚东	四川南江	内部出版	南江县诗词楹联学会	2006 年	32 开	10 万	南江县图书馆
车前草	马善政	四川南江	民间资料		2000 年	32 开	8 万	景瑞三
车前草	马善政	四川南江	公开出版	中国文联出版社	2012 年	32 开	28 万	南江县图书馆
友谊的旋律	马善政	四川南江	民间资料		2008 年	32 开	8 万	南江县图书馆
春潮	杜林枢	四川南江	民间资料		2003 年	32 开	16 万	南江县图书馆
春潮	杜林枢	四川南江	内部出版		2010 年	32 开	15 万	南江县图书馆

书 名	作者 （编者）	作者 籍贯	文献 类型	出版/ 印刷单位	印刷 时间	开本	字数	收藏者
春潮	杜林枢	四川 南江	内部 出版		2002 年	32 开	12 万	南江县 图书馆
文心蔷薇	王介福	四川 南江	公开 出版	团结出版社	2018 年	32 开	13 万	南江县 图书馆
凡心集	王民凤	四川 南江	民间 资料		2008 年	32 开	11 万	南江县 图书馆
三叶草	何志平	四川 南江	民间 资料		2016 年	32 开	4 万	南江县 图书馆
蒋成俊诗选	蒋成俊	四川 南江	公开 出版	作家出版社	2007 年	32 开	3 万	南江县 图书馆
蕊榜新花 （创刊号）	南江县诗词 楹联学会		内部 资料	南江县诗词 楹联学会	1998 年	32 开	12 万	南江县 图书馆
蕊榜新花 （第二集）	南江县诗词 楹联学会		内部 资料	南江县诗词 楹联学会	1999 年	32 开	16 万	南江县 图书馆
蕊榜新花 （第三集）	南江县诗词 楹联学会		内部 资料	南江县诗词 楹联学会	2000 年	32 开	12 万	南江县 图书馆
蕊榜新花 （第四集）	南江县诗词 楹联学会		内部 资料	南江县诗词 楹联学会	2001 年	32 开	12 万	南江县 图书馆
蕊榜新花 （第五集）	南江县诗词 楹联学会		内部 资料	南江县诗词 楹联学会	2003 年	32 开	7 万	南江县 图书馆
蕊榜新花 （第七期）	南江县诗词 楹联学会		内部 资料	南江县诗词 楹联学会	2005 年	32 开	6 万	南江县 图书馆
蕊榜新花 （第八期）	南江县诗词 楹联学会		内部 资料	南江县诗词 楹联学会	2006 年	32 开	5 万	南江县 图书馆
蕊榜新花 （第九期）	南江县诗词 楹联学会		内部 资料	南江县诗词 楹联学会	2006 年	32 开	6 万	南江县 图书馆
蕊榜新花 （第十期）	南江县诗词 楹联学会		内部 资料	南江县诗词 楹联学会	2007 年	32 开	1 万	南江县 图书馆
蕊榜新花 （十一期）	南江县诗词 楹联学会		内部 资料	南江县诗词 楹联学会	2008 年	32 开	6 万	南江县 图书馆

书　名	作者 （编者）	作者 籍贯	文献 类型	出版/ 印刷单位	印刷 时间	开本	字数	收藏者
蕊榜新花 （第十二期）	南江县诗词 楹联学会		内部 资料	南江县诗词 楹联学会	2010 年	16 开	5 万	南江县 图书馆
蕊榜新花（庆 祝中国共产党 成立 90 周年 专辑）	南江县诗词 楹联学会		内部 资料	南江县诗词 楹联学会	2011 年	32 开	4 万	南江县 图书馆
蕊榜新花 （辛卯卷）	南江县诗词 楹联学会		内部 资料	南江县诗词 楹联学会	2011 年	32 开	7 万	南江县 图书馆
蕊榜新花 （壬辰卷）	南江县诗词 楹联学会		内部 资料	南江县诗词 楹联学会	2012 年	32 开	2 万	南江县 图书馆
蕊榜新花 （癸巳卷）	南江县诗词 楹联学会		内部 资料	南江县诗词 楹联学会	2013 年	32 开	4 万	南江县 图书馆
蕊榜新花 （甲午卷）	南江县诗词 楹联学会		内部 资料	南江县诗词 楹联学会	2014 年	32 开	5 万	南江县 图书馆
蕊榜新花 （第十七期）	南江县诗词 楹联学会		内部 资料	南江县诗词 楹联学会	2015 年	16 开	3 万	南江县 图书馆
蕊榜新花 （丁酉卷）	南江县诗词 楹联学会		内部 资料	南江县诗词 楹联学会	2017 年	16 开	4 万	南江县 图书馆
归来集	陈联邦	四川 南江	民间 资料		2008 年	32 开	6 万	南江县 政协
吟啸徐行	齐　斌	四川 南江	民间 资料		2012 年	32 开	10 万	南江县 政协
前方——川陕 苏区红军颂歌	尹建国	四川 南江	公开 出版	四川教育出 版社	2016 年	32 开	9 万	巴中市 图书馆
长水秋风	潘忠海	四川 南江	公开 出版	贵州人民出 版社	2005 年	16 开	15 万	巴中市 图书馆
永歌斯土	潘忠海	四川 南江	民间 资料		2019 年	32 开	9 万	巴中市 图书馆
棠棣集	何贵高	四川 巴中	内部 资料	南江县诗词 楹联学会	2009 年	32 开	12 万	巴中市 图书馆

书名	作者（编者）	作者籍贯	文献类型	出版/印刷单位	印刷时间	开本	字数	收藏者
少儿品牌活动金点子丛书——诗歌卷一·巴山童趣	贾 慧	四川南江	公开出版	西安出版社	2015 年	32 开	14 万	巴中市图书馆
少儿品牌活动金点子丛书——散文卷一·巴山童趣	贾 慧	四川南江	公开出版	西安出版社	2015 年	32 开	7 万	巴中市图书馆
少儿品牌活动金点子丛书——诗歌卷二·巴山童趣	贾 慧	四川南江	公开出版	西安出版社	2015 年	32 开	6 万	巴中市图书馆
少儿品牌活动金点子丛书——散文卷二·巴山童趣	贾 慧	四川南江	公开出版	西安出版社	2015 年	32 开	7 万	巴中市图书馆
少儿品牌活动金点子丛书——诗歌卷三·巴山童趣	贾 慧	四川南江	公开出版	西安出版社	2015 年	32 开	6 万	巴中市图书馆
少儿品牌活动金点子丛书——散文卷三·巴山童趣	贾 慧	四川南江	公开出版	西安出版社	2015 年	32 开	7 万	巴中市图书馆
少儿品牌活动金点子丛书——诗歌卷四·巴山童趣	贾 慧	四川南江	公开出版	西安出版社	2015 年	32 开	6 万	巴中市图书馆
少儿品牌活动金点子丛书——散文卷四·巴山童趣	贾 慧	四川南江	公开出版	西安出版社	2015 年	32 开	6 万	巴中市图书馆
路标（上下册）	孙志平	四川南江	民间资料		2021 年	16 开	38 万	巴中市图书馆

书 名	作者（编者）	作者籍贯	文献类型	出版/印刷单位	印刷时间	开本	字数	收藏者
烟雨年华	张文忠	四川南江	公开出版	四川文艺出版社	2010年	32开	8万	巴中市图书馆
往事历历	汪兆荣	四川南江	民间资料		2014年	16开	38万	巴中市图书馆
蒿草长进乡愁里	杨永忠	四川南江	公开出版	四川民族出版社	2018年	32开	10万	巴中市图书馆
飘落的歌声	杨永忠	四川南江	公开出版	四川民族出版社	2019年	32开	12万	巴中市图书馆
孤独的城市	杨永忠	四川南江	公开出版	作家出版社	2011年	32开	8万	巴中市图书馆
村里那些事	杨永忠	四川南江	公开出版	北方妇女儿童出版社	2017年	32开	12万	巴中市图书馆
梅香	杨永忠	四川南江	公开出版	四川民族出版社	2012年	32开	14万	巴中市图书馆
山魂	黄联学	四川南江	公开出版	中国三峡出版社	2002年	32开	18万	巴中市图书馆
相思缕缕	杨吉成	四川南江	公开出版	四川文艺出版社	2012年	16开	23万	巴中市图书馆
西窗絮语	杨吉成	四川南江	公开出版	大众文艺出版社	2011年	16开	32万	巴中市图书馆
家山北望	杨吉成	四川南江	公开出版	巴蜀书社	2007年	16开	30万	巴中市图书馆
心灵诗性——诗性的中国文化	杨吉成	四川南江	公开出版	四川人民出版社	2008年	16开	35万	巴中市图书馆
集州翰墨纪华年——政协委员诗文集	南江县政协		内部出版	南江县政协	2001年	16开	50万	景瑞三
头枕青草听风雨	符道禹	四川南江	公开出版	四川师范大学电子出版社	2012年	32开	18万	景瑞三

书　名	作者（编者）	作者籍贯	文献类型	出版／印刷单位	印刷时间	开本	字数	收藏者
逆耳诗词	李文知	四川南江	民间资料		2012 年	32 开	2 万	景瑞三
断渠大观	南江县诗词楹联学会		内部出版	南江县诗词楹联学会	1998 年	32 开	1 万	景瑞三
贵民山水	南江县诗词楹联学会		内部出版	南江县诗词楹联学会	2005 年	32 开	10 万	景瑞三
巴山韵	周泽安	四川南江	内部出版	南江县诗词楹联学会	1999 年	16 开	2 万	景瑞三
二月花	谢百军	四川南江	公开出版	四川美术出版社	2015 年	16 开	11 万	景瑞三
绽放	杨清镛	四川南江	民间资料		2012 年	16 开	20 万	景瑞三
往事情怀	何茂兴	四川南江	民间资料		2012 年	16 开	15 万	景瑞三
走出大巴山	熊地道	四川南江	公开出版	中央文献出版社	2008 年	32 开	10 万	景瑞三
征程当歌	何　泽	四川南江	公开出版	四川美术出版社	2018 年	32 开	15 万	景瑞三
米仓道	黄政钢	四川南江	公开出版	团结出版社	2018 年	未统计	14 万	景瑞三
我的快乐地下生活	黄政钢	四川南江	民间资料		2013 年	16 开	21 万	景瑞三
警界笔记	黄政钢	四川南江	公开出版	大众文艺出版社	2009 年	未统计	12 万	景瑞三
政工干部（长篇小说）	黄政钢	四川南江	公开出版	中国戏剧出版社	2013 年	未统计	18 万	景瑞三
政钢警学四篇	黄政钢	四川南江	公开出版	阳光出版社	2017 年	未统计	14 万	景瑞三
思在：2013—2016 随笔选	黄政钢	四川南江	公开出版	成都时代出版社	2017 年	16 开	25 万	景瑞三

书　名	作者 （编者）	作者 籍贯	文献 类型	出版／ 印刷单位	印刷 时间	开本	字数	收藏者
横空的短笛	何东晓	四川 南江	公开 出版	中国三峡出 版社	2001 年	16 开	106 万	作者
流水落花	何东晓	四川 南江	公开 出版	文化艺术出 版社	2001 年	16 开	10 万	作者
行走的影子	何东晓	四川 南江	公开 出版	大众文艺出 版社	2010 年	32 开	13 万	作者
淘沙集 A 卷	蹇　勇	四川 通江	民间 资料		1997 年	16 开	未统计	通江县 图书馆
淘沙集 B 卷	蹇　勇	四川 通江	民间 资料		1997 年	16 开	未统计	通江县 图书馆
淘沙集 C 卷	蹇　勇	四川 通江	民间 资料		1997 年	16 开	未统计	通江县 图书馆
淘沙集 D 卷	蹇　勇	四川 通江	民间 资料		1997 年	16 开	未统计	通江县 图书馆
醉石斋诗歌选 （卷一）	蹇　勇	四川 通江	民间 资料		2010 年	32 开	未统计	通江县 图书馆
醉石斋诗歌选 （卷二）	蹇　勇	四川 通江	民间 资料		2010 年	32 开	未统计	通江县 图书馆
灿烂的岁月	熊运和	四川 通江	公开 出版	内蒙古人民 出版社	1999 年	32 开	未统计	通江县 图书馆
征程韵歌	熊运和	四川 通江	公开 出版	远方出版社	2003 年	32 开	未统计	通江县 图书馆
岁月韵歌	熊运和	四川 通江	民间 资料		2020 年	未统计	17 万	巴中市 图书馆
我与祖国一起 成长	熊运和	四川 通江	公开 出版	北方出版社	2013 年	32 开	18 万	巴中市 图书馆
诺水谣	通江县政协		内部 资料	通江县政协	1994 年	64 开	5 万	通江县 图书馆
月光依然温柔	何孝俊	四川 通江	公开 出版	四川民族出 版社	2018 年	32 开	未统计	通江县 图书馆

书 名	作者（编者）	作者籍贯	文献类型	出版/印刷单位	印刷时间	开本	字数	收藏者
纸上的青春	何孝俊	四川通江	公开出版	大众文艺出版社	2013年	未统计	19万	通江县图书馆
绿绮	何孝俊	四川通江	公开出版	团结出版社	2021年	32开	12万	通江县图书馆
透明的水声	何孝俊	四川通江	公开出版	大众文艺出版社	2013年	未统计	未统计	通江县图书馆
黄昏絮语	何孝俊	四川通江	公开出版	大众文艺出版社	2012年	未统计	13万	通江县图书馆
高地阳光	何孝俊	四川通江	公开出版	团结出版社	2021年	32开	10万	通江县图书馆
风月在延升	向世斌	四川通江	民间资料		2017年	未统计	未统计	通江县图书馆
风月留痕	向世斌	四川通江	公开出版	中国文联出版社	2017年	未统计	未统计	通江县图书馆
枫林唱晚	向世斌	四川通江	公开出版	大众文艺出版社	2007年	32开	10万	通江县档案馆
如虹	李生钰	四川通江	公开出版	中国文联出版社	2011年	未统计	未统计	通江县图书馆
如梦	李生钰	四川通江	公开出版	中国文史出版社	2014年	未统计	未统计	通江县图书馆
诺水欢歌	王振华	四川通江	公开出版	团结出版社	2005年	16开	未统计	通江县图书馆
山梦	王振华	四川通江	公开出版	四川文艺出版社	2008年	16开	12万	通江县图书馆
诺水苍茫	刘辉光	四川通江	公开出版	四川文艺出版社	2000年	16开	未统计	通江县图书馆
心语录	彭俊礼	四川通江	民间资料		2012年	未统计	未统计	通江县图书馆
壁州山水诗选	彭俊礼	四川通江	民间资料		2005年	16开	15万	景瑞三

书　名	作者 （编者）	作者 籍贯	文献 类型	出版／ 印刷单位	印刷 时间	开本	字数	收藏者
新花集	彭俊礼	四川 通江	内部 资料	通江县政协	2002年	32开	5万	景瑞三
晚霞情怀	彭俊礼	四川 通江	内部 资料	通江县老年 协会	2007年	32开	8万	景瑞三
诺水长流	向思第	四川 通江	民间 资料		2001年	16开	未统计	通江县 图书馆
若涛诗集	向思第	四川 通江	民间 资料		1997年	32开	14万	恩阳区 图书馆
丹桂飘香	刘汉伟	四川 通江	民间 资料		2022年	未统计	20万	通江县 图书馆
红雪	野果子	四川 通江	公开 出版	天地出版社	2016年	16开	34万	通江县 图书馆
纸上的河流	野果子	四川 通江	公开 出版	四川美术出 版社	2008年	32开	未统计	通江县 图书馆
一位乡官 的诗情	野果子	四川 通江	公开 出版	重庆出版社	2003年	16开	未统计	通江县 图书馆
守望	野果子	四川 通江	公开 出版	天地出版社	2020年	未统计	34万	通江县 图书馆
通江历史人物 诗文选	李瑞明	四川 通江	内部 资料	通江县政协	不详	16开	未统计	通江县 图书馆
行吟集	何光宇	四川 通江	公开 出版	中国经济出 版社	2018年	未统计	未统计	通江县 图书馆
在大巴山深处 远眺	李心观	四川 通江	公开 出版	团结出版社	2015年	16开	未统计	通江县 图书馆
沙痕集	李心观	四川 通江	民间 资料		2019年	16开	未统计	通江县 图书馆
村上一棵树	马希荣	四川 通江	公开 出版	中国文联出 版社	2018年	未统计	未统计	通江县 图书馆
山影	马仕忠	四川 通江	公开 出版	贵州人民出 版社	2005年	未统计	未统计	通江县 图书馆

书　名	作者（编者）	作者籍贯	文献类型	出版／印刷单位	印刷时间	开本	字数	收藏者
纸上的河流	马仕忠	四川通江	公开出版	四川美术出版社	不详	未统计	未统计	通江县图书馆
乡情如歌	黄定中	四川通江	公开出版	青海人民出版社	1997年	16开	11万	通江县图书馆
岁月无痕	黄定中	四川通江	内部资料	通江县作家协会	2004年	32开	未统计	通江县档案馆
风雨丹青路	黄定中	四川通江	民间资料		2004年	32开	5万	景瑞三
民间情怀千古唱	黄定中	四川通江	公开出版	大众文艺出版社	2005年	32开	17万	通江县图书馆
青春抒情	米黎明	四川通江	公开出版	青海人民出版社	1997年	16开	未统计	通江县图书馆
红鸟	米黎明	四川通江	公开出版	大众文艺出版社	1999年	16开	9万	景瑞三
身边的廊桥	米黎明	四川通江	公开出版	中国文联出版社	2011年	16开	2万	通江县档案馆
阳光处子	米黎明 吴廷芬	四川通江	公开出版	中国三峡出版社	2000年	32开	11万	通江县档案馆
天涯路	李碧清	四川通江	公开出版	黑龙江人民出版社	1996年	32开	未统计	通江县图书馆
李碧清诗词选	李碧清	四川通江	民间资料		1993年	32开	10万	景瑞三
李碧清个人诗词选	李碧清	四川通江	民间资料		1991年	32开	13万	景瑞三
诗林新韵	李碧清	四川通江	民间资料		1999年	16开	12万	景瑞三
临界钟声	谷继文	四川通江	公开出版	青海人民出版社	1997年	16开	未统计	通江县图书馆
生命放歌	李国仁	四川通江	公开出版	大众文艺出版社	1999年	16开	未统计	通江县图书馆

书 名	作者 （编者）	作者 籍贯	文献 类型	出版/ 印刷单位	印刷 时间	开本	字数	收藏者
农历	李国仁	四川 通江	公开 出版	四川人民出 版社	2014 年	16 开	未统计	通江县 图书馆
回家的路	李国仁	四川 通江	公开 出版	大众文艺出 版社	2007 年	未统计	未统计	通江县 图书馆
漂泊的乡土	李国仁	四川 通江	公开 出版	大众文艺出 版社	2013 年	未统计	未统计	通江县 图书馆
怀念村姑	李国仁	四川 通江	公开 出版	作家出版社	2016 年	16 开	47 万	通江县 委宣传 部
向秋诗词	向荣华	四川 通江	民间 资料		2019 年	未统计	未统计	通江县 图书馆
清秋茶话	向荣华	四川 通江	公开 出版	四川文艺出 版社	2012 年	16 开	21 万	通江县 图书馆
浮生片语	向荣华	四川 通江	公开 出版	中国三峡出 版社	1998 年	32 开	10 万	恩阳区 图书馆
光华之歌	曾繁峻	四川 通江	公开 出版	四川文艺出 版社	1999 年	16 开	未统计	通江县 图书馆
浮游在城市里 的过客	彭从凯	四川 通江	公开 出版	大众文艺出 版社	2006 年	未统计	未统计	通江县 图书馆
陋斋絮韵	魏太坤	四川 通江	公开 出版	作家出版社	不详	未统计	未统计	景瑞三
春蚕诗词	史明忠	四川 通江	民间 资料		不详	未统计	未统计	景瑞三
老家的味道	蒲 苇	四川 通江	公开 出版	大众文艺出 版社	2008 年	32 开	15 万	景瑞三
诗写意	蒲 苇	四川 通江	公开 出版	中国文联出 版社	2013 年	未统计	未统计	通江县 图书馆
恋春的叶子	蒲 苇	四川 通江	公开 出版	大众文艺出 版社	2007 年	未统计	未统计	通江县 图书馆
记忆或近或远	蒲 苇	四川 通江	公开 出版	中国文联出 版社	2011 年	未统计	未统计	通江县 图书馆

书 名	作者（编者）	作者籍贯	文献类型	出版/印刷单位	印刷时间	开本	字数	收藏者
红蜻蜓	蒲 苇	四川通江	公开出版	中国文联出版社	2007年	未统计	未统计	通江县图书馆
浪漫指尖	蒲 苇	四川通江	公开出版	大众文艺出版社	2009年	16开	未统计	通江县图书馆
呢喃絮语	蒲 苇	四川通江	公开出版	中国戏剧出版社	2010年	未统计	未统计	通江县图书馆
韵流芳草地	陈卿儒	四川通江	民间资料		2014年	未统计	10万	通江县图书馆
生命之树	陈卿儒	四川通江	公开出版	中国言实出版社	2014年	未统计	26万	通江县图书馆
漫笔抒情	李怀茂	四川通江	公开出版	中国文史出版社	2014年	未统计	未统计	通江县图书馆
心有红桥	符 阳	四川通江	公开出版	中国三峡出版社	2002年	16开	未统计	通江县图书馆
民国梦	王良勇	四川通江	公开出版	北京十月文艺出版社	2015年	未统计	未统计	通江县图书馆
居山驹吟	张平阶	四川通江	民间资料		2016年	32开	未统计	通江县图书馆
天堂	王沐元	四川通江	公开出版	团结出版社	2016年	16开	未统计	通江县图书馆
触须	王沐元	四川通江	民间资料		2002年	32开	12万	通江县委宣传部
红城	王沐元	四川通江	公开出版	大众文艺出版社	2007年	32开	14万	通江县委宣传部
诗词通江	通江县诗词楹联学会		内部资料	通江县诗词楹联学会	2022年	16开	未统计	通江县委宣传部
巴河闲笔	高隆才	四川通江	民间资料		2017年	未统计	12万	通江县图书馆

书　名	作者 （编者）	作者 籍贯	文献 类型	出版 / 印刷单位	印刷 时间	开本	字数	收藏者
回望故园	高隆才	四川 通江	公开 出版	四川大学出版社	1998 年	未统计	未统计	通江县 图书馆
金匣溪	高隆才	四川 通江	民间 资料		2014 年	32 开	20 万	景瑞三
人往高处走	高隆才 阳　云	四川 通江	公开 出版	四川文艺出版社	2001 年	32 开	29 万	景瑞三
巴山情思	高隆才	四川 通江	公开 出版	四川大学出版社	1998 年	32 开	6 万	景瑞三
梦的传说	灵　鹏	四川 通江	民间 资料		2016 年	32 开	未统计	通江县 图书馆
梦的一生	灵　鹏	四川 通江	民间 资料		2016 年	16 开	未统计	通江县 图书馆
红尘皈依	徐　栩	四川 通江	公开 出版	团结出版社	2019 年	未统计	未统计	通江县 图书馆
心尖上的巴山 ——诗歌卷	徐　栩	四川 通江	公开 出版	大众文艺出版社	2012 年	未统计	未统计	通江县 图书馆
黎明的守望	徐　栩	四川 通江	民间 资料		1998 年	32 开	未统计	巴中市 史志馆
耳花绽放 的年代	余　震	四川 通江	公开 出版	宁夏人民出版社	2010 年	未统计	未统计	通江县 图书馆
川西涅槃	余　震	四川 通江	公开 出版	四川大学出版社	2020 年	未统计	39 万	通江县 委宣传 部
暇豫居诗集	张仕生	四川 通江	民间 资料		2020 年	未统计	未统计	通江县 图书馆
泥腿子 神州绝唱	刘一震	四川 通江	公开 出版	中国文联出版社	2007 年	未统计	未统计	通江县 图书馆
春秋辞	李　烨	四川 通江	公开 出版	海峡文艺出版社	2020 年	未统计	未统计	通江县 图书馆

书 名	作者（编者）	作者籍贯	文献类型	出版/印刷单位	印刷时间	开本	字数	收藏者
逸情闲吟	任明耀	四川通江	公开出版	团结出版社	2021年	16开	未统计	通江县图书馆
任明耀即兴题咏	任明耀	四川通江	公开出版	四川民族出版社	2018年	16开	38万	通江县委宣传部
记忆	冯永君	四川通江	民间资料		2021年	32开	未统计	通江县图书馆
唐亚平诗集	唐亚平	四川通江	公开出版	上海人民出版社	2016年	未统计	未统计	通江县图书馆
小草情	王成华	四川通江	民间资料		1993年	32开	未统计	通江县图书馆
初潮	王成华	四川通江	内部出版		1992年	32开	8万	景瑞三
野鹤集	王成华	四川通江	民间资料		1997年	32开	未统计	通江县档案馆
岁月的色彩	禾 三	四川通江	公开出版	中国文联出版社	2003年	32开	10万	通江县档案馆
夕赋集	罗永显①	四川成都	内部资料	通江二中	2010年	32开	18万	通江县档案馆
夕韵集	罗永显	四川成都	内部资料	通江二中	2006年	32开	18万	通江县档案馆
夕吟集	罗永显	四川成都	内部资料	通江二中	1999年	32开	2万	通江县档案馆
夕晖集	罗永显	四川成都	内部资料	通江二中	1995年	32开	未统计	通江县档案馆
夕步集	罗永显	四川成都	内部资料	通江二中	1992年	32开	未统计	通江县档案馆

---

① 罗永显：曾在通江工作。

书 名	作者（编者）	作者籍贯	文献类型	出版/印刷单位	印刷时间	开本	字数	收藏者
藜斋诗词选	罗永显	四川成都	公开出版	中国三峡出版社	2002年	32开	14万	通江县档案馆
藜斋诗词精选选本	罗永显	四川成都	民间资料		2011年	32开	未统计	通江县档案馆
文贤集	罗永显	四川成都	民间资料		1992年	32开	10万	景瑞三
川陕革命根据地红军烈士陵园楹联诗词选	通江县政协文史委		内部资料	通江县政协	2012年	32开	未统计	通江县档案馆
通江胜迹诗联大观	陈国清	四川通江	民间资料		2007年	32开	25万	通江县档案馆
故乡记事录	袁均德	四川通江	民间资料		2014年	32开	未统计	通江县档案馆
夕照放歌	袁作才	四川通江	民间资料		2014年	32开	18万	通江县档案馆
醉墨斋诗文选	杜学锐	四川通江	公开出版	四川民族出版社	2018年	16开	24万	通江县档案馆
世痕	吴映翔	四川通江	民间资料		2012年	32开	未统计	通江县档案馆
舆吟集	苟朝艺	四川通江	内部资料	通江县政协	1996年	32开	10万	通江县档案馆
铁佛诗草	谭古城 许新明	四川通江	民间资料		1993年	32开	未统计	通江县档案馆
剪烛西窗语	邵丽萍	四川通江	公开出版	中国文联出版社	2012年	32开	31万	巴中市图书馆
莳兰纠岐	郭 伟	四川通江	公开出版	四川美术出版社	2015年	32开	未统计	通江县档案馆
波纹与音阶	王 珏	四川通江	公开出版	团结出版社	2017年	16开	18万	通江县档案馆
穿越花季	王 珏	四川通江	内部出版		1997年	32开	6万	景瑞三

书 名	作者（编者）	作者籍贯	文献类型	出版/印刷单位	印刷时间	开本	字数	收藏者
我在你的边缘行走	王 珏	四川通江	公开出版	四川民族出版社	2020 年	16 开	20 万	景瑞三
古风荡漾	刘 刚	四川通江	公开出版	四川人民出版社	2017 年	16 开	29 万	通江县委宣传部
诺水古韵	刘 刚	四川通江	公开出版	四川人民出版社	2020 年	16 开	33 万	通江县委宣传部
巴山情思	赵健明	四川通江	公开出版	团结出版社	2017 年	未统计	未统计	通江县委宣传部
古韵悠情	冯仕廉	四川通江	公开出版	湖北师范大学出版社	2018 年	16 开	30 万	通江县委宣传部
巴蜀楼语	冯仕廉	四川通江	民间资料		2013 年	32 开	15 万	通江县委宣传部
龙泉润柳枝	程文典	四川通江	公开出版	四川民族出版社	2018 年	16 开	19 万	通江县委宣传部
暇逸轩诗集	程文典	四川通江	民间资料		2020 年	16 开	14 万	通江县委宣传部
兰溪诗雨	吴琼颐	四川通江	民间资料		2019 年	16 开	16 万	通江县委宣传部
望月斋诗集	杜士册	四川通江	民间资料		2020 年	16 开	15 万	通江县委宣传部
田园物语诗歌卷	向德森	四川通江	公开出版	团结出版社	2020 年	32 开	15 万	通江县委宣传部

书 名	作者 （编者）	作者 籍贯	文献 类型	出版/ 印刷单位	印刷 时间	开本	字数	收藏者
巴山深处	蒲江涛	四川 通江	公开 出版	团结出版社	2020 年	32 开	14 万	通江县 委宣传 部
旋转的时光	李中琨	四川 通江	公开 出版	大众文艺出 版社	2020 年	16 开	15 万	巴州区 图书馆
流浪的词语	李中琨	四川 通江	公开 出版	大众文艺出 版社	2015 年	16 开	12 万	巴州区 图书馆
趁着月色回家	李中琨	四川 通江	公开 出版	大众文艺出 版社	2015 年	未统计	未统计	巴州区 档案馆
灿烂短歌	李中琨	四川 通江	公开 出版	中国三峡出 版社	2002 年	32 开	10 万	景瑞三
转转的时光	李中琨	四川 通江	公开 出版	大众文艺出 版社	2022 年	16 开	14 万	景瑞三
巴中小说选 第一卷	周书浩	四川 通江	公开 出版	现代出版社	2017 年	16 开	40 万	巴州区 图书馆
失声者手记	周书浩	四川 通江	公开 出版	中国文联出 版社	2012 年	16 开	25 万	巴州区 图书馆
心桥	王端朝	四川 通江	公开 出版	大众文艺出 版社	2013 年	32 开	19 万	巴州区 图书馆
岁月乐章	王端朝	四川 通江	民间 资料		2019 年	未统计	16 万	巴中市 图书馆
风雪大巴山	李秀东	四川 通江	公开 出版	中国三峡出 版社	2004 年	32 开	15 万	巴州区 图书馆
为了新中国	李治平	四川 通江	内部 资料	巴中电视台	2009 年	未统计	15 万	巴中市 图书馆
逍遥斋诗集	王保清	四川 通江	民间 资料		2020 年	32 开	8 万	巴中市 图书馆
逍遥集	王保清	四川 通江	民间 资料		2019 年	32 开	9 万	巴中市 图书馆

书名	作者（编者）	作者籍贯	文献类型	出版/印刷单位	印刷时间	开本	字数	收藏者
文海淘金	王保清	四川通江	民间资料		2021年	32开	6万	巴中市图书馆
东方红日耀中华	王保清	四川通江	民间资料		2021年	32开	4万	巴中市图书馆
方寸乡土天地宽	张联和 赵明皓 白剑云	四川通江	公开出版	大众文艺出版社	2007年	32开	10万	巴中市图书馆
教海浪花	蒲苇	四川通江	公开出版	中国三峡出版社	2007年	16开	13万	巴中市图书馆
春的叶子	蒲苇	四川通江	公开出版	大众文艺出版社	2008年	32开	13万	巴中市图书馆
呢喃絮语	蒲苇	四川通江	公开出版	中国戏剧出版社	2010年	32开	13万	巴中市图书馆
记忆或近或远	蒲苇	四川通江	公开出版	中国文联出版社	2011年	32开	10万	景瑞三
情系桑丝坪	何光璠	四川通江	民间资料		2021年	16开	15万	巴中市图书馆
正文堂诗词联集	胡正文	四川通江	民间资料		2021年	16开	13万	巴中市图书馆
紫云阁诗集	曾兴荣	四川通江	民间资料		2019年	16开	23万	巴中市图书馆
雁鸣声声	李芳荣	四川通江	公开出版	光明日报出版社	2008年	未统计	18万	巴中市图书馆
黛瓦炊袅	杜映祥	内部资料	公开出版		2021年	16开	17万	巴中市图书馆
梦斋诗集	杜映祥	四川通江	民间资料		2016年	32开	6.5万	景瑞三
激情燃烧的岁月	何光烈	四川通江	民间资料		2019年	16开	14万	巴中市图书馆
石叟诗词	石兆福	四川通江	民间资料		不详	16开	5万	巴中市图书馆

书　名	作者 （编者）	作者 籍贯	文献 类型	出版 / 印刷单位	印刷 时间	开本	字数	收藏者
格律概要	饶平安	四川 通江	民间 资料		2021 年	16 开	15 万	巴中市 图书馆
兰轩听雨	饶平安	四川 通江	民间 资料		2014 年	32 开	20 万	巴中市 图书馆
沃若文集	饶平安	四川 通江	民间 资料		2020 年	16 开	16 万	巴中市 图书馆
兰轩习赋录	饶平安	四川 通江	民间 资料		2022 年	16 开	13 万	巴中市 图书馆
盛世春风	饶平安	四川 通江	民间 资料		2019 年	16 开	23 万	巴中市 图书馆
听雨轩诗集	饶平安	四川 通江	民间 资料		2017 年	32 开	16 万	巴中市 图书馆
四季拾韵	饶平安	四川 通江	民间 资料		2014 年	32 开	16 万	巴中市 图书馆
暇豫居诗集	饶平安	四川 通江	民间 资料		2020 年	未统计	18 万	巴中市 图书馆
情系山水	饶平安	四川 通江	民间 资料		2014 年	32 开	22 万	巴中市 图书馆
清清宕江水	饶平安	四川 通江	民间 资料		2020 年	16 开	15 万	巴中市 图书馆
雅润兰轩	饶平安	四川 通江	民间 资料		2020 年	16 开	15 万	景瑞三
酸甜苦辣曲集	饶平安	四川 通江	民间 资料		2017 年	32 开	16 万	景瑞三
饶平安诗词选	饶平安	四川 通江	内部 出版		2008 年	未统计	6 万	景瑞三
诗咏通江	饶平安 张仕生	四川 通江	民间 资料		2021 年	32 开	15 万	景瑞三

书 名	作者（编者）	作者籍贯	文献类型	出版/印刷单位	印刷时间	开本	字数	收藏者
蕴籍斋诗集	饶平安 王 健 闵 华	四川通江	民间资料		2019 年	16 开	13 万	巴中市图书馆
何成明诗词选	饶平安 何家齐	四川通江	民间资料		2017 年	32 开	11 万	景瑞三
炫彩诗词集	饶平安 乔仁发	四川通江	民间资料		2020 年	16 开	17 万	景瑞三
行者从容	李 炎	四川通江	公开出版	四川师范大学电子出版社	2020 年	16 开	14 万	巴中市图书馆
山水之间	米 尺	四川通江	公开出版	中国文史出版社	2006 年	32 开	12 万	巴中市图书馆
风光无限	苟成珊	四川通江	民间资料		2009 年	32 开	6 万	景瑞三
守望家山	屈理津	四川通江	公开出版	大众文艺出版社	2007 年	32 开	24 万	景瑞三
流年遗韵	屈理津	四川通江	公开出版	四川美术出版社	2006 年	32 开	19 万	景瑞三
南溪诗雨	吴琼颐	四川通江	民间资料		2019 年	16 开	16 万	景瑞三
渔海	朱以品	四川通江	公开出版	作家出版社	2008 年	32 开	20 万	景瑞三
诗意彩云南	朱以品	四川通江	公开出版	中国文联出版社	2008 年	32 开	未统计	景瑞三
万家灯火 大江流	白剑云	四川通江	公开出版	大众文艺出版社	2007 年	32 开	13 万	景瑞三
诗意乡村	张熙明	四川通江	民间资料		2018 年	16 开	28 万	景瑞三
黑溪诗雨	魏 然	四川通江	公开出版	青海人民出版社	1997 年	16 开	11 万	景瑞三

书 名	作者（编者）	作者籍贯	文献类型	出版／印刷单位	印刷时间	开本	字数	收藏者
余兴吟	史国余	四川通江	民间资料		2007 年	16 开	13 万	景瑞三
远方	赵桉平	四川通江	内部出版		1998 年	16 开	6 万	景瑞三
因为爱过	赵桉平	四川通江	公开出版	中国文联出版社	2011 年	32 开	未统计	景瑞三
慎余漫兴三百首	袁作良	四川通江	民间资料		不详	16 开	30 万	景瑞三
攀登	熊枝蒿	四川通江	公开出版	四川美术出版社	2008 年	32 开	8 万	景瑞三
乡韵词草	黄芝龙	四川通江	公开出版	四川人民出版社	1998 年	16 开	19 万	景瑞三
朝天诗韵	黄芝龙	四川通江	民间资料		2011 年	32 开	10 万	景瑞三
松魂诗文	刘家清	四川通江	民间资料		2014 年	32 开	8 万	景瑞三
清白斋纪事	刘家清	四川通江	民间资料		2006 年	32 开	10 万	景瑞三
月亮船	张玉书	四川通江	公开出版	现代出版社	2014 年	32 开	未统计	景瑞三
情感的水手	旷 野	四川通江	公开出版	新疆青少年出版社	1994 年	32 开	11 万	景瑞三
秋笺	旷 野	四川通江	公开出版	青海人民出版社	1997 年	32 开	12 万	景瑞三
不惑的季节	岳茂松	四川通江	内部出版		1995 年	32 开	12 万	景瑞三
巴山深处	赵建仁	四川通江	公开出版	中国文联出版社	1999 年	32 开	15 万	景瑞三
根深叶茂	通江县教文局		内部出版	通江县教文局	1990 年	32 开	10 万	景瑞三

书名	作者（编者）	作者籍贯	文献类型	出版/印刷单位	印刷时间	开本	字数	收藏者
梦飞	金义忠	四川通江	民间资料		1995 年	32 开	8 万	景瑞三
足音	通江县委宣传部		内部出版	通江县委宣传部	1995 年	32 开	10 万	景瑞三
缓冲（小说）	杨 了	四川通江	公开出版	海天出版社	2003 年	未统计	10 万	景瑞三
热烈庆祝中国共产党百年诞辰（诗集）	李瑞亭	四川通江	民间资料		2021 年	32 开	58 万	景瑞三
诺水河畔尽朝辉	李开建	四川通江	民间资料		2012 年	32 开	20 万	作者
峡济之歌	董大培	四川平昌	民间资料		2011 年	32 开	10 万	平昌县图书馆
同心铸辉煌	吴久德	四川平昌	民间资料		2006 年	16 开	未统计	平昌县图书馆
红叶秋色	韩荣光	四川平昌	民间资料		2006 年	32 开	12 万	平昌县图书馆
响滩诗稿选集	韩荣光	四川平昌	公开出版	中国文联出版社	1998 年	32 开	10 万	平昌县图书馆
旅游诗抄	韩荣光	四川平昌	民间资料		2007 年	32 开	未统计	平昌县图书馆
韩荣光诗词全集（上下集）	韩荣光	四川平昌	公开出版	中国文联出版社	2012 年	32 开	未统计	平昌县图书馆
临黉轩吟草	韩荣光	四川平昌	民间资料		2002 年	32 开	10 万	平昌县图书馆
游踪印痕	韩荣光	四川平昌	民间资料		2014 年	32 开	15 万	平昌县图书馆
岁月昔辉	韩荣光	四川平昌	民间资料		2014 年	32 开	20 万	平昌县图书馆
耄耋心经	韩荣光	四川平昌	民间资料		2014 年	32 开	13 万	平昌县图书馆

书　名	作者（编者）	作者籍贯	文献类型	出版 /印刷单位	印刷时间	开本	字数	收藏者
弦音	林大成	四川平昌	民间资料		2007 年	32 开	9 万	平昌县图书馆
大成诗词选编	林大成	四川平昌	民间资料		2021 年	32 开	10 万	平昌县方志馆
大成诗词选2015—2021 编年集	林大成	四川巴中	民间资料		2021 年	16 开	10 万	巴中市史志馆
龙山诗集	张复旦	四川平昌	民间资料		1996 年	32 开	10 万	平昌县图书馆
龙山诗集（补遗）	张复旦	四川平昌	民间资料		2003 年	32 开	8 万	平昌县图书馆
军旅春秋	张明清巨能书王正书	四川平昌	民间资料		2010 年	32 开	15 万	平昌县图书馆
幽草之歌	巨能书	四川平昌	民间资料		2007 年	32 开	13 万	平昌县图书馆
贾汉诗文选	贾　汉	四川平昌	民间资料		2007 年	32 开	9 万	平昌县图书馆
沧桑遗墨	罗义修	四川平昌	民间资料		不详	32 开	未统计	平昌县图书馆
巴山劲草	罗义修	四川平昌	民间资料		2005 年	32 开	10 万	平昌县图书馆
余生短笛	胡中林	四川平昌	民间资料		2005 年	32 开	10 万	平昌县图书馆
盛世长箫	胡中林	四川平昌	民间资料		2008 年	32 开	未统计	平昌县图书馆
枫林夕照	胡中林	四川平昌	民间资料		2010 年	32 开	10 万	平昌县图书馆
四箴斋诗文	程源辉	四川平昌	民间资料		2005 年	32 开	未统计	平昌县图书馆

书 名	作者 （编者）	作者 籍贯	文献 类型	出版／ 印刷单位	印刷 时间	开本	字数	收藏者
龙山微吟	张明清	四川 平昌	民间 资料		2005 年	32 开	10 万	平昌县 图书馆
耄耋诗草	李质夫	四川 平昌	民间 资料		2009 年	32 开	未统计	平昌县 图书馆
新潮激情	孙继传	四川 平昌	民间 资料		2008 年	32 开	5 万	平昌县 图书馆
贫乐居吟草	孙继传	四川 平昌	民间 资料		2005 年	32 开	未统计	平昌县 图书馆
追忆岁月	张学政	四川 平昌	民间 资料		2008 年	16 开	8 万	平昌县 图书馆
大巴山兰花诗 文选	王子宜 韩荣光	四川 平昌	民间 资料		2001 年	32 开	未统计	平昌县 图书馆
退思斋遗稿	王子宜	四川 平昌	民间 资料		2004 年	16 开	10 万	景瑞三
水乡文学 （2016 年度选 本）	平昌县水乡 文学社		内部 出版	平昌县水乡 文学社	2016 年	16 开	未统计	景瑞三
排楼夕辉	冯兆和	四川 平昌	民间 资料		2006 年	32 开	17 万	平昌县 图书馆
平昌诗苑	何茂森	四川 平昌	民间 资料		2011 年	32 开	未统计	平昌县 图书馆
兰浦韵声	何茂森	四川 平昌	公开 出版	中国文联出 版社	2003 年	16 开	12 万	平昌县 图书馆
古道新歌	何茂森	四川 平昌	民间 资料		2013 年	32 开	10 万	巴中市 图书馆
津门诗稿	何茂森	四川 平昌	民间 资料		2005 年	32 开	2 万	平昌县 图书馆
暮笛	何茂森	四川 平昌	民间 资料		2002 年	32 开	13 万	平昌县 政协

书　名	作者（编者）	作者籍贯	文献类型	出版/印刷单位	印刷时间	开本	字数	收藏者
四箴斋楹联诗词骈文散文礼话集	程源辉	四川平昌	民间资料		2012 年	16 开	43 万	平昌县图书馆
初心如初	周尚聪	四川平昌	民间资料		2021 年	16 开	39 万	平昌县图书馆
景唐诗稿编年	李景唐	四川平昌	民间资料		2015 年	32 开	10 万	平昌县图书馆
景唐诗词	李景唐	四川平昌	公开出版	大众文艺出版社	2006 年	32 开	10 万	巴中市图书馆
巴南诗稿	李景唐	四川平昌	民间资料		2010 年	32 开	8 万	景瑞三
回眸岁月	张崇瑞	四川平昌	民间资料		2006 年	32 开	11 万	平昌县图书馆
诗集（江口酒潮姊妹花）	李　仁	四川平昌	民间资料		1998 年	32 开	2 万	平昌县图书馆
国寿礼赞	余昌顺	四川平昌	民间资料		2009 年	32 开	7 万	平昌县图书馆
杨升伟诗词书画集	杨升伟	四川平昌	民间资料		2016 年	16 开	3 万	平昌县图书馆
杨升伟诗词书画集（续）	杨升伟	四川平昌	民间资料		2020 年	16 开	2 万	平昌县图书馆
燕之情	吴云波	四川平昌	公开出版	成都出版社	1995 年	32 开	98 万	作者
踏向大地的履印	吴云波	四川平昌	公开出版	中国文史出版社	2004 年	32 开	20 万	作者
巴山足音	吴云波	四川平昌	公开出版	成都出版社	1995 年	32 开	40 万	作者
故乡之恋	吴云波	四川平昌	公开出版	中国文联出版社	2007 年	32 开	10 万	作者
无悔人生	吴云波	四川平昌	民间资料		2007 年	32 开	3 万	作者

书　名	作者 （编者）	作者 籍贯	文献 类型	出版／ 印刷单位	印刷 时间	开本	字数	收藏者
心语夜话	张登钰	四川 平昌	公开 出版	中国文联出 版社	2008 年	32 开	13 万	平昌县 方志馆
时代的脚印	张登钰	四川 平昌	公开 出版	中国文史出 版社	2005 年	32 开	40 万	平昌县 方志馆
心语涛声	张登钰	四川 平昌	公开 出版	作家出版社	2008 年	32 开	20 万	平昌县 方志馆
枫秋习韵	王良金	四川 平昌	民间 资料		1992 年	16 开	30 万	平昌县 方志馆
深夜的触动	王心泉	四川 平昌	公开 出版	中国文联出 版社	2008 年	32 开	20 万	平昌县 方志馆
家园	孙久万	四川 平昌	公开 出版	大众文艺出 版社	2007 年	32 开	14 万	平昌县 方志馆
驿路面花	孙久万	四川 平昌	公开 出版	中国广播电 视出版社	2002 年	16 开	15 万	平昌县 方志馆
旅途留痕	孙久万	四川 平昌	公开 出版	作家出版社	2005 年	16 开	13 万	平昌县 方志馆
流浪岁月	孙久万	四川 平昌	公开 出版	南方出版社	2005 年	16 开	12 万	平昌县 方志馆
过早的雨季	孙百川	四川 平昌	公开 出版	四川科技大 学出版社	1994 年	32 开	8 万	平昌县 政协
飞来艳福	孙百川	四川 平昌	公开 出版	珠江文艺出 版社	2006 年	32 开	21 万	平昌县 政协
晚风	孙百川	四川 平昌	公开 出版	珠江文艺出 版社	2006 年	32 开	18 万	平昌县 政协
黑板上只剩下 我和你	孙百川	四川 平昌	公开 出版	珠江文艺出 版社	2007 年	32 开	17 万	平昌县 政协
疼痛的韵母	孙百川	四川 平昌	公开 出版	大众文艺出 版社	2008 年	32 开	17 万	平昌县 政协
剩唐	孙　宇	四川 平昌	公开 出版	北京联合出 版社	2018 年	16 开	28 万	平昌县

书　名	作者 （编者）	作者 籍贯	文献 类型	出版 / 印刷单位	印刷 时间	开本	字数	收藏者
刘伯坚诗词 注释	赵学成	四川 平昌	公开 出版	四川文艺出 版社	1991 年	16 开	17 万	平昌县 方志馆
巴山风录	赵学成	四川 平昌	公开 出版	华联出版社	1995 年	16 开	15 万	平昌县 方志馆
龙泉飞瀑	赵学成	四川 平昌	公开 出版	山西高校联 合出版社	1995 年	16 开	15 万	平昌县 方志馆
振兴中华 不断前进	赵学成	四川 平昌	公开 出版	中国文学出 版社	2005 年	16 开	20 万	平昌县 方志馆
美·生命 的塑造	朱传雄	四川 平昌	公开 出版	解放军出版 社	1989 年	16 开	15 万	平昌县 方志馆
天涯草	张 华	四川 平昌	公开 出版	大众文艺出 版社	2005 年	16 开	15 万	平昌县 方志馆
鸟落民间	向黎明	四川 平昌	公开 出版	四川美术出 版社	2005 年	16 开	16 万	平昌县 方志馆
春歌	秦 国	四川 平昌	公开 出版	作家出版社	2004 年	16 开	13 万	平昌县 方志馆
梦帆	廖忆林	四川 平昌	公开 出版	四川大学出 版社	1990 年	16 开	10 万	平昌县 方志馆
情山恨水	廖忆林	四川 平昌	民间 资料		1992 年	16 开	10 万	平昌县 方志馆
廖忆林诗选	廖忆林	四川 平昌	公开 出版	中国文联出 版社	2003 年	32 开	16 万	平昌县 方志馆
寻找家园	廖忆林	四川 平昌	公开 出版	黑龙江人民 出版社	1996 年	32 开	12 万	平昌县 图书馆
巴山风情歌	唐思孝	四川 平昌	公开 出版	西南师范大 学出版社	1992 年	16 开	13 万	平昌县 方志馆
心空的云彩	张 杰	四川 平昌	民间 资料		1993 年	16 开	10 万	平昌县 方志馆
心灵驿站	蒲黎明	四川 平昌	公开 出版	中国三峡出 版社	2002 年	16 开	10 万	平昌县 方志馆

书 名	作者（编者）	作者籍贯	文献类型	出版/印刷单位	印刷时间	开本	字数	收藏者
戴着斗笠的诗	周延奎	四川平昌	公开出版	作家出版社	2012 年	16 开	5 万	平昌县方志馆
岁月长哞	周延奎	四川平昌	民间资料		2018 年	16 开	19 万	平昌县方志馆
巴山神警	左全明	四川平昌	公开出版	伊犁人民出版社	2000 年	32 开	10 万	巴州区图书馆
巴山游子赋	鲁光明	四川平昌	公开出版	山东文化音像出版社	2022 年	未统计	20 万	巴州区图书馆
平昌春色	冯明理 曾绍义	四川平昌	公开出版	四川人民出版社	1992 年	32 开	12 万	恩阳区图书馆
三庆诗文选	周立邦	四川平昌	民间资料		1999 年	32 开	未统计	巴中市史志馆
金兰幽草	任本君	四川平昌	民间资料		2017 年	16 开	12 万	巴中市图书馆
人间奇迹	杨先成	四川平昌	公开出版	中国文联出版社	2002 年	16 开	39 万	巴中市图书馆
山花姑娘	杨先成	四川平昌	公开出版	大众文艺出版社	2004 年	32 开	18 万	巴中市图书馆
足印	杨先成	四川平昌	公开出版	大众文艺出版社	2012 年	32 开	16 万	作者
平昌春色	冯明义 曾绍义	四川平昌	公开出版	四川人民出版社	1992 年	16 开	12 万	巴中市图书馆
芳草天涯	廖清江	四川平昌	公开出版	四川文艺出版社	2009 年	32 开	10 万	巴中市图书馆
记忆	王述成	四川平昌	公开出版	黄河出版社	2016 年	32 开	10 万	巴中市图书馆
吹过屋檐的风	安全东	四川平昌	公开出版	作家出版社	2006 年	32 开	23 万	巴中市图书馆
从石街子到廖家花园	王小平	四川平昌	公开出版	团结出版社	2017 年	32 开	23 万	巴中市图书馆

书 名	作者 （编者）	作者 籍贯	文献 类型	出版/ 印刷单位	印刷 时间	开本	字数	收藏者
翻开一页	王小平	四川 平昌	公开 出版	团结出版社	2016 年	32 开	25 万	巴中市 图书馆
拐弯的大道	王小平	四川 平昌	公开 出版	团结出版社	2014 年	32 开	19 万	巴中市 图书馆
霜叶诗集	巴中市诗词 学会		内部 资料	巴中市诗词 学会	1999 年	32 开	未统计	巴中市 史志馆
从死亡的阴河 里逃归	李玉石	四川 平昌	公开 出版	四川文艺出 版社	1991 年	32 开	21 万	景瑞三
祖母·熊	李玉石	四川 平昌	民间 资料		1990 年	32 开	21 万	景瑞三
清秋园花絮	易荣恺	四川 平昌	内部 出版	平昌县诗书 学会	2004 年	16 开	13 万	景瑞三
平昌吟苑	平昌诗书学 会		内部 出版	平昌县诗书 学会	2010 年	32 开	15 万	景瑞三
夕阳红诗集	平昌中学老 委会		内部 出版	平昌中学老 委会	1992 年	32 开	5 万	景瑞三
夕阳红诗集 （续集）	平昌中学老 委会		内部 出版	平昌中学老 委会	1994 年	32 开	5 万	景瑞三
夕阳红诗集 （三）	平昌中学老 委会		内部 出版	平昌中学老 委会	2003 年	32 开	10 万	景瑞三
津门诗词	熊茂荣	四川 平昌	内部 资料	平昌县诗书 学会	2003 年	32 开	10 万	景瑞三
先行轩诗文书 法集	陈其纲	四川 平昌	内部 出版		2002 年	32 开	8 万	景瑞三
龙门诗文	张立纲	四川 平昌	内部 出版		2005 年	32 开	3 万	景瑞三
李子百衲集之 ——半老酒醉 夕阳	李 仁	四川 平昌	民间 资料		2010 年	16 开	5 万	景瑞三
微霞诗文集	石龙渊	四川 平昌	内部 出版		2003 年	32 开	8 万	景瑞三

书 名	作者（编者）	作者籍贯	文献类型	出版/印刷单位	印刷时间	开本	字数	收藏者
故园横笛	廖国宇	四川平昌	内部出版		2006 年	32 开	6 万	景瑞三
闲聊	刘齐民	四川平昌	民间资料		2012 年	16 开	20 万	景瑞三
我的顺口溜	陈大洲	四川平昌	民间资料		2009 年	32 开	5 万	景瑞三
磴子人诗文	易家康	四川平昌	民间资料		2002 年	32 开	8 万	景瑞三
卿云阁诗词集	冯紫明	四川平昌	民间资料		2021 年	16 开	10 万	景瑞三
王成林诗词选	王成林	四川平昌	公开出版	中国文联出版社	2004 年	32 开	未统计	景瑞三
生活的侧面	陈 杰	四川平昌	公开出版	四川美术出版社	2014 年	16 开	未统计	景瑞三
诗词名篇选讲	秦 国	四川平昌	民间资料		1999 年	32 开	35 万	景瑞三
花开的泥土	冯国平	四川平昌	公开出版	作家出版社	2004 年	32 开	13 万	景瑞三
故乡的云	张国旗	四川平昌	民间资料		2019 年	32 开	11 万	景瑞三
向阳花开	向友仁	四川平昌	公开出版	宁夏人民出版社	2010 年	32 开	20 万	景瑞三
巴中散文	巴中散文学会		内部资料	巴中市作家协会	2016 年	16 开	10 万	景瑞三
温柔或者疼痛	向 敏	四川平昌	公开出版	重庆出版社	2005 年	32 开	10 万	作者
流泪的炊烟	徐丽芳	四川平昌	公开出版	大众文艺出版社	2008 年	32 开	15 万	作者
发芽的乡愁	岳 晓	四川平昌	公开出版	团结出版社	2020 年	32 开	18 万	作者

书 名	作者（编者）	作者籍贯	文献类型	出版/印刷单位	印刷时间	开本	字数	收藏者
青春是一首美丽的诗	吴　斌	四川平昌	公开出版	江西美术出版社	2013 年	32 开	未统计	作者
寻觅净土	陈　林	四川平昌	民间资料		2017 年	32 开	6 万	作者
青春站台	王永文	四川平昌	公开出版	作家出版社	2001 年	16 开	9 万	作者
紫藤花开	陈利平	四川平昌	公开出版	中国文联出版社	2016 年	未统计	14 万	作者
云水花开	杨建华	四川平昌	公开出版	中国文联出版社	2009 年	未统计	17 万	作者

第二节 电影电视戏剧

书 名	作者（编者）	作者籍贯	文献类型	出版/印刷单位	印刷时间	开本	字数	收藏者
巴州戏曲	达县专区文艺办公室		内部资料	达县专区文艺办公室	1959 年	32 开	4 万	巴州区图书馆
春节文娱演唱材料	巴中县委宣传部		内部资料	巴中县委宣传部	1959 年	32 开	未统计	巴州区档案馆
演唱材料（第一集）	巴中县文化馆		内部资料	巴中县文化馆	1965 年	32 开	未统计	巴州区档案馆
平教之路（电影剧本）	成 燕	四川巴中	内部资料		2018 年	16 开	3 万	景瑞三
点状元剧作集（舞台剧本）	汪隆重	四川南江	内部资料	南江文学艺术界联合会	2006 年	32 开	5 万	南江县档案馆
中华第一妃（舞台剧本）	汪隆重	四川南江	内部资料		2006 年	16 开	13 万	南江县图书馆
玉兰集（舞台剧本）	汪隆重	四川南江	内部资料		2000 年	32 开	2 万	南江县图书馆
东方女神（舞台剧本）	汪隆重	四川南江	内部资料		1996 年	32 开	96 万	南江县图书馆
四下河南（电视文学剧本）	喻哲文	四川巴中	内部资料	巴人文化研究会	2003 年	未统计	27 万	巴中市图书馆
巴中曲艺——巴中新名片	巴州区川剧团		内部资料	巴州区川剧团	2016 年	16 开	20 万	巴中市图书馆
巴中戏剧	李旭升	四川巴中	公开出版	四川人民出版社	2006 年	32 开	30 万	巴中市图书馆
巴州区首届曲艺大赛——牡丹花开	巴州区委巴州区政府		内部资料	巴州区委巴州区政府	2016 年	未统计	未统计	巴中市图书馆

书　名	作者（编者）	作者籍贯	文献类型	出版/印刷单位	印刷时间	开本	字数	收藏者
穿越（电视连续剧）	宋孝义 牟宗太 熊成德	四川南江	公开出版	中国戏剧出版社	2011年	16开	83万	景瑞三
血色黎明（电视连续剧本）	宋孝义 张　英	四川南江	公开出版	中国文联出版社	2015年	16开	42万	景瑞三
远山的红叶拍摄纪实（20集电视连续剧）	中纪委国家监察部电教中心		内部资料	中纪委国家监察部电教中心	2010年	16开	未统计	景瑞三
白莲天骄（十集电视连续剧剧本）	曾星翔	四川通江	内部出版		1998年	32开	11万	景瑞三
晏阳初（音乐情景报告剧）	魏传灵	四川巴中	民间资料		2021年	未统计	未统计	景瑞三
爱·浸红初心（巴州区抗疫文艺作品专集Ⅰ）	魏传灵	四川巴中	内部资料		2020年	16开	未统计	景瑞三
望红台（四川曲艺剧）	秦　渊	四川南江	内部资料		2016年	未统计	20万	景瑞三
巴州文史——巴州川剧	胡清华	四川巴中	内部资料	巴州区政协	2020年	未统计	34万	景瑞三
四川曲艺表演入门	成尧肇	四川巴中	公开出版	中国戏剧出版社	2010年	32开	25万	景瑞三
巴山儿女心向党——字水诗潮颂脱贫	秦　渊 王会大 孙国贤	四川巴中	内部资料	巴中文学艺术界联合会	2020年	16开	7万	景瑞三
巴山儿女心向党——丹青翰墨绘脱贫	秦　渊 王会大 孙国贤	四川巴中	内部资料	巴中文学艺术界联合会	2021年	16开	7万	景瑞三
巴山儿女心向党——观音里的脱贫故事	秦　渊 王会大 孙国贤	四川巴中	内部资料	巴中文学艺术界联合会	2020年	16开	7万	景瑞三

第三节　书法摄影绘画

书 名	作者（编者）	作者籍贯	文献类型	出版/印刷单位	印刷时间	开本	字数	收藏者
标准草书代表符号歌诀	成尧肇	四川巴中	民间资料		2011 年	32 开	17 万	巴州区图书馆
砚边梦笔	杨希锷	四川巴中	民间资料		2017 年	32 开	8 万	巴州区图书馆
杨希锷书画暨收藏作品精选集	杨希锷	四川巴中	民间资料		2013 年	未统计	70 万	巴州区图书馆
杨希锷书画作品选集	杨希锷	四川巴中	民间资料		2003 年	未统计	20 万	巴州区图书馆
怎样画葡萄	戢祖森①	四川开江	内部资料	巴中市教委	不详	32 开	2 万	巴州区图书馆
巴山情怀（绘画）	戢祖森	四川开江	民间资料		不详	未统计	未统计	巴州区图书馆
巴中石窟（影集）	巴州区文物管理所		内部资料	巴州区文物管理所	不详	未统计	1 万	巴州区档案馆
付严书画印作品集	付 严	四川巴中	民间资料		2010 年	未统计	1 万	巴中市图书馆
巴中县两大文明建设和改革掠影	巴中县委、县政府		内部资料	巴中县委、县政府	1990 年	16 开	2 万	巴州区档案馆
写意巴中——巴中市美术家协会成立 15 周年作品集	巴中市美术家协会		内部资料	巴中市美术家协会	2011 年	16 开	5 万	巴州区图书馆

① 戢祖森：曾在巴中工作。

书 名	作者 （编者）	作者 籍贯	文献 类型	出版 / 印刷单位	印刷 时间	开本	字数	收藏者
巴人巴风连环 画——巴中溯 源（第一部）	主 编： 熊光林	四川 巴中	公开 出版	四川美术出 版社	2022 年	32 开	未统计	巴中市 图书馆
巴人巴风连环 画——名人名 事（第二部）	主 编： 熊光林	四川 巴中	公开 出版	四川美术出 版社	2022 年	32 开	未统计	巴中市 图书馆
巴人巴风连环 画——名作名 文（第三部）	主 编： 熊光林	四川 巴中	公开 出版	四川美术出 版社	2022 年	32 开	未统计	巴中市 图书馆
佛韵——任宪 生石窟艺术钢 笔画集	任宪生	四川 巴中	民间 资料		2004 年	24 开	未统计	巴州区 图书馆
中国美术家优 秀作品画库 （任宪生）	任宪生	四川 巴中	公开 出版	四川美术出 版社	2000 年	16 开	未统计	巴州区 图书馆
在鸟的天堂 ——任宪生摄 影作品集	任宪生	四川 巴中	民间 资料		2016 年	16 开	9 万	巴中市 图书馆
任宪生摄影艺 术作品选	任宪生	四川 巴中	公开 出版	四川美术出 版社	2009 年	未统计	6 万	巴中市 图书馆
巴中神韵	任宪生	四川 巴中	民间 资料		2015 年	未统计	5 万	巴中市 图书馆
任宪生油画水 粉画作品选	任宪生	四川 巴中	民间 资料		2006 年	16 开	未统计	景瑞三
关怀（影册）	巴中地委宣 传部		内部 资料	巴中地委宣 传部	2008 年	16 开	未统计	景瑞三
中国诗书画形 象大使	陈清华	四川 巴中	民间 资料		2016 年	未统计	0.3 万	巴中市 图书馆
川陕革命根据 地博物馆落成 纪念册 （影集）	巴中县委 巴中县政府		内部 资料	川陕革命根 据地博物馆	1984 年	未统计	未统计	景瑞三

书 名	作者（编者）	作者籍贯	文献类型	出版/印刷单位	印刷时间	开本	字数	收藏者
孙峰书法作品集	孙 峰	四川巴中	公开出版	天津人民美术出版社	2013 年	未统计	未统计	景瑞三
会员作品集	巴州区摄影家协会		内部资料	巴州区摄影家协会	2012 年	16 开	1 万	景瑞三
童画	李欣芮	四川巴中	公开出版	北京图书出版社	2011 年	32 开	15 万	景瑞三
浓墨重彩描巴山	姜载阳董桂芳	四川巴中	民间资料		2002 年	16 开	8 万	景瑞三
惠风词书卷（书法）	傅君敏	四川巴中	民间资料		2008 年	16 开	未统计	景瑞三
大画家	李利民	四川巴中	公开出版	中国新闻出版社	2017 年	16 开	未统计	恩阳区图书馆
中国画基础教程——花鸟画技法	李利民	四川巴中	民间资料		2021 年	16 开	未统计	恩阳区图书馆
大美中国——花鸟画作品集	李利民	四川巴中	公开出版	四川文艺出版社	2015 年	16 开	未统计	恩阳区图书馆
期待2018 年最具投资价值的十大艺术名家李利民	翰墨华夏书画院		公开出版	中国新闻出版社	2018 年	16 开	未统计	巴中市图书馆
大美中国名家名作——李利民	华夏书韵文化研究院		民间资料		2020 年	16 开	未统计	巴中市图书馆
大美中国·当代国艺大师系列丛书	刘世嘉	四川巴中	民间资料		2015 年	16 开	未统计	巴中市图书馆
泥土芬芳——李忠善美术作品选	李忠善	四川巴中	民间资料		2017 年	16 开	7 万	巴中市图书馆
巴中风光（摄影集）	巴中地委宣传部		内部资料	巴中地委宣传部	1999 年	12 开	未统计	恩阳区图书馆

书　名	作者 （编者）	作者 籍贯	文献 类型	出版 / 印刷单位	印刷 时间	开本	字数	收藏者
永远的巴山红叶——王瑛的故事（连环画三集）	巴中市纪委市监委		公开出版	四川美术出版社	2020 年	32 开	未统计	景瑞三
南山书画集	刘家清	四川巴中	民间资料		2010 年	16 开	6 万	巴中市图书馆
郭平陆画集（二）	郭平陆	四川南江	公开出版	华艺出版社	2007 年	16 开		南江县档案馆
光雾山写生	郑海长	四川南江	内部资料	南江县诗词楹联学会	2006 年	16 开	2 万	南江县档案馆
南江老红军照片	南江红色文化研究会		内部资料	南江县文学艺术界联合会	2016 年	16 开	7 万	南江县图书馆
南江老照片（第二辑）	林世辉	四川南江	内部资料		2015 年	16 开	未统计	南江县图书馆
南江老照片（第三辑）	林世辉	四川南江	内部资料		2017 年	16 开	未统计	南江县图书馆
图说米仓山古道	符　忠 徐宏铭 陈家军	四川南江	内部资料	南江县文化广播影视新闻出版局	2014 年	32 开	6 万	南江县图书馆
古道画廊山水南江	徐宏铭	四川南江	内部资料	南江县文化广播影视新闻出版局	2015 年	16 开	5 万	巴中市图书馆
南江县水利建设图片档案	南江县水利局		内部资料	南江县水利局	2010 年	16 开	未统计	巴中市史志馆
影诗	夏文冰	四川南江	公开出版	中国文联出版社	2008 年	32 开	15 万	巴中市图书馆
艺林集锦	南江县政协书画院		公开出版	四川美术出版社	2016 年	16 开	未统计	南江县政协

书　名	作者 （编者）	作者 籍贯	文献 类型	出版／ 印刷单位	印刷 时间	开本	字数	收藏者
大巴山自然保护屏障影像志·大小兰沟省级自然保护区	大小兰沟自然保护区管理处		公开出版	四川美术出版社	2020 年	16 开	35 万	南江县林业局
映像通江	通江县委		内部资料	通江县委	2013 年	16 开	未统计	通江县图书馆
大美通江——天下画廊（摄影）	通江县委		内部资料	通江县委	不详	16 开	未统计	通江县图书馆
通江县老年书画作品集	通江县老年书画研究院		内部资料	通江县老年书画研究院	2011 年	16 开	未统计	通江县图书馆
使命（影集）	通江县政府		内部资料	通江县政府	2011 年	16 开	未统计	通江县图书馆
映像通江	易　航	四川巴中	内部资料		2012 年	16 开	未统计	巴中市史志馆
大美通江	赵晚生	四川通江	公开出版	四川画报社	不详	16 开	40 万	巴中市图书馆
巴中市首届行草书法作品展作品集	通江县文化广播电视和旅游局		内部资料	通江县文化广播电视和旅游局	2022 年	未统计	未统计	通江县图书馆
铭记空山战役纪念馆掠影	通江县委		内部资料	通江县委	不详	16 开	未统计	通江县图书馆
黄琨书画集	黄　敏 黄定中	四川通江	公开出版	新星出版社	2016 年	未统计	未统计	通江县图书馆
杜学锐硬笔书法选	杜学锐	四川通江	公开出版	现代出版社	2015 年	未统计	未统计	通江县图书馆
杜学锐书法作品集	杜学锐	四川通江	民间资料		2001 年	32 开	未统计	通江县档案馆
杜学锐书法集（1—2）	杜学锐	四川通江	民间资料		2010 年	16 开	未统计	通江县档案馆

书 名	作者 （编者）	作者 籍贯	文献 类型	出版/ 印刷单位	印刷 时间	开本	字数	收藏者
情系三乡——首届四川通江洞乡银耳节纪念（影集）	通江县委 通江县政府		内部 资料	通江县委 通江县政府	2004 年	16 开	未统计	通江县 档案馆
庆祝中华人民共和国成立六十周年通江印象书画作品集	通江县书画院		内部 资料	通江县书画院	2009 年	16 开	未统计	通江县 档案馆
通江县老年书画作品集	通江县老年书画研究院		内部 资料	通江县老年书画研究院	2011 年	16 开	未统计	通江县 档案馆
中国空山国家森林公园（影集）	通江县委 通江县政府		内部 资料	通江县委 通江县政府	不详	16 开	未统计	通江县 档案馆
恩阳古镇（影集）	彭从凯	四川 通江	民间 资料		2004 年	16 开	未统计	通江县 档案馆
画意光雾山·秋	彭从凯	四川 通江	民间 资料		2009 年	12 开	未统计	巴中市 图书馆
通江梨园坝（摄影册）	彭从凯	四川 通江	民间 资料		2014 年	16 开	未统计	景瑞三
蹇勇书法篆刻作品集	蹇 勇	四川 通江	民间 资料		1993 年	16 开	未统计	景瑞三
通江书画	蹇 勇	四川 通江	内部 资料	通江县文化艺术工作者协会	1989 年	16 开	未统计	景瑞三
严忠明书法作品集	严忠明	四川 通江	内部 出版	通江县诗书画院	1999 年	16 开	未统计	景瑞三
炳林眼中的通江（摄影作品）	李炳林	四川 通江	内部 出版	通江县委宣传部	2006 年	16 开	未统计	景瑞三

书 名	作者（编者）	作者籍贯	文献类型	出版/印刷单位	印刷时间	开本	字数	收藏者
红色名城诗韵通江（摄影集）	通江县委通江县政府		内部资料	四川集邮公司	2012年	8开	未统计	景瑞三
今日通江（摄影集）	通江县委通江县政府		内部资料	通江县委通江县政府	1986年	8开	未统计	景瑞三
秀美通江	通江县委通江县政府		内部资料	通江县委通江县政府	不详	16开	1万	景瑞三
追梦奋进——决战脱贫攻坚（画册）	两河口镇党委镇政府		内部资料	两河口镇党委镇政府	2020年	16开	未统计	景瑞三
铭记（影集）	通江县委通江县政府		内部资料	通江县委通江县政府	2015年	未统计	未统计	通江县委宣传部
神奇的诺水风光	通江县委宣传部		公开出版	中国文史出版社	2006年	32开	20万	巴中市史志馆
杜显明书画作品集	杜显明	四川通江	公开出版	四川美术出版社	2013年	16开	8万	巴中市图书馆
中华书法言论集	杜显明	四川通江	民间资料		1993年	32开	15万	巴中市图书馆
通江印象书画展作品集	通江县书画院		内部资料	通江县书画院	2009年	未统计	10万	巴中市图书馆
平昌党风廉政书画作品选	杨鹏飞	四川平昌	内部资料	平昌县委平昌县政府	2006年	16开	未统计	平昌县图书馆
庐山墨迹	何巽之	四川平昌	民间资料		2008年	32开	6万	平昌县图书馆
习书铭杰	何巽之	四川平昌	民间资料		2009年	32开	1万	景瑞三
杜渊华画集	杜渊华	四川平昌	公开出版	海天出版社	2002年	16开	未统计	平昌县图书馆
刘柏坚纪念画册	平昌县委党史研究室		内部资料	平昌县委党史研究室	1985年	16开	10万	平昌县方志馆

书　名	作者 （编者）	作者 籍贯	文献 类型	出版 / 印刷单位	印刷 时间	开本	字数	收藏者
山窗图画	安全东	四川 平昌	公开 出版	中国文联出 版社	2006 年	32 开	28 万	巴中市 图书馆
平昌文化名人 墨迹选	平昌县政协 文史资料委		内部 资料	平昌县政协	2005 年	16 开	50 万	巴中市 图书馆
田园风光水乡 平昌	平昌县委宣 传部 等		内部 资料	平昌县委宣 传部 等	不详	16 开	8 万	景瑞三
翰墨传情—— 丹青献礼	巴中市政协		内部 资料	巴中市政协		未统计	30 万	巴中市 图书馆
巴中市教育系 统美术书法摄 影作品集	巴中市教育 系统美术书 法摄影作品 展办公室		内部 资料	巴中市教育 系统美术书 法摄影作品 展办公室	2013 年	16 开	5 万	巴中市 图书馆
光雾山摄影大 展作品集—— 山水画廊秀美 巴中	巴中市委 巴中市政府		内部 资料		2020 年	未统计	未统计	巴中市 图书馆
光雾仙山　诺 水洞天（摄影 集）	巴中市委 巴中市政府		内部 出版	巴中市委 巴中市政府	2004 年	24 开	未统计	景瑞三
诗意山水　五 彩巴中	巴中市旅游 局		内部 资料	巴中市旅游 局	2020 年	未统计	未统计	巴中市 图书馆
航拍光雾山	巴中市自然 遗产管理办 公室		内部 资料	巴中市自然 遗产管理办 公室	不详	未统计	未统计	巴中市 图书馆
光雾山——叶 君摄影作品集	叶　君	四川 巴中	公开 出版	四川美术出 版社	2010 年	16 开	3 万	巴中市 图书馆
光雾山画册	巴中市委 巴中市政府		内部 资料	巴中市委 巴中市政府	2009 年	16 开	未统计	巴中市 图书馆
巴中石窟	易　航	四川 巴中	内部 资料		2012 年	12 开	未统计	巴中市 史志馆
光雾山（春夏 秋冬全四册）	易　航	四川 巴中	内部 资料		不详	16 开	未统计	景瑞三

书 名	作者（编者）	作者籍贯	文献类型	出版/印刷单位	印刷时间	开本	字数	收藏者
翰墨丹青映巴山	巴中市政协书画院		内部资料	巴中市政协	2010 年	16 开	未统计	巴中市史志馆
空山天盆（摄影集）	空山乡党委空山乡政府		内部资料	空山乡党委空山乡政府	不详	16 开	未统计	巴中市史志馆
不朽功业染丹青——川陕革命根据地红军宣传美术作品选	李芝兰	四川巴中	公开出版	四川大学出版社	2020 年	16 开	12 万	巴中市档案馆
美好巴中	巴中市委巴中市政府		内部资料	巴中市委巴中市政府	不详	16 开	1 万	景瑞三
川陕革命根据地红军石刻影印集	巴中市委巴中市政府		内部出版	巴中市委巴中市政府	2005 年	24 开	1 万	景瑞三
刘瑞龙①与战友诗意画集	黄嘉明康金梅		公开出版	上海美术出版社	2010 年	8 开	1 万	景瑞三
人文巴中（摄影册）	巴中市文化局		内部资料	巴中市文化局	不详	16 开	未统计	景瑞三
巴中石韵	巴中市文学艺术界联合会		内部资料	巴中市文学艺术界联合会	2016 年	16 开	未统计	景瑞三
川陕苏区将帅碑林（碑文纪念册）	川陕苏区将帅碑林办公室		内部资料	川陕苏区将帅碑林办公室	2003 年	32 开	15 万	景瑞三
巴中改革开放40周年成就展（摄影册）	巴中日报社		内部资料	巴中日报社	2018 年	16 开	未统计	景瑞三
翰墨巴中——巴中市书画精品展作品集	四川省政协书画研究院		内部资料	四川省政协书画研究院	2021 年	16 开	1 万	景瑞三

---

① 刘瑞龙：曾在川陕苏区战斗过。

书　名	作者（编者）	作者籍贯	文献类型	出版/印刷单位	印刷时间	开本	字数	收藏者
颂党恩·美丽巴中——巴中市直机关美术、书法、摄影作品选	巴中市直机关工委		内部资料	巴中市直机关工委	2014 年	16 开	未统计	景瑞三
巴中市老年书画研究会成立暨第一届书画展作品集	巴中市老年书画研究会		内部资料	巴中市老年书画研究会	2009 年	16 开	未统计	景瑞三
康定富书法集	康定富	四川南江	民间资料		2010 年	16 开	未统计	景瑞三
弘扬瑰宝·传承文明——四川省川东北六市老年书画联展作品集	四川省川东北六市老年书画联展编委会		内部资料		2020 年	16 开	未统计	景瑞三
梦想的力量——少年晏阳初（绘本）	成　燕李姗姗		公开出版	成都时代出版社	2022 年	16 开	3 万	景瑞三
巴中旅游（摄影集）	巴中市旅游局		内部资料	巴中市旅游局	不详	16 开	未统计	景瑞三
坦途越巴山（摄影集）	巴中市交通局		内部资料	巴中市交通局	不详	16 开	未统计	景瑞三
巴山墨缘——2006 年四川雪涛书艺沙龙 7 人书法展作品集	蒲　剑	四川巴中	内部资料	雪涛书画院	2006 年	16 开	未统计	景瑞三
美丽富饶的巴中（摄影集）	巴中地委巴中地区行署		内部资料	巴中地委巴中地区行署	不详	16 开	未统计	景瑞三
四川南江桃园风光（摄影集）	桃园风光编委会		内部资料		1992 年	16 开	未统计	景瑞三

书名	作者 （编者）	作者 籍贯	文献 类型	出版/ 印刷单位	印刷 时间	开本	字数	收藏者
山水画廊·秀美巴中（光雾山全国摄影大展集）	巴中市委、巴中市政府		内部资料	中国摄影报社	2020 年	8 开	7 万	景瑞三
根艺奇石	余 江	四川巴中	民间资料		2021 年	16 开	未统计	景瑞三
智睿书涂彩墨辉映	欧阳智睿	四川巴中	民间资料		2015 年	16 开	5 万	景瑞三
巴中山地网球（摄影集）	巴中市委宣传部		内部资料	巴中市委宣传部	2015 年	16 开	未统计	景瑞三
创森林城市建美丽巴中（摄影作品集）	巴中市林业局		内部资料	巴中市林业局	2013 年	16 开	未统计	景瑞三
欢度国庆节喜迎二十大——纪念川陕革命根据地创建 90 周年巴中市书画作品邀请展作品集	巴中市文化广播电视和旅游局 通江县委宣传部		内部资料	巴中市文化广播电视和旅游局 通江县委宣传部	2022 年	16 开	未统计	景瑞三
全局扶贫追赶跨越、连片扶贫开发工作汇报图集	巴中市委 巴中市政府		内部资料	巴中市委 巴中市政府	2013 年	16 开	未统计	巴中市史志馆
连片开发精准实施——市点面结合推进 1+6 扶贫攻坚汇报画册	巴中市委 巴中市政府		内部资料	巴中市委 巴中市政府	2014 年	16 开	未统计	巴中市史志馆
四川省巴中中学 130 周年校庆纪念册（1868—1998）	巴中中学校庆办公室		内部资料	巴中中学校庆办公室	1998 年	16 开	未统计	恩阳区图书馆

第四节 故事歌谣楹联

书 名	作者（编者）	作者籍贯	文献类型	出版/印刷单位	印刷时间	开本	字数	收藏者
千古民传趣味故事选	白宗湘	四川巴中	公开出版	中国文联出版社	2015 年	32 开	9 万	巴州区图书馆
二将军故事	白宗湘	四川巴中	民间资料		2004 年	32 开	7 万	巴州区图书馆
山里人的龙门阵故事	邓荣芳	四川巴中	公开出版	作家出版社	2010 年	32 开	10 万	巴州区图书馆
山旮旯里的龙门阵	李祥光	四川巴中	公开出版	四川民族出版社	2015 年	未统计	未统计	巴州区图书馆
佘家湾的故事	佘 忠	四川巴中	民间资料		2011 年	未统计	未统计	巴州区图书馆
巴州奇谭	喻哲文	四川巴中	内部资料	巴中广播电视报社	1999 年	32 开	未统计	巴州区档案馆
凡人善举故事集（上下）	程仕昌	四川巴中	内部资料	巴州区委宣传部	2015 年	16 开	15 万	巴州区图书馆
昨天的故事	张学金	四川巴中	民间资料		2006 年	16 开	9 万	巴州区图书馆
川陕革命根据地红军故事	巴中县委党史工委办公室		公开出版	重庆出版社	1987 年	32 开	18 万	巴州区图书馆
川陕苏区红军故事集	张崇鱼	四川巴中	内部资料	红四方面军战史修改办公室	2002 年	32 开	36 万	巴中市史志馆
红军故事（上下）	张崇鱼	四川巴中	公开出版	北京图书出版社	2013 年	16 开	24 万	巴中市档案馆
革命故事（1932—1935）	巴中县文化馆		内部资料	巴中县文化馆	不详	16 开	未统计	巴州区档案馆

书 名	作者 （编者）	作者 籍贯	文献 类型	出版/ 印刷单位	印刷 时间	开本	字数	收藏者
民间故事	巴中县档案馆		内部资料	巴中县档案馆	1959年	16开	未统计	巴州区档案馆
党是我一生的追求——周永开小故事集	巴州区纪委		内部资料	巴州区纪委	2021年	16开	6万	巴州区档案馆
腊梅花开——周永开同志故事汇	李国军	四川巴中	内部资料	巴州区纪委	2021年	未统计	7万	巴州区纪委
巴中故事	李旭升	四川巴中	公开出版	四川人民出版社	2006年	32开	29万	恩阳区图书馆
川陕苏区南江红军故事	南文县红色文化研究会		内部资料		2017年	32开	23万	南江县地方志办公室
还没写完的故事	李先哲	四川南江	民间资料		2016年	32开	未统计	南江县档案馆
记忆中的故事	李先哲	四川南江	民间资料		2004年	32开	20万	南江县档案馆
南江故事集	南江县文化馆		内部资料	南江县文化馆	1987年	16开	未统计	巴中市史志馆
通江三李故事	赵明智	四川通江	民间资料		1999年	32开	6万	巴州区图书馆
红军故事	黄定中	四川通江	公开出版	大众文艺出版社	2012年	未统计	45万	通江县图书馆
通江县地名故事	通江县地名委员会办公室		内部资料	通江县地名委员会办公室	不详	未统计	未统计	通江县图书馆
驴子与千里马	王述成	四川平昌	公开出版	白山出版社	2015年	32开	8万	平昌县图书馆
画眉组团	王述成	四川平昌	民间资料		1992年	16开	12万	平昌县方志馆
老牛教子	王述成	四川平昌	公开出版	中国国际广播出版社	1993年	16开	10万	平昌县方志馆

书 名	作者 （编者）	作者 籍贯	文献 类型	出版／ 印刷单位	印刷 时间	开本	字数	收藏者
生肖讨论会	王述成	四川 平昌	公开 出版	中国国际广 播出版社	1994 年	16 开	11 万	平昌县 方志馆
王述成寓言散 文选	王述成	四川 平昌	公开 出版	中国文史出 版社	2004 年	16 开	13 万	平昌县 方志馆
八仙新传	王述成	四川 平昌	公开 出版	四川美术出 版社	2005 年	16 开	12 万	平昌县 方志馆
鲜花与棘藜	王述成	四川 平昌	公开 出版	中国国际广 播出版社	2002 年	16 开	10 万	平昌县 方志馆
川陕苏区儿童 团故事	白明高	四川 平昌	公开 出版	四川少年儿 童出版社	1989 年	16 开	12 万	平昌县 方志馆
千佛山传奇	杨先成	四川 平昌	内部 资料	巴中市文化 体育新闻出 版局	2008 年	32 开	16 万	作者
红军故事 1000 例 （上下册）	川陕苏区将 帅碑林纪念 馆		公开 出版	北京图书出 版社	2013 年	16 开	24 万	巴中市 图书馆
历代清廉 故事选	喻汉文 张德君	四川 巴中	公开 出版	四川人民出 版社	1991 年	32 开	16 万	巴中市 图书馆
川陕革命根据 地红色记忆 ——红军故事	川陕革命根 据地红色记 忆编委会		公开 出版	大众文艺出 版社	2012 年	16 开	45 万	景瑞三
阴灵山传奇	张秉直 蹇明盛	四川 巴中	内部 出版		2006 年	32 开	5 万	景瑞三
何家大院的 故事	何光宇	四川 通江	民间 资料		2006 年	16 开	12 万	景瑞三
十二月（留守 中学生成长故 事）	邱易东	四川 巴中	公开 出版	少年儿童出 版社	2008 年	32 开	17 万	景瑞三
川陕苏区 100 个经典故事	巴中市委宣 传部		内部 资料	巴中市委宣 传部	2022 年	32 开	12 万	景瑞三

书 名	作者（编者）	作者籍贯	文献类型	出版/印刷单位	印刷时间	开本	字数	收藏者
川陕苏区历史歌谣	川陕革命根据地博物馆		公开出版	四川文艺出版社	1985 年	32 开	10 万	川陕革命根据地博物馆
川陕苏区历史歌谣选编	巴中市委巴中市政府		内部资料	巴中市委巴中市政府	2005 年	32 开	未统计	川陕革命根据地博物馆
川陕革命根据地红色记忆——红色歌谣	川陕革命根据地红色记忆编委会		公开出版	大众文艺出版社	2012 年	未统计	45 万	巴中市图书馆
巴中民歌	李旭升	四川巴中	公开出版	四川人民出版社	2006 年	32 开	26 万	恩阳区图书馆
丧葬礼仪歌谣	朱仕珍	四川巴中	民间资料		1994 年	32 开	8 万	巴州区图书馆
巴中民歌（1—2卷）	朱仕珍	四川巴中	内部资料	巴中县文化馆	1982 年	32 开	未统计	巴州区图书馆
石匠民俗歌谣	朱仕珍	四川巴中	民间资料		1991 年	未统计	未统计	巴州区图书馆
工匠民俗歌谣——吉利专集	朱仕珍	四川巴中	民间资料		2007 年	32 开	未统计	巴中市图书馆
巴山情歌	朱仕珍	四川巴中	公开出版	中国民间文艺出版社	1986 年	32 开	10 万	巴州区图书馆
巴山民俗歌谣选	朱仕珍	四川巴中	公开出版	四川人民出版社	1990 年	32 开	32 万	巴州区图书馆
花见蜜蜂朵朵开——巴山情歌	朱仕珍	四川巴中	公开出版	四川人民出版社	1990 年	16 开	11 万	巴中市图书馆
巴山新儿歌	王永明	四川巴中	民间资料		2005 年	未统计	10 万	巴州区图书馆

书 名	作者 （编者）	作者 籍贯	文献 类型	出版／ 印刷单位	印刷 时间	开本	字数	收藏者
甘泉公社五七 农民学校歌曲 选	甘泉公社文 艺创作组		内部 资料	甘泉公社文 艺创作组	1974年	32开	1万	巴州区 档案馆
革命歌曲选 （1932—1935） 1—2册	巴中县文化 馆		内部 资料	巴中县文化 馆	不详	16开	未统计	巴州区 档案馆
大跃进民歌选 （第二辑）	巴中县委宣 传部		内部 资料	巴中县委宣 传部	1958年	32开	2万	巴州区 档案馆
当代民谣民谚 拾录	程世昌	四川 巴中	民间 资料		2016年	16开	15万	景瑞三
川陕苏区革命 历史歌谣 （上下）	川陕革命根 据地博物馆		内部 资料	川陕革命根 据地博物馆	1984年	32开	14万	恩阳区 图书馆
川陕苏区革命 历史歌谣	杜　中 易　伟	四川 巴中	公开 出版	四川文艺出 版社	1985年	32开	10万	恩阳区 图书馆
巴山新民歌 100首	周泽安	四川 南江	内部 出版	南江县委宣 传部	2005年	32开	5万	景瑞三
川陕苏区红军 歌谣集成	南江县红色 文化研究会		内部 资料		2016年	32开	10万	南江县 委党史 研究室
巴山情歌曲集	周泽安	四川 南江	内部 出版	南江文学艺 术界联合会	2011年	32开	8万	南江县 图书馆
南江民歌集	南江县文化 馆		内部 资料	南江县文化 馆	1980年	16开	30万	巴中市 图书馆
哭丧歌	南江县文化 馆		公开 出版	上海文艺出 版社	1988年	32开	19万	巴中市 图书馆
南江民歌选	南江县文化 馆		内部 资料	南江县文化 馆	1983年	未统计	40万	南江县 图书馆
声律浅说	蒲守易	四川 南江	内部 资料	南江县诗词 楹联学会	不详	32开	2万	南江县 图书馆
南江民歌选 ——山歌部分	南江县文化 馆		内部 资料	南江县文化 馆	1983年	16开	32万	南江县 图书馆

书 名	作者（编者）	作者籍贯	文献类型	出版/印刷单位	印刷时间	开本	字数	收藏者
南江县民歌精选	崖 松	四川南江	内部出版		2000年	32开	11万	南江县图书馆
南江县民间器乐曲	南江县文化馆		内部资料	南江县文化馆	1998年	16开	19万	南江县政协
蒋成俊歌曲选	蒋成俊	四川南江	公开出版	中国文联出版社	2008年	32开	19万	南江县政协
南江民歌（一、二）	岳光荣	四川南江	民间资料		2010年	32开	11万	南江县图书馆
红军歌谣集成	南江红色文化研究会		内部资料		2016年	32开	10万	巴中市史馆志
红色歌谣	黄定中	四川通江	公开出版	大众文艺出版社	2012年	未统计	未统计	通江县图书馆
通江县民间器乐曲集成	通江县文化馆		内部资料	通江县文化馆	不详	16开	未统计	通江县图书馆
通江民间歌谣	通江县文化馆		内部资料	通江县文化馆	1998年	16开	20万	通江县档案馆
川陕革命根据地革命历史歌谣集	通江县委党史研究室	四川通江	内部资料	通江县委党史研究室	2021年	16开	12万	通江县档案馆
通江民间歌谣校补图注（上下册）	潘大聪 黄尚军	四川通江	公开出版	四川民族出版社	2019年	16开	180万	通江县档案馆
川陕革命根据地历史歌谣选编	巴中市委 巴中市政府		内部资料	巴中市委 巴中市政府	2005年	32开	15万	巴中市图书馆
川陕革命根据地历史歌谣集（上下）	杜 中 易 伟 谯光友	四川巴中	内部资料	川陕革命根据地博物馆	1984年	32开	12万	巴州区档案馆
平昌县民歌民谣拾萃	王仕双	四川平昌	民间资料		2017年	16开	未统计	巴中市史志馆

书 名	作者 （编者）	作者 籍贯	文献 类型	出版/ 印刷单位	印刷 时间	开本	字数	收藏者
天外天（知识 儿歌精选集）	何德林①	重庆 璧山	民间 资料		2019 年	16 开	6 万	平昌县 政协
山里娃之歌 （少儿歌曲精 选集）	何德林	重庆 璧山	民间 资料		2019 年	16 开	2 万	平昌县 政协
歌海词叶 （歌词精选集）	何德林	重庆 璧山	民间 资料		2019 年	16 开	2 万	平昌县 政协
神州放歌（歌 曲精选集）	何德林	重庆 璧山	民间 资料		2019 年	16 开	2 万	平昌县 政协
巴中民间童谣	阳　云 蒲　剑 肖　琳	四川 巴中	公开 出版	中国华侨出 版社	2022 年	32 开	20 万	巴中市 图书馆
楹联拾萃 （上下）	程世昌	四川 巴中	内部 资料	巴州区党史 办	2017 年	32 开	4 万	巴州区 图书馆
珍惜文宝话对 联（怎么写对 联）	鹤九天	四川 巴中	公开 出版	四川人民出 版社	2013 年	32 开	7 万	巴州区 图书馆
南龛楹联 诗词集	巴中县政协		内部 资料	巴中县政协	1982 年	16 开	未统计	巴州区 图书馆
中国对联集 成·中国卷	马善政	四川 南江	民间 资料		2005 年	16 开	38 万	景瑞三
中国对联·巴 中卷	马善政	四川 南江	民间 资料		2005 年	16 开	38 万	巴州区 图书馆
2014 年咏春 春联集	南江县诗词 楹联学会		内部 资料	南江县诗词 楹联学会	2014 年	32 开	1 万	南江县 图书馆
蛇年春联集	南江县诗词 楹联学会		内部 资料	南江县诗词 楹联学会	2013 年	32 开	1 万	南江县 图书馆

① 何德林：曾在平昌工作。

书 名	作者 （编者）	作者 籍贯	文献 类型	出版/ 印刷单位	印刷 时间	开本	字数	收藏者
岳飞纪念地匾 联集	南江县政协 文史资料委		内部 出版	南江县政协	2000 年	32 开	10 万	景瑞三
巴蜀趣联解读	张邵城	四川 巴中	公开 出版	巴蜀书社	2004 年	16 开	5 万	通江县 图书馆
四箴斋楹联诗 文集	程源辉	四川 平昌	民间 资料		2007 年	32 开	18 万	平昌县 图书馆
谭毅文存—— 楹联卷	谭 毅	四川 巴中	公开 出版	成都时代出 版社	2005 年	32 开	22 万	巴中市 图书馆
中国对联集 成·巴中卷	刘 瑞	四川 巴中	公开 出版	成都时代出 版社	2015 年	32 开	40 万	川陕革 命根据 地博物 馆
楹联观止 （1—3 卷）	蔡一星	四川 巴中	民间 资料		1998 年	16 开	20 万	景瑞三
川陕苏区将帅 碑林楹联长廊 联集	张崇鱼		内部 出版	川陕苏区将 帅碑林办公 室	2002 年	32 开	9 万	景瑞三
川陕苏区将帅 碑林楹联长廊 联集（续二）	张崇鱼		内部 出版	川陕苏区将 帅碑林办公 室	2003 年	32 开	未统计	景瑞三
长联集萃	柯孟杰	四川 巴中	民间 资料		2011 年	32 开	8 万	景瑞三

第七章

地情名胜旅游

书 名	作者 （编者）	作者 籍贯	文献 类型	出版／ 印刷单位	印刷 时间	开本	字数	收藏者
巴渠胜景	巴中县建委		内部 资料	巴中县建委	不详	32 开	未统计	巴州图 书馆区
米仓古道 三儿河	巴州区化成 镇三儿河村 委		公开 出版	四川民族出 版社	2020 年	16 开	23 万	巴州区 图书馆
柏林湾旅行	张熙明 张雪梅	四川 巴中	内部 资料	大巴山生态 与贫困问题 研究会	2014 年	32 开	8 万	巴州区 图书馆
巴山民宿寻诗 与远方	巴中市文化 广播电视和 旅游局		内部 资料	巴中市文化 广播电视和 旅游局	不详	未统计	未统计	巴州区 图书馆
四川省巴中县 地名录	巴中县地名 办公室		内部 资料	巴中县地名 办公室	1984 年	16 开	60 万	巴州区 政协
巴中县概况	巴中县地名 领导小组办 公室		内部 资料	巴中县地名 领导小组办 公室	1982 年	16 开	未统计	巴州区 档案馆
恩阳地名拾趣	恩阳区政协		内部 出版	恩阳区政协	2019 年	16 开	17 万	恩阳区 政协
巴中名胜	李旭升	四川 巴中	公开 出版	四川人民出 版社	2006 年	32 开	17 万	恩阳区 图书馆
川北明珠恩阳 古镇	巴州区校本 教材编委会		内部 资料		2003 年	32 开	5 万	景瑞三
巴中概览	巴中市史志 协会		公开 出版	中国文史出 版社	2012 年	32 开	18 万	恩阳区 图书馆
南阳记忆	彭朝富 马瑞华	四川 巴中	内部 资料		2019 年	16 开	61 万	恩阳区 图书馆

书 名	作者（编者）	作者籍贯	文献类型	出版/印刷单位	印刷时间	开本	字数	收藏者
太白乡迹	恩阳区玉山镇太白村		内部资料	恩阳玉山镇太白村	2020 年	未统计	63 万	巴中市图书馆
奇秀光雾山	黄治新	四川南江	内部资料	南江县政协	2008 年	32 开	6 万	南江县地方志办公室
南江风物	陈登枢	四川南江	内部资料	南江县诗词楹联学会	2007 年	32 开	16 万	南江县地方志办公室
魅力南江	廖良国	四川南江	公开出版	天地出版社	2015 年	16 开	13 万	作者
人间仙境张公塘	南江县平岗乡政府		公开出版	四川民族出版社	2019 年	32 开	14 万	景瑞三
南江乡情	南江县委办公室		内部资料	南江县委办公室	2005 年	32 开	3 万	南江县档案馆
南江风情（第二集）	雷发远	四川南江	内部资料	南江县诗词楹联学会	2000 年	32 开	2 万	南江县档案馆
南江县红色旅游研究	南江县委党史研究室		内部资料	南江县委党史研究室	2021 年	16 开	12 万	南江县委党史研究室
断渠大观	南江县委宣传部		内部出版	南江县委宣传部	1998 年	32 开	11 万	南江县图书馆
璀璨绿珠——米仓山森林公园	周福田	四川南江	内部资料		2012 年	32 开	10 万	南江县图书馆
走进南江	南江县委宣传部		内部资料	南江县委宣传部	2001 年	16 开	24 万	巴中市图书馆
神奇的诺水风光	通江县委宣传部		公开出版	中国文史出版社	2006 年	32 开	20 万	通江县图书馆
悠久的银耳之乡	通江县委宣传部		公开出版	中国文史出版社	2006 年	32 开	20 万	通江县图书馆
灿烂的川陕苏区首府	通江县委宣传部		公开出版	中国文史出版社	2006 年	32 开	25 万	通江县图书馆

书 名	作者（编者）	作者籍贯	文献类型	出版/印刷单位	印刷时间	开本	字数	收藏者
可爱的通江	通江县教育科研室		内部资料	通江县教育科研室	2012年	32开	未统计	通江县图书馆
可爱通江	通江县委宣传部		内部资料	通江县委宣传部	1984年	32开	未统计	景瑞三
诺水风姿	通江县建设委员会		内部出版	通江县建设委员会	1989年	32开	10万	景瑞三
四川省通江县地名录	通江县地名领导小组		内部资料	通江县地名领导小组	1983年	16开	60万	通江县图书馆
通江舆地词典	通江舆地词典编委会		内部资料		1984年	32开	19万	通江县图书馆
解谜——神奇诺水河	王作沛	四川通江	公开出版	四川文艺出版社	2015年	未统计	未统计	通江县图书馆
通江县旅游发展大会资料汇编	通江县委县政府		内部资料	通江县委县政府	2018年	16开	未统计	通江县档案馆
可爱巴中	王端朝	四川通江	公开出版	大众文艺出版社	2006年	32开	15万	通江县档案馆
通江地理	通江教育学会地理学组		内部资料	通江教育学会地理学组	1983年	32开	2万	景瑞三
红色摇篮银耳之乡——通江	向荣华	四川通江	公开出版	四川人民出版社	1992年	32开	9万	巴中市史志馆
神奇诺水河	通江县地情资料信息中心		内部资料	通江县地情资料信息中心	2009年	32开	未统计	巴中市史志馆
平昌白衣	余 江 李永安	四川巴中	内部资料	巴中市民间文艺家协会	2016年	32开	16万	平昌县方志馆
平昌文化系列丛书——风景名胜	何茂森	四川平昌	内部资料		2017年	16开	52万	平昌县图书馆
风物镇龙山	廖国宇	四川平昌	内部资料		2013年	16开	9万	平昌县政协

书 名	作者 （编者）	作者 籍贯	文献 类型	出版 / 印刷单位	印刷 时间	开本	字数	收藏者
镇龙风韵	镇龙风韵编委会		内部资料		2009 年	16 开	10 万	景瑞三
米仓道简介	巴中市委市政府		内部资料	巴中市委市政府	不详	16 开	6 万	巴中市图书馆
走进巴中旅游指南	巴中市旅游局		公开出版	四川科学技术出版社	2008 年	64 开	11 万	巴中市图书馆
山水画廊秀美巴中——巴中美食地图	巴中市商务局		内部资料	巴中市商务局	不详	未统计	2 万	巴中市图书馆
巴中市山地运动休闲度假旅游目的地建设	巴中市社科联		内部资料	巴中市社科联	不详	未统计	40 万	巴中市图书馆
巴山风景	赵学成	四川平昌	公开出版	中国华侨出版社	1995 年	16 开	20 万	巴中市图书馆
走入巴中	巴中市地方志办公室		内部资料	巴中市地方志办公室	2001 年	16 开	未统计	巴中市史志馆
川陕苏区首府巴中	巴中市委党史办公室		内部资料	巴中市委党史办公室	2011 年	16 开	未统计	巴中市史志馆
巴中市情	巴中市委政策研究室		内部资料	巴中市委政策研究室	2003 年	16 开	50 万	巴中市史志馆
秘境巴中	郭　瑞 陈小梅	四川巴中	民间资料		不详	未统计	未统计	巴中市史志馆
巴中地理	庞济涛 凌志雄	四川巴中	内部资料		1999 年	32 开	未统计	巴中市史志馆
巴山脊梁	巴中市地情文献史料中心		内部出版	巴中市地情文献史料中心	2005 年	16 开	15 万	景瑞三
巴中市情概览	巴中市委办公室		公开出版	中国国际广播出版社	2017 年	16 开	14 万	景瑞三

书　名	作者（编者）	作者籍贯	文献类型	出版/印刷单位	印刷时间	开本	字数	收藏者
巴中市情读本（2020）	巴中市委政策研究室		内部资料	巴中市委政策研究室	2020年	32开	8万	景瑞三
巴中旅游经济发展研究	高少东	四川南江	内部出版	巴中市旅游局	2008年	32开	5万	景瑞三

第八章

非巴中籍作者书写巴中

书　名	作者 （编者）	作者籍贯	文献类型	出版/ 印刷单位	印刷时间	开本	字数	收藏者
川陕革命根据地（通南巴）简史	四川大学历史系川北革命根据地调查组		内部资料	四川大学历史系川北革命根据地调查组	1959 年	16 开	未统计	巴州区档案馆
中共通南巴斗争简史	王叙伍	四川达州	内部资料	达县地区党史工委	1984 年	32 开	9 万	巴州区图书馆
大巴山红军传说	四川省民间文艺研究会		内部资料	四川省民间文艺研究会	1959 年	16 开	未统计	巴州区档案馆
巴族史	管维良	不详	公开出版	天地出版社	1996 年	32 开	15 万	巴中市图书馆
巴渠先锋谱	达县地委宣传部		内部资料	达县地委宣传部	1993 年	32 开	28 万	巴州区档案馆
巴渠名萃	达县地委宣传部		内部资料	达县地委宣传部	1984 年	32 开	9 万	巴州区档案馆
巴山戏剧	达县专区文艺卫生办公室		内部资料	达县专区文艺卫生办公室	1959 年	32 开	1 万	巴州区档案馆
贫困的呐喊	李林樱	四川成都	公开出版	天地出版社	2000 年	32 开	29 万	巴州区档案馆
秦巴山区县情	秦巴山区县情编委会		公开出版	西安地图出版社	1988 年	32 开	53 万	巴中县档案馆
巴渠历代名人诗词选	郭奎生	四川达县	内部资料	达县地区档案局	不详	32 开	5 万	巴州区档案馆
中共通南巴平地下斗争简史	达县地委党史办公室		内部资料	达县地委党史办公室	1984 年	64 开	9 万	巴州区档案馆

书名	作者 （编者）	作者 籍贯	文献 类型	出版 / 印刷单位	印刷 时间	开本	字数	收藏者
巴中气象资料 （1952—1970）	成都中心气象台		内部资料	成都中心气象台	1972 年	32 开	2 万	巴州区档案馆
2000 年巴中县农业经济发展研究	全国西部地区农村经济发展研究四川省巴中县课题组		内部资料	巴中县农业区划办公室	1986 年	16 开	32 万	巴州区档案馆
最可爱的人 ——吴瑞林同志纪念文集	耿仲琳 彭绪一	不详	公开出版	改革出版社	1997 年	32 开	27 万	巴州区委党史办公室
川东游击军简史	达县地委党史征集小组		内部资料	达县地委党史征集小组	1983 年	32 开	18 万	南江县图书馆
通江水暖	刘裕国 郑赤鹰	不详	公开出版	人民出版社	2016 年	未统计	未统计	通江县图书馆
中国工农红军第四方面军战例选编	中国工农红军第四方面军战史编辑委员会		公开出版	解放军出版社	1990 年	16 开	未统计	通江县图书馆
中国工农红军第四方面军人物志	中国工农红军第四方面军战史编辑委员会		公开出版	解放军出版社	1998 年	16 开	未统计	通江县图书馆
大国扶贫——来自巴中市扶贫一线的报告	贺享雍	四川渠县	公开出版	四川人民出版社	2018 年	16 开	46 万	通江县档案馆
脱贫攻坚我们在行动——23 位第一书记访谈录	贺享雍	四川渠县	公开出版	四川人民出版社	2018 年	16 开	41 万	通江县档案馆
川陕革命根据地粮政史长编	四川省粮食局粮食志编辑室		公开出版	四川大学出版社	1988 年	32 开	13 万	通江县档案馆

书　名	作者 （编者）	作者 籍贯	文献 类型	出版/ 印刷单位	印刷 时间	开本	字数	收藏者
巴人寻根—— 巴人巴国巴文 化	白九江	四川 华蓥	公开 出版	重庆出版社	2007 年	16 开	22 万	巴中市 图书馆
险行米仓道	四川文物考 古研究院		公开 出版	四川大学出 版社	2012 年	16 开	35 万	巴中市 图书馆
红色镌刻	西华师范大 学、川陕革 命根据地研 究中心		公开 出版	中共党史出 版社	2019 年	16 开	34 万	巴中市 图书馆
川陕革命根据 地史	林　超 温贤美	四川 成都	公开 出版	四川省社科 院出版社	1988 年	16 开	26 万	巴中市 图书馆
川陕革命根据 地英烈	温美贤	四川 成都	公开 出版	四川省社科 院出版社	1984 年	32 开	16 万	巴中市 档案馆
川鄂边游击队	川鄂边游击 队编委会		公开 出版	四川人民出 版社	1988 年	16 开	30 万	巴中市 图书馆
走进光雾山 ——诗歌卷	四川省作家 协会		公开 出版	作家出版社	2004 年	16 开	20 万	巴中市 图书馆
走进光雾山 ——歌曲卷	四川省作家 协会		公开 出版	作家出版社	2004 年	16 开	17 万	巴中市 图书馆
走进光雾山 ——民歌卷	四川省作家 协会		公开 出版	作家出版社	2004 年	16 开	17 万	巴中市 图书馆
走进光雾山 ——风光名胜 卷	四川省作家 协会		公开 出版	作家出版社	2004 年	16 开	38 万	巴中市 图书馆
走进光雾山 ——传说故事 卷	四川省作家 协会		公开 出版	作家出版社	2004 年	16 开	38 万	巴中市 图书馆
走进光雾山 ——散文卷	四川省作家 协会		公开 出版	作家出版社	2004 年	16 开	38 万	巴中市 图书馆

书　名	作者 （编者）	作者 籍贯	文献 类型	出版 / 印刷单位	印刷 时间	开本	字数	收藏者
川陕革命根据地历史文献资料集成（上册）	西华师范大学历史文化学院		公开出版	四川大学出版社	2012 年	16 开	88 万	巴中市图书馆
川陕革命根据地历史文献资料集成（中册）	西华师范大学历史文化学院		公开出版	四川大学出版社	2012 年	16 开	88 万	巴中市图书馆
川陕革命根据地历史文献资料集成（下册）	西华师范大学历史文化学院		公开出版	四川大学出版社	2012 年	16 开	88 万	巴中市图书馆
中华英才宋永华传奇人生	王永明 王　旭	陕西	公开出版	中国文史出版社	2005 年	32 开	16 万	巴中市图书馆
川东北考古与巴文化研究	马幸辛	四川 阆中	公开出版	西南交通大学出版社	2020 年	32 开	11 万	巴中市图书馆
川陕苏区研究——红军入川暨川陕革命根据地创建 80 周年理论研讨会文集	电子科技大学马克思主义理论研究中心		公开出版	电子科技大学出版社	2013 年	32 开	32 万	巴中市图书馆
巴山夜雨	张恨水	安徽潜山	公开出版	安徽文艺出版社	2018 年	16 开	60 万	巴中市图书馆
唯美四川米仓山——巴中篇	张文敬 张怡华	四川旺苍	公开出版	天地出版社	2021 年	16 开	20 万	巴中市图书馆
川陕苏区研究——西华师范大学学报文选	杨　健 杨和平 黄　涓	不详	公开出版	人民出版社	2018 年	32 开	23 万	巴中市史志馆
四川当代县域经济巴中卷	四川省县域经济学会		公开出版	四川科学技术出版社	2013 年	16 开	103 万	巴中市史志馆

书名	作者（编者）	作者籍贯	文献类型	出版/印刷单位	印刷时间	开本	字数	收藏者
三时文库丛书之——唐之容《解深密经讲义》	楼宇烈 怡学生	不详	公开出版	国家图书馆出版社	2017年	16开	8万	作者
川陕革命根据地货币图录	张建新 闫登发	不详	公开出版	巴蜀书社	2010年	16开	20万	作者
川陕革命根据地历史文献选编	四川大学		公开出版	四川人民出版社	1982年	32开	32万	通江县档案馆
川陕革命根据地文化史料选编	山西省文化厅		公开出版	三秦出版社	1997年	32开	72万	川陕革命根据地博物馆
川陕苏区巴中行	伍奕 方慧敏	四川成都	公开出版	四川人民出版社	2006年	16开	19万	川陕革命根据地博物馆
川陕革命根据地青年运动文献资料选编	团四川省委青运史研究室		内部资料	团四川省委青运史研究室	1986年	32开	9万	川陕革命根据地博物馆
红四方面军纪实	刘秉荣	天津	公开出版	知识出版社	2000年	32开	77万	川陕革命根据地博物馆
川陕革命根据地财政经济史料选编	四川省财政科学研究院		公开出版	四川省社会科学院出版社	1987年	32开	40万	川陕革命根据地博物馆
西行壮歌——川陕革命根据地斗争史	四川博物院		公开出版	四川教育出版社	2011年	16开	未统计	巴中市档案馆
红四方面军征战纪实	谢远学 郭山文	湖北武汉	公开出版	湖北人民出版社	2007年	16开	40万	巴中市档案馆

书 名	作者（编者）	作者籍贯	文献类型	出版/印刷单位	印刷时间	开本	字数	收藏者
战典3——红四方面军征战纪实	李 涛	北京	公开出版	作家出版社	2016 年	16 开	32 万	巴中市档案馆
张琴秋①传	钟桂松	北京	公开出版	华文出版社	2020 年	32 开	20 万	巴中市档案馆
红云崖（五场歌剧）	梁上泉	四川达州	公开出版	四川文艺出版社	1985 年	32 开	7 万	巴州区档案馆
红四方面军（上册）	少 华	湖南	公开出版	湖南人民出版社	不详	32 开	未统计	巴中市档案馆
红四方面军（下册）	少 华	湖南	公开出版	湖南人民出版社	不详	32 开	未统计	巴中市档案馆
巴人俗话	邓颐虎	四川达州	内部资料		2006 年	32 开	8 万	景瑞三
巴中枭匪王三春	符文学	陕西镇巴	内部资料	镇巴县政协	2010 年	32 开	20 万	景瑞三
《远山的红叶》点评辑要	中央纪委监察部电教中心		内部资料	中央纪委监察部电教中心	2010 年	16 开	20 万	景瑞三
大巴山历史文化研究初探	王国巍	不详	公开出版	四川师范大学电子出版社	2021 年	16 开	26 万	景瑞三
巴山将军谱	巴山将军谱编委会		公开出版	成都出版社	1991 年	32 开	16 万	景瑞三
熊国炳传	黄中平	不详	公开出版	中国文史出版社	2009 年	32 开	17 万	景瑞三
川陕革命根据地资料选编	四川省档案局		公开出版	四川省社会科学院出版社	1987 年	16 开	35 万	景瑞三

① 张琴秋：曾在巴中战斗过。

书 名	作者（编者）	作者籍贯	文献类型	出版／印刷单位	印刷时间	开本	字数	收藏者
巴史别观	张良皋	湖北	公开出版	成都建筑出版社	2016 年	16 开	40 万	景瑞三
王坪往事	张成品	湖南浏阳	公开出版	四川少年儿童出版社	2014 年	16 开	31 万	景瑞三
清中期——川东北白莲教起义始末	达县政协文史资料研究委员会		公开出版	四川民族出版社	1991 年	16 开	18 万	景瑞三
巴文化考古研究	杨 华	不详	公开出版	中国言实出版社	2009 年	16 开	26 万	景瑞三
巴文化纵横——从巴人到土家族	刘兴国	四川宣汉	公开出版	中国旅游出版社	2014 年	16 开	40 万	景瑞三
巴山女杰	刘秀口 曾天海 李 贵	四川达州	公开出版	长江文艺出版社	1988 年	32 开	17 万	景瑞三
川陕风云	张仕文	不详	公开出版	中国新闻出版社	2003 年	32 开	32 万	景瑞三
川陕革命根据地军事斗争史	成都军区党史征集委员会办公室		公开出版	四川大学出版社	1986 年	32 开	15 万	景瑞三
早陨的星群	四川省委组织部 等		公开出版	成都出版社	1992 年	32 开	26 万	景瑞三
川陕苏区报刊资料选编	刘昌福 叶绪惠	不详	公开出版	四川省社会科学院出版社	1987 年	32 开	35 万	景瑞三
光雾山诺水河国家地质公园	中国地质科学院		内部资料	中国地质科学院	2015 年	16 开	10 万	景瑞三
（实例）无问西东大决战——在巴中开展对口帮扶	李忠伟	浙江丽水	公开出版	光明日报出版社	2021 年	16 开	37 万	巴中市政府办公室

书 名	作者（编者）	作者籍贯	文献类型	出版/印刷单位	印刷时间	开本	字数	收藏者
川陕革命根据地斗争史	达县地委党史工委		公开出版	华夏出版社	1989年	16开	34万	景瑞三
何光表文艺生涯五十年	达县市文化局		公开出版	人民日报出版社	2005年	16开	20万	巴中市图书馆
巴中市城市绿地系统规划	四川省城乡规划设计研究院		内部资料	四川省城乡规划设计研究院	2013年	16开	30万	景瑞三
巴山岁月——川陕革命老区知青回忆录	熊开达	重庆	公开出版	四川师范大学电子出版社	2010年	32开	25万	景瑞三
米仓古道文丛——大行之道	赵郭明	四川江油	公开出版	文汇出版社	2022年	16开	178万	景瑞三
巴中市历史文化名城保护规划（2015—2030年）	雅克设计有限公司		内部资料		2017年	8开	未统计	景瑞三
张中信创作论	王应槐	四川泸州	公开出版	团结出版社	2015年	16开	15万	通江县图书馆
张中信大巴山文学地理书写研究	刘　婧周　毅	四川成都	公开出版	宁夏人民出版社	2021年	16开	16万	通江县图书馆

第九章

巴中籍在外人员著述

书　名	作者（编者）	作者籍贯	文献类型	出版/印刷单位	印刷时间	开本	字数	收藏者
战斗在川陕苏区	吴瑞林	四川巴中	公开出版	四川人民出版社	1993 年	32 开	11 万	巴中市档案馆
氮化铝晶体生长与应用	宋　波 韩杰才[①] 刘梦婷		公开出版	科学出版社	不详	16 开	20 万	作者
新材料与碳中和	成会明[②] 唐永炳 欧学武		公开出版	科学出版社	2022 年	16 开	50 万	作者
纳米碳管制备、结构、物性及应用	成会明	四川巴中	公开出版	化学工业出版社	2002 年	16 开	未统计	作者
纳米碳管	成会明	四川巴中	公开出版	化学工业出版社	2002 年	16 开	未统计	作者
奈米碳管	成会明	四川巴中	公开出版	五南图书出版社	2004 年	16 开	未统计	作者
碳术语言辞典	成会明 译	四川巴中	公开出版	化学工业出版社	2005 年	16 开	未统计	作者
碳材料的拉曼光谱——从纳米管到金刚石	谭平恒 李　锋 成会明 译	四川巴中	公开出版	化学工业出版社	2007 年	16 开	未统计	作者
生命芦山	苗　勇	四川巴中	公开出版	四川民族出版社	2014 年	16 开	42 万	作者

① 韩杰才：巴中人。
② 成会明：巴中人。

书 名	作者（编者）	作者籍贯	文献类型	出版/印刷单位	印刷时间	开本	字数	收藏者
见证天使	苗　勇 王敦贤	四川巴中	公开出版	新华出版社	2009 年	16 开	45 万	作者
直面地震——工会旗帜高高飘扬	苗　勇	四川巴中	公开出版	中国工人出版社	2008 年	16 开	25 万	作者
历史不会忘记	苗　勇	四川巴中	公开出版	大众文艺出版社	2007 年	32 开	15 万	作者
星星点点	苗　勇	四川巴中	公开出版	四川美术出版社	2006 年	32 开	23 万	作者
散落的文字	苗　勇	四川巴中	公开出版	作家出版社	2005 年	32 开	25 万	作者
丰碑	苗　勇	四川巴中	公开出版	四川文艺出版社	2004 年	32 开	15 万	作者
山韵	苗　勇	四川巴中	公开出版	四川大学出版社	1998 年	32 开	10 万	作者
巴州故事	苗　勇	四川巴中	内部资料	巴州区文化馆	2006 年	32 开	15 万	作者
曾溪口	苗　勇 李国军	四川巴中	公开出版	中国工人出版社	2011 年	16 开	32 万	作者
"一带一路"沿线国家法律研究丛书——印度法研究	杨翠柏	巴中	公开出版	四川大学出版社	2020 年	32 开	24 万	作者
Jurisprudence Research on the Sovereignty over the Nanshaislands	杨翠柏	巴中	公开出版	施普林格出版社	2018 年	16 开	20 万	作者
南沙群岛油气资源共同开发法律研究	杨翠柏	巴中	公开出版	南京大学出版社	2016 年	16 开	29 万	作者

书　名	作者 （编者）	作者 籍贯	文献 类型	出版／ 印刷单位	印刷 时间	开本	字数	收藏者
巴基斯坦	杨翠柏	巴中	公开 出版	社会科学文 献出版社	2018 年	16 开	28 万	作者
南海诸岛国际 纷争史	杨翠柏	巴中	公开 出版	南京大学出 版社	2017 年	16 开	54 万	作者
法律文明史 （第12卷）： 近代亚非拉地 区法（上卷： 亚洲法分册）	杨翠柏	巴中	公开 出版	商务印书馆	2017 年	16 开	600 万	作者
南沙群岛主权 法理研究	杨翠柏	巴中	公开 出版	商务印书馆	2015 年	平装	23 万	作者
印度能源与环 境法制研究	杨翠柏	巴中	公开 出版	法律出版社	2014 年	16 开	30 万	作者
南亚政治发展 与宪政研究	杨翠柏	巴中	公开 出版	巴蜀书社	2010 年	32 开	50 万	作者
国际能源法与 国别能源法	杨翠柏	巴中	公开 出版	巴蜀书社	2009 年	32 开	120 万	作者
南亚国家贸易 与环境保护法 律问题探讨	杨翠柏	巴中	公开 出版	巴蜀书社	2008 年	32 开	20 万	作者
巴基斯坦史 ——清真之国 的文化与历史 发展	杨翠柏	巴中	民间 资料		2005 年	32 开	20 万	作者
印度政治 与法律	杨翠柏	巴中	公开 出版	巴蜀书社	2004 年	32 开	20 万	作者
佛学指南	唐仲容	四川 巴中	内部 资料	四川佛学院	1993 年	未统计	未统计	四川省 佛学院
唐仲容先生 杂文选	唐仲容	四川 巴中	内部 资料	四川佛学院	1997 年	未统计	未统计	四川省 佛学院

书 名	作者（编者）	作者籍贯	文献类型	出版/印刷单位	印刷时间	开本	字数	收藏者
唯识三十颂讲记	唐仲容	四川巴中	内部资料	四川佛学院	不详	未统计	未统计	四川省佛学院
解深密经释	唐仲容	四川巴中	内部资料	四川佛学院	不详	未统计	未统计	四川省佛学院
六祖坛经讲记	唐仲容	四川巴中	内部资料	四川佛学院	不详	未统计	未统计	四川省佛学院
心经唯识新悟精义	唐仲容	四川巴中	内部资料	四川佛学院	不详	未统计	未统计	四川省佛学院
成都别墅列传	蒲秀政	四川巴中	公开出版	成都时代出版社	2005 年	24 开	10 万	四川省图书馆
成都老房子——太平巷子	蒲秀政	四川巴中	公开出版	成都时代出版社	2006 年	16 开	20 万	四川省图书馆
图说老成都	蒲秀政	四川巴中	公开出版	成都时代出版社	2007 年	16 开	22 万	四川省图书馆
图说百年体育	蒲秀政	四川巴中	公开出版	成都时代出版社	2008 年	16 开	20 万	四川省图书馆
图说知青岁月	蒲秀政	四川巴中	公开出版	四川科学技术出版社	2009 年	16 开	20 万	四川省图书馆
成都演义（全六册）	蒲秀政	四川巴中	公开出版	重庆出版社	2009 年	16 开	90 万	四川省图书馆
图说成都 60 年	蒲秀政	四川巴中	公开出版	四川文艺出版社	2009 年	16 开	31 万	四川省图书馆
走近老成都	蒲秀政	四川巴中	公开出版	四川人民出版社	2002 年	32 开	25 万	四川省图书馆
成都辐射走天府（全七册）	蒲秀政	四川巴中	公开出版	成都时代出版社	2003 年	32 开	175 万	四川省图书馆
桃花流年	李 君	四川巴中	公开出版	大众文艺出版社	2009 年	16 开	18 万	作者
桃花三千丈	李 君	四川巴中	公开出版	中国文联出版社	2012 年	32 开	12 万	作者

书 名	作者 （编者）	作者 籍贯	文献 类型	出版 / 印刷单位	印刷 时间	开本	字数	收藏者
布景者	李 君	四川 巴中	内部 资料		2015 年	32 开	15 万	作者
我的女命我的 大唐	李 君	四川 巴中	公开 出版	重庆出版社	2016 年	32 开	17 万	作者
星星的村落	李 君	四川 巴中	民间 资料		2016 年	16 开	20 万	作者
四川美术史 （上中下）	唐 林	四川 巴中	公开 出版	巴蜀书社	2015 年	未统计	320 万	作者
灵魂的舞蹈	鲜 圣	四川 巴中	公开 出版	中国三峡出 版社	2000 年	未统计	30 万	作者
旷野情愫	鲜 圣	四川 巴中	民间 资料		1993 年	32 开	30 万	作者
鲜圣的文字食 堂（诗歌选 集）	鲜 圣	四川 巴中	公开 出版	中国戏剧出 版社	2009 年	32 开	32 万	作者
鲜圣的文字食 堂（散文诗选 集）	鲜 圣	四川 巴中	公开 出版	中国戏剧出 版社	2009 年	32 开	35 万	作者
废墟与重建 （新闻作品）	鲜 圣	四川 巴中	公开 出版	中国戏剧出 版社	2011 年	32 开	27 万	作者
大地胭脂 （散文诗集）	鲜 圣	四川 巴中	公开 出版	河南文艺出 版社	2022 年	32 开	33 万	作者
词语的荣耀 （获奖诗歌集）	鲜 圣	四川 巴中	公开 出版	四川电子音 像出版社	2016 年	32 开	40 万	作者
有时风也会 停下来	鲜 圣	四川 巴中	公开 出版	中国电影出 版社	2016 年	32 开	36 万	作者
山风浩荡（电 视文学剧本）	鲜 圣	四川 巴中	内部 出版	巴中电视台	2000 年	32 开	8 万	作者
梦伯集	张 灿	四川 巴中	内部 资料	巴中县财贸 部	1982 年	未统计	未统计	成都市 图书馆

书 名	作者 （编者）	作者 籍贯	文献 类型	出版/ 印刷单位	印刷 时间	开本	字数	收藏者
星草集	张　灿	四川 巴中	民间 资料		2004 年	16 开	未统计	成都市 图书馆
读世洞明 诗文集	张　灿	四川 巴中	公开 出版	大众文艺出 版社	2009 年	未统计	33 万	成都市 图书馆
在路上	张　灿	四川 巴中	民间 资料		2014 年	16 开	45 万	成都市 图书馆
修远之路	张　灿	四川 巴中	民间 资料		2019 年	16 开	65 万	成都市 图书馆
寻找辉煌	蒋登科	四川 巴中	公开 出版	广西民族出 版社	1990 年	32 开	7 万	作者
爱与非爱 的空间	蒋登科	四川 巴中	公开 出版	广西民族出 版社	1992 年	32 开	7 万	作者
新诗审美 人格论	蒋登科	四川 巴中	公开 出版	广西民族出 版社	1992 年	32 开	9 万	作者
中国跨诗集诗 丛（第一辑 20 种）	蒋登科	四川 巴中	公开 出版	广西民族出 版社	1992 年	32 开	未统计	作者
中国跨诗集诗 丛（第二辑 20 种）	培　贵 蒋登科	四川 巴中	公开 出版	广西民族出 版社	1992 年	32 开	未统计	作者
诗美的创造	蒋登科	四川 巴中	公开 出版	广西民族出 版社	1993 年	32 开	9 万	作者
迷人的阿红	蒋登科	四川 巴中	公开 出版	中国华侨出 版社	1996 年	32 开	35 万	作者
静夜的叙说	蒋登科	四川 巴中	公开 出版	天地出版社	1998 年	32 开	20 万	作者
散文诗文体论	蒋登科	四川 巴中	公开 出版	中国文联出 版社	2002 年	32 开	29 万	作者
九叶诗派的合 璧艺术	蒋登科	四川 巴中	公开 出版	西南师范大 学出版社	2002 年	32 开	28 万	作者

书 名	作者（编者）	作者籍贯	文献类型	出版／印刷单位	印刷时间	开本	字数	收藏者
九叶诗人的论稿	蒋登科	四川巴中	公开出版	西南师范大学出版社	2006 年	32 开	35 万	作者
李尚朝诗歌品鉴	主编：蒋登科	四川巴中	公开出版	远方出版社	2006 年	32 开	20 万	作者
二十年：探路与开拓	主编：吕 进 蒋登科	四川巴中	公开出版	西南师范大学出版社	2006 年	32 开	28 万	作者
寻梦之路——中国新诗研究所二十年（上下）	主编：吕 进 蒋登科	四川巴中	公开出版	西南师范大学出版社	2006 年	32 开	60 万	作者
现代诗歌的多维视野	主编：吕 进 蒋登科	四川巴中	公开出版	西南师范大学出版社	2006 年	32 开	40 万	作者
梁平诗歌评论集	主编：吕 进 蒋登科	四川巴中	公开出版	中国文史出版社	2006 年	32 开	20 万	作者
中国当代诗歌导读	主编：唐 诗 副主编：张 智 蒋登科	四川巴中	公开出版	作家出版社	2010 年	32 开	20 万	作者
中国诗歌的精神历程	蒋登科	四川巴中	公开出版	巴蜀书社	2010 年	32 开	41 万	作者
现代诗歌的域外因素检视	蒋登科	四川巴中	民间资料		2016 年	16 开	20 万	作者
当代诗歌的精神脉络	蒋登科	四川巴中	民间资料		2016 年	16 开	20 万	作者
中国当代诗歌导读（2010卷）	主编：唐 诗 执行主编：蒋登科 张 智 胡 亮	四川巴中	公开出版	人民武警出版社	2011 年	32 开	30 万	作者

书名	作者（编者）	作者籍贯	文献类型	出版/印刷单位	印刷时间	开本	字数	收藏者
中国当代诗歌导读（2011—2012卷）	主　编：唐　诗　执行主编：蒋登科　张　智　胡　亮	四川巴中	公开出版	中国戏剧出版社	2013年	32开	30万	作者
双年诗经——中国当代诗歌导读暨中国当代诗歌奖获得者作品集（2013—2014卷）	主　编：唐　诗　执行主编：蒋登科　张　智　胡　亮	四川巴中	公开出版	四川人民出版社	2015年	32开	30万	作者
重庆诗歌访谈	蒋登科	四川巴中	公开出版	重庆大学出版社	2013年	16开	53万	作者
《诗刊》与中国当代诗歌的发展	蒋登科	四川巴中	公开出版	人民出版社	2016年	16开	36万	作者
梁平诗歌研究	主　编：吕　进　蒋登科	四川巴中	公开出版	四川文艺出版社	2016年	16开	25万	作者
重庆新诗日历（2018）	蒋登科	四川巴中	公开出版	西南师范大学出版社	2017年	16开	54万	作者
重庆新诗的多元景观（上下册）	蒋登科	四川巴中	公开出版	西南师范大学出版社	2017年	16开	65万	作者
上园派研究资料选（上下册）	蒋登科	四川巴中	公开出版	西南师范大学出版社	2018年	16开	87万	作者
诗意的丛林	蒋登科	四川巴中	公开出版	重庆出版社	2019年	16开	38万	作者
花开北碚山水间	蒋登科　周洪玲	四川巴中	公开出版	西南师范大学出版社	2020年	32开	15万	作者

书　名	作者 （编者）	作者 籍贯	文献 类型	出版／ 印刷单位	印刷 时间	开本	字数	收藏者
本体意识与精神疆域	蒋登科	四川巴中	公开出版	中国社会科学出版社	2021 年	16 开	37 万	作者
青春回眸	蒋登科	四川巴中	公开出版	西南师范大学出版社	2021 年	16 开	35 万	恩阳区图书馆
岁月情怀	王文章	四川巴中	内部出版	山西省委办公厅离退休管理处	2002 年	32 开	13 万	景瑞三
春山可望	马　嘶	四川巴中	公开出版	中国青年出版社	2017 年	32 开	5 万	景瑞三
热爱	马　嘶	四川巴中	公开出版	大众文艺出版社	2011 年	32 开	20 万	景瑞三
山水清音	钟　玉	四川巴中	公开出版	四川民族出版社	2004 年	32 开	16 万	景瑞三
倾听微笑	陈小平	四川巴中	公开出版	重庆出版社	2003 年	32 开	10 万	作者
雪的声音	陈小平	四川巴中	公开出版	四川民族出版社	2010 年	32 开	8 万	作者
对岸的我	陈小平	四川巴中	公开出版	四川文艺出版社	2011 年	32 开	12 万	作者
说声再见	陈小平	四川巴中	公开出版	中国文联出版社	2015 年	32 开	10 万	作者
时间之上	陈小平	四川巴中	公开出版	四川民族出版社	2018 年	32 开	10 万	作者
甲子不悔	陈小平	四川巴中	公开出版	团结出版社	2022 年	32 开	10 万	作者
平民创业基本方法	熊开达 杨志琼[①]		公开出版	四川师范大学电子出版社	2011 年	32 开	25 万	景瑞三

---

① 杨志琼：四川巴中人。

书 名	作者 （编者）	作者 籍贯	文献 类型	出版/ 印刷单位	印刷 时间	开本	字数	收藏者
创业密码	熊开达 杨志琼		公开 出版	四川师范大 学电子出版 社	2012 年	32 开	25 万	景瑞三
唐思鹏著作集 （全六册）	唐思鹏	四川 巴中	公开 出版	华文出版社	2006 年	32 开	125 万	作者
巴山风流	杨长春	四川 巴中	内部 资料	达县地区文 化局	1987 年	32 开	13 万	巴州区 档案馆
理解网络文化 ——媒介与社 会的视角	王仕勇	四川 巴中	公开 出版	重庆出版社	2011 年	32 开	10 万	作者
网络流行语研 究：社会与媒 介视角	王仕勇	四川 巴中	公开 出版	中国社会科 学出版社	2016 年	32 开	35 万	作者
互联网素养： 21 世纪生存必 备	王仕勇	四川 巴中	公开 出版	西南师范大 学出版社	2020 年	32 开	10 万	作者
互联网安全： 网络信息防火 墙	王仕勇	四川 巴中	公开 出版	西南师范大 学出版社	2020 年	32 开	10 万	作者
互联网文化： 网络世界万花 筒	王仕勇	四川 巴中	公开 出版	西南师范大 学出版社	2020 年	32 开	10 万	作者
互联网简史： 网络的前世今 生	王仕勇	四川 巴中	公开 出版	西南师范大 学出版社	2021 年	32 开	10 万	作者
互联网文明： 网络行为指南	王仕勇	四川 巴中	公开 出版	西南师范大 学出版社	2021 年	32 开	10 万	作者
互联网传播： 我的网络微平 台	王仕勇	四川 巴中	公开 出版	西南师范大 学出版社	2021 年	32 开	10 万	作者

书　名	作者（编者）	作者籍贯	文献类型	出版/印刷单位	印刷时间	开本	字数	收藏者
超微病理学图谱	魏于全[1] 等	四川南江	公开出版	四川大学出版社	2003 年	16 开	未统计	作者
奈米生医材料	李玉实 顾　宁 魏于全		公开出版	五南图书出版社	2006 年	16 开	未统计	作者
医学实验技术原理与选择	魏于全	四川南江	公开出版	人民卫生出版社	2014 年	16 开	未统计	作者
肿瘤学概论	魏于全	四川南江	公开出版	人民卫生出版社	2017 年	16 开	未统计	作者
诗意的触摸	马　忠	四川南江	公开出版	中国文联出版社	2005 年	32 开	12 万	作者
缪斯的守望与回归	马　忠	四川南江	公开出版	华夏出版社	2006 年	32 开	10 万	作者
本文与言说	马　忠	四川南江	公开出版	大众文艺出版社	2008 年	32 开	16 万	作者
站在低处说话	马　忠	四川南江	公开出版	珠海出版社	2010 年	32 开	13 万	作者
诗美探真	马　忠	四川南江	公开出版	中国戏剧出版社	2013 年	32 开	15 万	作者
忠言忠说	马　忠	四川南江	公开出版	宁夏人民出版社	2016 年	32 开	20 万	作者
乱花迷眼——清远作家作品评论	马　忠	四川南江	公开出版	中国文联出版社	2012 年	32 开	未统计	作者
又见炊烟	马　忠	四川南江	民间资料		1998 年	16 开	23 万	作者
日记：一个打工族的清晨	马　忠	四川南江	民间资料		2003 年	未统计	8 万	作者

[1] 魏于全：四川南江人。

书 名	作者（编者）	作者籍贯	文献类型	出版/印刷单位	印刷时间	开本	字数	收藏者
南方吹笛	马 忠	四川南江	公开出版	作家出版社	2005 年	16 开	11 万	作者
儿童文学现象观察	马 忠	四川南江	公开出版	四川大学出版社	2014 年	32 开	11 万	作者
重返孩子的世界——回族作家王俊康儿童文学论	马 忠	四川南江	公开出版	北方文艺出版社	2017 年	未统计	17 万	作者
"边缘"的活力：清远文学2007—2017	马 忠	四川南江	公开出版	团结出版社	2018 年	未统计	20 万	作者
有话则长	马 忠	四川南江	公开出版	四川民族出版社	2019 年	32 开	13 万	作者
文学批评三种"病"	马 忠	四川南江	公开出版	三江文艺出版社	2020 年	未统计	8 万	作者
有情点评	马 忠	四川南江	公开出版	三江文艺出版社	2021 年	未统计	14 万	作者
边鼓点点：巴忠儿童文学评论集	马 忠	四川南江	公开出版	南方文艺出版社	2021 年	32 开	12 万	作者
空城	刘甚甫	四川南江	公开出版	湖南文艺出版社	2010 年	16 开	30 万	作者
三国大博	刘甚甫	四川南江	公开出版	江苏凤凰文艺出版社	2018 年	16 开	60 万	作者
算尽天机：西汉历家落下闳	刘甚甫	四川南江	公开出版	四川文艺出版社	2019 年	16 开	30 万	作者
此命如书：雨村烟舍李调元	刘甚甫	四川南江	公开出版	四川文艺出版社	2022 年	16 开	30 万	作者
毛狗	刘甚甫	四川南江	公开出版	江苏凤凰文艺出版社	2020 年	16 开	25 万	作者

书 名	作者（编者）	作者籍贯	文献类型	出版/印刷单位	印刷时间	开本	字数	收藏者
鬼门	刘甚甫	四川南江	公开出版	四川文艺出版社	2021年	16开	25万	作者
米仓古道文丛——关山千重	刘甚甫	四川南江	公开出版	文汇出版社	2022年	16开	25万	南江县政协
跋涉者的沉思	王敦贤	四川南江	公开出版	重庆出版社	1982年	32开	6万	作者
南江桃园记胜	王敦贤	四川南江	公开出版	四川人民出版社	1988年	32开	6万	作者
心灵的跫音	王敦贤	四川南江	公开出版	四川文艺出版社	1988年	32开	7万	作者
蝉歌	王敦贤	四川南江	公开出版	大众文艺出版社	1999年	32开	11万	作者
见证天使	王敦贤	四川南江	公开出版	新华出版社	2009年	16开	45万	作者
汶川奇迹	王敦贤	四川南江	公开出版	作家出版社	2001年	16开	33万	作者
行者笔记	王敦贤	四川南江	公开出版	作家出版社	2015年	16开	23万	作者
在诗意中行走	王敦贤	四川南江	公开出版	中国文联出版社	2015年	32开	14万	作者
国之痛——贫困山区教育现状扫描	王敦贤	四川南江	公开出版	新华出版社	2008年	32开	16万	作者
何处是故乡	王敦贤	四川南江	公开出版	作家出版社	2004年	32开	16万	恩阳区史志馆
琴韵千秋	王敦贤 张学明	四川南江	民间资料		2012年	16开	24万	巴中市史志馆
门前一棵树	邹清平	四川南江	公开出版	作家出版社	2010年	32开	13万	景瑞三
国学经典导读	康清莲	四川南江	公开出版	高等教育出版社	2014年	16开	22万	作者

书 名	作者 （编者）	作者 籍贯	文献 类型	出版／ 印刷单位	印刷 时间	开本	字数	收藏者
天瘦阁诗半注	康清莲	四川 南江	公开 出版	西南师范大 学出版社	2019 年	16 开	40 万	作者
史记考论	康清莲	四川 南江	公开 出版	中州古籍出 版社	2008 年	16 开	未统计	作者
米仓古道文丛 ——文运天开	康清莲	四川 南江	公开 出版	文汇出版社	2022 年	16 开	178 万	南江县 政协
山路上的繁星	康清莲	四川 南江	公开 出版	重庆大学出 版社	2006 年	32 开	20 万	作者
米仓古道文丛 ——风景无边	卢一萍	四川 南江	公开 出版	文汇出版社	2022 年	16 开	178 万	南江县 政协
激情王国	卢一萍	四川 南江	公开 出版	湖南文艺出 版社	1998 年	32 开	22 万	作者
雪山不相信 眼泪	卢一萍	四川 南江	公开 出版	河北人民出 版社	1999 年	16 开	25 万	作者
神山圣域	卢一萍	四川 南江	公开 出版	解放军文艺 出版社	1999 年	16 开	45 万	作者
众山之上	卢一萍	四川 南江	公开 出版	湖南文艺出 版社	2001 年	16 开	23 万	作者
生命一种	卢一萍	四川 南江	公开 出版	新疆人民出 版社	2002 年	16 开	20 万	作者
黄金腹地	卢一萍	四川 南江	公开 出版	湖南文艺出 版社	2003 年	16 开	28 万	作者
云南天堂	卢一萍	四川 南江	公开 出版	中国青年出 版社	2006 年	16 开	30 万	作者
中国知识腐败 档案案例汇编	卢一萍 赵郭明	四川 南江	公开 出版	新疆大学出 版社	2005 年	16 开	23 万	作者
八千湘女 上天山	卢一萍	四川 南江	公开 出版	北京十月文 艺出版社	2006 年	24 开	31 万	作者
冰山上 的沙尘暴	卢一萍	四川 南江	公开 出版	新疆人民出 版社	2006 年	16 开	30 万	作者

书 名	作者（编者）	作者籍贯	文献类型	出版/印刷单位	印刷时间	开本	字数	收藏者
卡德尔与一个村庄的故事	卢一萍 王友才	四川南江	公开出版	新疆人民出版社	2006 年	16 开	20 万	作者
信马游疆	卢一萍	四川南江	公开出版	新疆人民出版社	2006 年	32 开	25 万	作者
拥抱阳光——2000 年世界特殊奥林匹克运动会开幕式纪实	卢一萍	四川南江	公开出版	上海人民出版社	2008 年	16 开	25 万	作者
世界屋脊	卢一萍	四川南江	公开出版	解放军文艺出版社	2009 年	16 开	20 万	作者
新疆攻略	卢一萍	四川南江	公开出版	中国旅游出版社	2011 年	32 开	40 万	作者
帕米尔情歌	卢一萍	四川南江	公开出版	解放军文艺出版社	2013 年	16 开	33 万	作者
八千湘女上天山	卢一萍	四川南江	公开出版	解放军文艺出版社	2014 年	16 开	29 万	作者
爱弥拉姑娘的爱情	卢一萍	四川南江	公开出版	新疆人民出版社	2016 年	16 开	45 万	作者
不灭的书	卢一萍	四川南江	公开出版	百花文艺出版社	2016 年	32 开	28 万	作者
世界屋脊	卢一萍	四川南江	公开出版	江苏凤凰文艺出版社	2016 年	32 开	24 万	作者
天堂湾	卢一萍	四川南江	公开出版	花城出版社	2016 年	32 开	12 万	作者
父亲的荒原	卢一萍	四川南江	公开出版	北岳文艺出版社	2017 年	32 开	23 万	作者
天堑——西藏和平解放纪实	卢一萍	四川南江	公开出版	现代出版社	2017 年	16 开	43 万	作者
白山	卢一萍	四川南江	公开出版	上海文艺出版社	2017 年	32 开	41 万	作者

书 名	作者（编者）	作者籍贯	文献类型	出版/印刷单位	印刷时间	开本	字数	收藏者
我的绝代佳人	卢一萍	四川南江	公开出版	花城出版社	2018 年	32 开	20 万	作者
祭奠阿里	卢一萍	四川南江	公开出版	收获杂志社（专号）	2019 年	16 开	20 万	作者
走向高原	卢一萍	四川南江	公开出版	青海人民出版社	2018 年	16 开	23 万	作者
扶贫志	卢一萍	四川南江	公开出版	湖南文艺出版社	2020 年	16 开	35 万	作者
大震	卢一萍	四川南江	公开出版	百花文艺出版社	2021 年	32 开	4 万	作者
名叫月光的骏马	卢一萍	四川南江	公开出版	江苏凤凰文艺出版社	2022 年	未统计	22 万	作者
流浪生死书	卢一萍	四川南江	公开出版	北京时代华文书局	2021 年	16 开	20 万	作者
四季童趣·新新儿歌（少儿歌曲专辑）	程 源天龙源	四川南江	公开出版	中国唱片深圳公司	2005 年	标准磁带盒光盘	18 首歌曲+4 首伴奏	作者
华夏礼赞音乐史诗（交响组歌专集）	程 源天龙源	四川南江	公开出版	文化部中国录音录像出版总社	2009 年	标准光盘	16 首歌曲+1 首序曲	作者
华夏礼赞音乐史诗（交响组歌专辑）	程 源天龙源	四川南江	公开出版	环球音像出版社	2009 年	标准光盘	16 首歌曲+1 首序曲	作者
华夏礼赞音乐史诗（交响组歌 CCTV 录播专辑）	程 源天龙源	四川南江	内部刻制	天龙源公司	2009 年	标准光盘	16 首歌曲+16 首朗诵词	作者

书 名	作者（编者）	作者籍贯	文献类型	出版/印刷单位	印刷时间	开本	字数	收藏者
华夏礼赞音乐史诗（交响组歌上海之春演出专辑）	程 源 天龙源	四川南江	内部刻制	天龙源公司	2012 年	标准光盘	1 首交响序曲 +17 首歌曲 +17 首朗诵词	作者
华夏礼赞音乐史诗（交响组歌美国旧金山演出专辑）	程 源 天龙源	四川南江	内部刻制	天龙源公司	2019 年	标准光盘	10 首交响序曲 +10 首朗诵词 +1 首交响序曲	作者
《华夏魂》音乐舞蹈史诗美国旧金山演出专辑	程 源 天龙源	四川南江	内部刻制	天龙源公司	2019 年	标准光盘	20 首朗诵词 +20 首歌曲	作者
《华夏礼赞音乐舞蹈史诗》交响组歌全球巡演选集	程 源 天龙源	四川南江	内部刻制	天龙源公司	2019 年	标准光盘	22 首歌曲 + 22 首朗诵词 +1 首交响序曲	作者
《堂堂正正一辈子》歌曲专辑	程 源 天龙源	四川南江	内部刻制	天龙源公司	2021 年	标准光盘	17 首歌曲	作者
《家乡美》城市形象歌曲专辑	程 源 天龙源	四川南江	内部刻制	天龙源公司	2021 年	标准光盘	15 首歌曲	作者
《奋斗》企业形象歌曲专辑	程 源 天龙源	四川南江	内部刻制	天龙源公司	2021 年	标准光盘	13 首歌曲	作者
《问情》抒情歌曲专辑	程 源 天龙源	四川南江	内部刻制	天龙源公司	2021 年	标准光盘	10 首歌曲	作者

书 名	作者（编者）	作者籍贯	文献类型	出版/印刷单位	印刷时间	开本	字数	收藏者
《中国我为你自豪》爱国歌曲专辑	程 源天龙源	四川南江	内部刻制	天龙源公司	2007年	标准光盘	16首歌曲	作者
《欢天喜地过大年》歌曲专辑	程 源天龙源	四川南江	内部刻制	天龙源公司	2008年	标准光盘	16首歌曲	作者
《华夏礼赞音乐史诗》交响组歌乐队总谱（书籍）	程 源天龙源	四川南江	内部资料	天龙源公司	2009年	8开	17首	作者
《华夏礼赞音乐史诗》交响组歌乐队分谱（书籍）	程 源天龙源	四川南江	内部资料	天龙源公司	2009年	8开	17首	作者
《华夏礼赞音乐史诗》交响组歌钢琴伴奏谱（书籍）	程 源天龙源	四川南江	内部资料	天龙源公司	2009年	16开	16首	作者
《华夏礼赞音乐史诗》交响组歌钢琴合唱五线谱（书籍）	程 源天龙源	四川南江	内部资料	天龙源公司	2009年	16开	16首	作者
《华夏礼赞音乐史诗》交响组歌合唱简谱（书籍）	程 源天龙源	四川南江	内部资料	天龙源公司	2009年	16开	16首	作者
《华夏礼赞音乐史诗》交响组歌曲（旋律）五线谱（书籍）	程 源天龙源	四川南江	内部资料	天龙源公司	2009年	16开	20首	作者
《华夏礼赞音乐史诗》交响组歌曲（旋律）简谱（书籍）	程 源天龙源	四川南江	内部资料	天龙源公司	2009年	16开	20首	作者

书 名	作者（编者）	作者籍贯	文献类型	出版/印刷单位	印刷时间	开本	字数	收藏者
何太阳短篇小说集	何太阳	四川南江	内部资料	巴中市委党史研究室	1995 年	32 开	30 万	巴中市图书馆
米仓古道文丛——山花烂漫	何强国	四川南江	公开出版	文汇出版社	2022 年	16 开	178 万	南江县政协
何正文将军	梁 彬	四川通江	公开出版	作家出版社	2004 年	16 开	34 万	景瑞三
傅崇碧回忆录	傅崇碧	四川通江	公开出版	中共党史出版社	1999 年	16 开	20 万	景瑞三
一个红军战士的诗	张云晓	四川通江	公开出版	大连出版社	1998 年	32 开	未统计	景瑞三
红色歌谣——川陕革命根据地红色记忆	刘海清	四川通江	公开出版	大众文艺出版社	2012 年	16 开	45 万	巴中市档案馆
我的红军之路	张 文	四川通江	公开出版	解放军出版社	2005 年	16 开	9 万	巴中市档案馆
档案见证——大熊猫	周书生	四川通江	内部资料	四川省档案局	2014 年	16 开	10 万	巴中市档案馆
档案见证——交通篇	周书生	四川通江	内部资料	四川省档案局	2014 年	16 开	未统计	巴中市档案馆
张忠孝·散文卷	张忠孝	四川通江	公开出版	大众文艺出版社	2007 年	16 开	33 万	通江县图书馆
张忠孝·政论卷	张忠孝	四川通江	公开出版	大众文艺出版社	2007 年	16 开	33 万	通江县图书馆
张忠孝·诗歌卷	张忠孝	四川通江	公开出版	大众文艺出版社	2007 年	16 开	33 万	通江县图书馆
赤子之情	张忠孝	四川通江	公开出版	四川文艺出版社	2014 年	16 开	30 万	通江县图书馆
风雨之歌	张忠孝	四川通江	公开出版	四川文艺出版社	2012 年	16 开	30 万	通江县图书馆
地电之命运	张忠孝	四川通江	公开出版	中国商务出版社	2014 年	16 开	23 万	通江县图书馆

书 名	作者（编者）	作者籍贯	文献类型	出版/印刷单位	印刷时间	开本	字数	收藏者
电力之光	张忠孝	四川通江	公开出版	大众文艺出版社	2016 年	16 开	35 万	通江县图书馆
公仆楼诗抄	张忠孝	四川通江	公开出版	四川文艺出版社	1998 年	32 开	20 万	通江县图书馆
张忠孝文集（新编10卷本）	张忠孝	四川通江	公开出版	中国书籍出版社	2023 年	16 开	200 万	景瑞三
张中信散文	张中信	四川通江	公开出版	中国三峡出版社	2004 年	16 开	23 万	通江县图书馆
张中信诗选	张中信	四川通江	公开出版	大众文艺出版社	1999 年	16 开	20 万	通江县图书馆
匪妻	张中信	四川通江	公开出版	大众文艺出版社	2007 年	32 开	10 万	通江县图书馆
诺水奇	张中信	四川通江	内部资料	通江县政协	1995 年	64 开	8 万	通江县图书馆
风流板板桥	张中信	四川通江	公开出版	黑龙江人民出版社	1996 年	16 开	13 万	通江县图书馆
通江书·散文卷	张中信	四川通江	公开出版	四川民族出版社	2018 年	32 开	20 万	通江县图书馆
通江书·诗歌卷	张中信	四川通江	公开出版	四川民族出版社	2018 年	32 开	10 万	通江县图书馆
峰源诗三百	张中信	四川通江	公开出版	四川民族出版社	2021 年	16 开	18 万	通江县图书馆
泥土的姿势——张中信创作论Ⅰ	主 编：书 同	四川通江	公开出版	团结出版社	2015 年	16 开	30 万	通江县图书馆
历史的星空	张中信	四川通江	公开出版	四川文艺出版社	2014 年	未统计	20 万	通江县图书馆
红尘私语	张中信	四川通江	公开出版	大众文艺出版社	2008 年	16 开	12 万	通江县图书馆
巴山夜语	张中信	四川通江	公开出版	四川民族出版社	2018 年	16 开	20 万	通江县图书馆

书 名	作者（编者）	作者籍贯	文献类型	出版/印刷单位	印刷时间	开本	字数	收藏者
曾经沧海	张中信	四川通江	公开出版	中国三峡出版社	1998 年	16 开	9 万	通江县图书馆
童话时光	张中信	四川通江	公开出版	中国三峡出版社	2000 年	未统计	15 万	通江县图书馆
成都书——历代文人与成都	张中信	四川通江	公开出版	团结出版社	2017 年	未统计	20 万	通江县图书馆
成都书——新古体诗卷	张中信	四川通江	公开出版	团结出版社	2017 年	未统计	10 万	通江县图书馆
浪子吟	张中信	四川通江	公开出版	大众文艺出版社	1999 年	16 开	10 万	通江县图书馆
神韵巴中	张中信	四川通江	公开出版	团结出版社	2015 年	16 开	25 万	通江县图书馆
失语的村庄	张中信	四川通江	公开出版	中国戏剧出版社	2010 年	16 开	23 万	通江县图书馆
失语的村庄（再版）	张中信	四川通江	公开出版	中国戏剧出版社	2009 年	未统计	20 万	通江县图书馆
野茶灞时光	张中信	四川通江	公开出版	中国戏剧出版社	2010 年	未统计	20 万	通江县图书馆
野茶灞纪事	张中信	四川通江	公开出版	四川文艺出版社	2012 年	16 开	20 万	通江县图书馆
巴中旅游发展论	张中信	四川通江	内部资料	巴中市图书馆学会	2004 年	32 开	2 万	巴中市图书馆
情殇	张中信	四川通江	民间资料		1992 年	32 开	8 万	景瑞三
张中信创作论（修订本）	张中信	四川通江	公开出版	团结出版社	2022 年	16 开	22 万	通江县图书馆
风流板板桥	张中信	四川通江	公开出版	黑龙江人民出版社	1996 年	16 开	15 万	通江县图书馆
真爱是谁	张中信	四川通江	公开出版	四川大学出版社	1993 年	16 开	8 万	景瑞三

书 名	作者 （编者）	作者 籍贯	文献 类型	出版/ 印刷单位	印刷 时间	开本	字数	收藏者
哦，野茶灞那些事儿	张中信	四川 通江	公开 出版	沈阳出版社	2013 年	16 开	18 万	通江县 图书馆
在大巴山深处远眺——张中信创作论Ⅱ	主 编： 李心观	四川 通江	公开 出版	团结出版社	2020 年	16 开	30 万	通江县 图书馆
我在英国 100 天	向思楼	四川 通江	民间 资料		2015 年	32 开	12 万	四川师 范大学 图书馆
第三只眼	向思楼	四川 通江	民间 资料	成都铠锐文 化公司	2016 年	32 开	22 万	四川师 范大学 图书馆
丹青 50 年 桃李满天下	向思楼	四川 通江	公开 出版	四川美术出 版社	2018 年	16 开	15 万	四川师 范大学 图书馆
蜡烛工匠桥梁	向思楼	四川 通江	内部 资料	四川师范大 学美术学院	2022 年	8 开	未统计	四川师 范大学 图书馆
向思楼版画 作品选	向思楼	四川 通江	民间 资料		2006 年	16 开	未统计	四川师 范大学 图书馆
美术家向思楼	向思楼	四川 通江	公开 出版	辽宁美术出 版社	2005 年	16 开	未统计	四川师 范大学 图书馆
版画家向思楼	向思楼	四川 通江	民间 资料	成都美美文 化公司	2007 年	16 开	未统计	四川师 范大学 图书馆
静无为——向 思楼版画艺术	向思楼	四川 通江	民间 资料	深圳观澜版 画创作基地	2012 年	32 开	未统计	四川师 范大学 图书馆
四川师范大学 教授绘画精品 集	向思楼	四川 通江	公开 出版	四川美术出 版社	2014 年	32 开	未统计	四川师 范大学 图书馆
法律与发展研 究导论	姚建宗	四川 通江	公开 出版	吉林大学出 版社	1998 年	32 开	36 万	作者

书　名	作者（编者）	作者籍贯	文献类型	出版/印刷单位	印刷时间	开本	字数	收藏者
法理问题之初步体认	姚建宗	四川通江	公开出版	吉林人民出版社	2002 年	32 开	23 万	作者
比较法的力量与弱点	[德] 伯尔尼哈德·格罗斯菲尔德 著 姚建宗①、孙世彦 译		公开出版	清华大学出版社	2002 年	32 开	14 万	作者
美国法律与发展研究运动述评	姚建宗	四川通江	公开出版	法律出版社	2006 年	32 开	9 万	作者
法理学与部门法哲学理论研究	孙育玮 齐延平 姚建宗	四川通江	公开出版	上海人民出版社	2008 年	32 开	39 万	作者
法制生态环境	姚建宗	四川通江	公开出版	山东人民出版社	2003 年	32 开	35 万	作者
新兴权利研究	姚建宗	四川通江	公开出版	中国人民大学出版社	2011 年	16 开	45 万	作者
法律思想是律动	姚建宗	四川通江	公开出版	法律出版社	2011 年	16 开	22 万	作者
法律之理的遐思	姚建宗	四川通江	公开出版	法律出版社	2011 年	16 开	26 万	作者
法治思语	姚建宗	四川通江	公开出版	法律出版社	2014 年	16 开	23 万	作者
法理学——一般法律科学	姚建宗	四川通江	公开出版	中国政法大学出版社	2006 年	16 开	36 万	作者
法理学	姚建宗	四川通江	公开出版	科学出版社	2010 年	16 开	60 万	作者

① 姚建宗：四川通江人。

书 名	作者（编者）	作者籍贯	文献类型	出版/印刷单位	印刷时间	开本	字数	收藏者
契约的死亡	[美]格兰特·吉尔莫 著 姚建宗 曹士兵 吴巍峨 译	四川通江	公开出版	中国法制出版社	2005 年	32 开	16 万	作者
罗尔斯	[澳]乔德兰·库卡塔斯、菲利普、佩蒂特 著 姚建宗 译	四川通江	公开出版	黑龙江人民出版社	1999 年	32 开	18 万	作者
中国的法院与法官：制度及其功能	姚建宗 王旭伟 侯学宾	四川通江	公开出版	法律出版社	2018 年	16 开	24 万	作者
中国的司法：一般理论、政治功能与纠纷解决	主 编： 姚建宗 王旭伟 侯学宾	四川通江	公开出版	法律出版社	2018 年	16 开	25 万	作者
燃烧的雪花	赵 伟	四川通江	公开出版	作家出版社	2020 年	16 开	18 万	作者
论国之"礼"	赵 伟	四川通江	公开出版	中国农业科技出版社	2014 年	16 开	15 万	作者
深圳武警	赵 伟	四川通江	公开出版	解放军文艺出版社	2002 年	32 开	22 万	作者
营盘舞	赵 伟	四川通江	公开出版	解放军出版社	2001 年	16 开	30 万	作者
兵恋	赵 伟	四川通江	公开出版	敦煌文艺出版社	1991 年	32 开	17 万	作者
壁州兵事	赵 伟	四川通江	公开出版	人民武警出版社	2000 年	32 开	18 万	作者
武警北京二总队史	赵 伟	四川通江	内部资料	武警北京二总队	2000 年	16 开	60 万	武警北京二总队队史陈列馆

书　名	作者（编者）	作者籍贯	文献类型	出版/印刷单位	印刷时间	开本	字数	收藏者
武警北京二总队志	赵　伟	四川通江	内部资料	武警北京二总队	2000 年	16 开	25 万	武警北京二总队队史陈列馆
望乡台	赵　伟	四川通江	公开出版	作家出版社	2012 年	16 开	138 万	作者
中大管理案例研究（2006）	主　编：李新春 副主编：陈珠明① 朱　沆		公开出版	经济科学出版社	2007 年	16 开	46 万	中山大学图书馆
中大管理案例研究（2007）	主　编：李新春 副主编：陈珠明 朱　沆		公开出版	经济科学出版社	2008 年	16 开	56 万	中山大学图书馆
中大管理案例研究（2008）	主　编：李新春 副主编：陈珠明 朱　沆		公开出版	经济科学出版社	2009 年	16 开	70 万	中山大学图书馆
中大管理案例研究（2009—2011）	主　编：李新春 副主编：陈珠明 朱　沆		公开出版	经济科学出版社	2010 年	16 开	55 万	中山大学图书馆
中大管理案例研究——中大EMBA 十周年纪念专刊	陈珠明 朱　沆		公开出版	中山大学出版社	2013 年	16 开	38 万	中山大学图书馆

---

① 陈珠明：四川通江人。

书　名	作者（编者）	作者籍贯	文献类型	出版／印刷单位	印刷时间	开本	字数	收藏者
城市商业银行经营管理	周一平祝凰淋	四川通江	公开出版	电子科技大学出版社	2004 年	32 开	26 万	作者
藏地心迹	周鹏程	四川通江	公开出版	西南师范大学出版社	2019 年	16 开	40 万	重庆图书馆
大地回音	周鹏程	四川通江	公开出版	重庆出版社	2013 年	16 开	40 万	重庆图书馆
旧年的雪	周鹏程	四川通江	公开出版	重庆出版社	2017 年	32 开	15 万	重庆图书馆
向东流	周鹏程	四川通江	公开出版	团结出版社	2021 年	32 开	16 万	重庆图书馆
迷雾城	周鹏程	四川通江	公开出版	重庆大学出版社	2015 年	16 开	17 万	重庆图书馆
永远的影子	周鹏程	四川通江	公开出版	团结出版社	2017 年	16 开	20 万	重庆图书馆
花开的声音	周鹏程	四川通江	公开出版	大众文艺出版社	2007 年	32 开	15 万	重庆图书馆
中国当代诗人代表作名录（上中下）	周鹏程	四川通江	公开出版	白山出版社	2016 年	16 开	136 万	重庆图书馆
中国实力诗人作品选读（1940—2015）	周鹏程	四川通江	公开出版	中国文联出版社	2015 年	16 开	42 万	重庆图书馆
指尖上的雪	曹琨	通江	公开出版	大众文艺出版社	2009 年	32 开	14 万	作者
水往高处流	曹琨	通江	公开出版	四川文艺出版社	2018 年	32 开	11 万	作者
与月色有关	曹琨	通江	公开出版	大众文艺出版社	2006 年	32 开	13 万	作者
孤独猎手	曹琨	通江	公开出版	中国三峡出版社	1998 年	16 开	11 万	作者

书 名	作者（编者）	作者籍贯	文献类型	出版/印刷单位	印刷时间	开本	字数	收藏者
川陕苏区人物志	何光表 魏继红	四川通江	公开出版	中国社会出版社	1992年	32开	44万	恩阳区图书馆
鸿爪集	何光表	四川通江	公开出版	大众文艺出版社	1999年	16开	11万	巴中市图书馆
萍踪集	何光表	四川通江	公开出版	中国三峡出版社	2004年	16开	18万	巴中市图书馆
做客将军家	何光表	四川通江	公开出版	中国文史出版社	2005年	32开	10万	巴中市图书馆
42位将军的秘密往事	何光表	四川通江	公开出版	大众文艺出版社	2007年	32开	25万	巴中市图书馆
巴渠川剧史	何光表	四川通江	公开出版	中国戏剧出版社	2008年	未统计	45万	景瑞三
萍踪集	何光表	四川通江	公开出版	中国三峡出版社	不详	未统计	未统计	景瑞三
剧说	何光表	四川通江	公开出版	中国文联出版社	2006年	16开	25万	景瑞三
同住出集	何光表	四川通江	公开出版	作家出版社	2008年	16开	26万	景瑞三
活佛传说	何光表	四川通江	民间资料		2007年	32开	8万	景瑞三
太阳的保姆	颜广明	四川通江	公开出版	中国和平出版社	1989年	32开	12万	作者
四川百年新诗选（上中下卷）	颜广明	四川通江	公开出版	四川人民出版社	2022年	32开	196万	作者
红钥匙——以爱情的名义	颜广明 师 文	四川通江	公开出版	华艺出版社	1993年	32开	19万	作者
初吻——渴望太阳	颜广明 师 文	四川通江	公开出版	华艺出版社	1993年	32开	19万	作者

书 名	作者（编者）	作者籍贯	文献类型	出版/印刷单位	印刷时间	开本	字数	收藏者
中国书法百年巨匠传承人——颜广明书法作品专集	颜广明	四川通江	公开出版	中国邮政出版社	2020年	8开	16万	作者
阳光里的河流	王林先	四川通江	公开出版	伊犁人民出版社	1998年	32开	8万	通江县档案馆
生命的光芒	王林先	四川通江	公开出版	中国三峡出版社	2000年	32开	11万	通江县档案馆
平溪的早晨	王林先	四川通江	公开出版	伊犁人民出版社	2000年	32开	16万	通江县档案馆
手掌上的阳光	王林先	四川通江	公开出版	新疆青少年出版社	2004年	32开	12万	景瑞三
掠影与宿醉	王林先	四川通江	公开出版	中国戏剧出版社	2009年	32开	15万	景瑞三
一幅诗画的背影	王林先	四川通江	公开出版	中国戏剧出版社	2009年	32开	10万	景瑞三
沿着时光的刀锋行走	王林先	四川通江	公开出版	大众文艺出版社	2010年	32开	13万	景瑞三
后土今生	王林先	四川通江	公开出版	中国文联出版社	2012年	32开	未统计	景瑞三
化学概念教学研究	伏劲松	四川通江	公开出版	四川大学出版社	2015年	16开	29万	景瑞三
城里的月光	曾明伟	四川平昌	公开出版	大众文艺出版社	2009年	32开	15万	作者
一封会飞的信	曾明伟	四川平昌	公开出版	四川人民出版社	2014年	32开	13万	作者
龙泉驿风景名胜故事	曾明伟	四川平昌	公开出版	中国文联出版社	2015年	32开	14万	作者
成都东安湖十二景	曾明伟	四川平昌	公开出版	四川人民出版社	2022年	32开	20万	作者

书　名	作者（编者）	作者籍贯	文献类型	出版/印刷单位	印刷时间	开本	字数	收藏者
中国探月·奔向月球	吴伟仁	四川平昌	公开出版	中国宇航出版社	1999年	16开	20万	作者
军工制造业数字化	吴伟仁	四川平昌	公开出版	原子能出版社	2002年	16开	20万	作者
中国古代宗教	冯良方	四川平昌	公开出版	人民日报出版社	1995年	16开	12万	平昌县方志馆
汉赋与经学	冯良方	四川平昌	公开出版	中国社会科学出版社	2004年	16开	32万	平昌县方志馆
云南古代汉语学文献	冯良方	四川平昌	公开出版	巴蜀书社	2005年	16开	20万	平昌县方志馆
生死·享乐·自由——道家与道教的关系与人生理想	刘明华	四川平昌	公开出版	国际文化出版公司	1988年	32开	13万	作者
杜诗修辞艺术	刘明华	四川平昌	公开出版	中州古籍出版社	1991年	32开	13万	作者
社会良知——杜甫：士人的风范	刘明华	四川平昌	公开出版	山西教育出版社	1994年	32开	10万	作者
跨世纪对话——第三代与第四代的心灵对白	刘明华	四川平昌	公开出版	甘肃人民出版社	1998年	32开	31万	作者
中学生作文论据库	刘明华	四川平昌	公开出版	西南师范大学出版社	1998年	32开	40万	作者
大同梦	刘明华	四川平昌	公开出版	上海文艺出版社	1999年	32开	22万	作者
语文（职业中学教材）	主　编：刘明华	四川平昌	公开出版	西南师范大学出版社	1999年	32开	20万	作者
丛生的文体	刘明华	四川平昌	公开出版	江苏教育出版社	2000年	16开	37万	作者

书　名	作者（编者）	作者籍贯	文献类型	出版/印刷单位	印刷时间	开本	字数	收藏者
独立寒秋——陈寅恪的读书生活	刘明华	四川平昌	公开出版	中原农民出版社	2000 年	32 开	15 万	作者
中国分体文学史（散文卷）	刘明华	四川平昌	公开出版	上海古籍出版社	2001 年	32 开	36 万	作者
杜甫研究论集	刘明华	四川平昌	公开出版	重庆出版社	2002 年	32 开	35 万	作者
重庆 2002 年高考作文精选精评	主　编：刘明华	四川平昌	公开出版	重庆出版社	2002 年	32 开	22 万	作者
《西游记》点校	刘明华	四川平昌	公开出版	重庆出版社	2003 年	32 开	86 万	作者
2003 年高考作文阅卷场报告	主　编：刘明华	四川平昌	公开出版	重庆出版社	2003 年	32 开	22 万	作者
精神家园——唐诗宋词的人文情怀	刘明华	四川平昌	公开出版	四川出版集团、天地出版社	2004 年	32 开	19 万	作者
风雨兼程——冯克熙	刘明华	四川平昌	公开出版	群言出版社	2005 年	32 开	20 万	作者
古代文学论丛	主　编：刘明华	四川平昌	公开出版	中华书局	2007 年	32 开	39 万	作者
文化视野下的中国：古代文学阐释	刘明华	四川平昌	公开出版	中华书局	2008 年	32 开	25 万	作者
重庆爱国民主人士诗词精选	主　编：刘明华	四川平昌	公开出版	重庆出版社	2011 年	32 开	25 万	作者
诸子百家箴言选	主　编：刘明华	四川平昌	公开出版	重庆出版社	2011 年	32 开	30 万	作者
冯克熙传	刘明华	四川平昌	公开出版	群言出版社	2011 年	32 开	18 万	作者
国学漫步	主　编：刘明华	四川平昌	公开出版	西南大学出版社	2014 年	16 开	30 万	作者

书 名	作者 （编者）	作者 籍贯	文献 类型	出版/ 印刷单位	印刷 时间	开本	字数	收藏者
唐代文学与思想文化论集	刘明华	四川 平昌	公开 出版	人民出版社	2015 年	16 开	42 万	作者
中华传家读本·经典诗词解读	刘明华	四川 平昌	公开 出版	中华书局	2016 年	16 开	30 万	作者
中华传家读本·经典古文解读	刘明华	四川 平昌	公开 出版	中华书局	2016 年	16 开	30 万	作者
国学经典·第二课堂（全22册）	主 编： 刘明华	四川 平昌	公开 出版	重庆出版社	2016 年	16 开	80 万	作者
杜甫研究与重庆文化	主 编： 刘明华	四川 平昌	公开 出版	西南大学出版社	2017 年	16 开	80 万	作者
独立寒秋——陈寅恪的读书生活	刘明华	四川 平昌	公开 出版	万卷出版社	2018 年	32 开	20 万	作者
国学指要	主 编： 刘明华	四川 平昌	公开 出版	西南师范大学出版社	2019 年	16 开	50 万	作者
中华经典古诗词诵读宝典（上下册）	主 编： 刘明华	四川 平昌	公开 出版	四川辞书出版社	2020 年	32 开	40 万	作者
杜甫资料汇编（全十三册）	主 编： 刘明华	四川 平昌	公开 出版	中华书局	2021 年	32 开	380 万	作者
三峡文化概览	主 编： 刘明华	四川 平昌	公开 出版	重庆出版社	2022 年	16 开	40 万	作者
书包里的外星人（上下）	陈能雄	四川 平昌	公开 出版	西南师范大学出版社	2017 年	32 开	5 万	作者
书包里的外星：对手	陈能雄	四川 平昌	公开 出版	西南师范大学出版社	2021 年	32 开	5 万	作者
书包里的外人：冲出百慕大	陈能雄	四川 平昌	公开 出版	西南师范大学出版社	2017 年	32 开	5 万	作者

书　名	作者（编者）	作者籍贯	文献类型	出版/印刷单位	印刷时间	开本	字数	收藏者
书包里的外星人：疯狂宅计划	陈能雄	四川平昌	公开出版	西南师范大学出版社	2021年	32开	5万	作者
清代汉赋学理论与批评	何易展	四川平昌	公开出版	人民出版社	2018年	32开	32万	作者
初唐四杰辞赋研究	何易展	四川平昌	公开出版	四川大学出版社	2020年	32开	43万	作者
巴文化研究（第一辑）	何易展	四川平昌	公开出版	四川大学出版社	2017	32开	29万	作者
巴文化研究（第二辑）	何易展	四川平昌	公开出版	四川大学出版社	2018	32开	22万	作者
巴文化研究（第三辑）	何易展	四川平昌	公开出版	四川大学出版社	2018	32开	27万	作者

第十章

晏阳初专题

书　名	作者（编者）	作者籍贯	文献类型	出版 /印刷单位	印刷时间	开本	字数	收藏者
晏阳初纪念文集	晏阳初纪念文集编委会		公开出版	重庆出版社	1996 年	32 开	17 万	巴州区图书馆
晏阳初	魏传灵	四川巴中	民间资料		2021 年	32 开	10 万	巴州区图书馆
晏阳初传略	晏鸿国	四川巴中	公开出版	天地出版社	2005 年	32 开	32 万	巴州区图书馆
晏阳初画传	晏鸿国	四川巴中	公开出版	五洲传播出版社	2018 年	16 开	45 万	巴州区图书馆
平民教育家晏阳初	巴中县政协文史委		公开出版	四川大学出版社	1990 年	32 开	22 万	巴州区图书馆
晏阳初乡村建设实践探索	四川省晏阳初研究会		内部资料	四川省晏阳初研究会	2006 年	32 开	未统计	巴中市史志馆
回望与前行——晏阳初乡村建设实验暨乡村振兴战略研讨会论文集	巴中市委宣传部		内部资料	巴中市委宣传部	2018 年	16 开	30 万	巴中市图书馆
晏阳初画传	周洪宇熊贤君	四川巴中	公开出版	山东教育出版社	2015 年	16 开	32 万	巴中市图书馆
晏阳初画传	宋恩荣杨华军	山西太原	公开出版	四川教育出版社	2012 年	16 开	13 万	巴中市图书馆
中国近代思想家文库·晏阳初卷	宋恩荣	山西太原	公开出版	中国人民大学出版社	2013 年	16 开	49 万	巴中市图书馆
晏阳初全集（第一卷）	宋恩荣	山西太原	公开出版	天津教育出版社	2013 年	16 开	54 万	巴中市图书馆

书 名	作者（编者）	作者籍贯	文献类型	出版/印刷单位	印刷时间	开本	字数	收藏者
晏阳初全集（第二卷）	宋恩荣	山西太原	公开出版	天津教育出版社	2013 年	16 开	54 万	巴中市图书馆
晏阳初全集（第三卷）	宋恩荣	山西太原	公开出版	天津教育出版社	2013 年	16 开	54 万	巴中市图书馆
晏阳初全集（第四卷）	宋恩荣	山西太原	公开出版	天津教育出版社	2013 年	16 开	54 万	巴中市图书馆
晏阳初	苗 勇	四川巴中	公开出版	东方出版社	2021 年	16 开	45 万	巴中市图书馆
世界伟人晏阳初	姜荣耀	不详	内部资料	四川省晏阳初研究会	2006 年	未统计	20 万	巴中市图书馆
晏阳初在定县的足迹	李志会	河北定州	公开出版	河北人民出版社	2008 年	32 开	19 万	景瑞三
平民教育与乡村建设运动	晏阳初	四川巴中	公开出版	商务印书馆	2014 年	32 开	37 万	巴中市图书馆
晏阳初文集	晏阳初 著 詹一之 编	四川巴中	公开出版	四川教育出版社	1990 年	32 开	31 万	晏阳初博物馆
告语人民	晏阳初 赛珍珠①		公开出版	广西师范大学出版社	2003 年	不详	2.6 万	晏阳初博物馆
晏阳初华西实验区档案选编（综合 1）	四川大学中国西南文献中心		公开出版	西南师范大学出版社	2017 年	16 开	311 印张②	晏阳初博物馆
晏阳初华西实验区档案选编（综合 2）	四川大学中国西南文献中心		公开出版	西南师范大学出版社	2017 年	16 开	311 印张	晏阳初博物馆
晏阳初华西实验区档案选编（综合 3）	四川大学中国西南文献中心		公开出版	西南师范大学出版社	2017 年	16 开	311 印张	晏阳初博物馆

---

① 赛珍珠：美国人。

②《晏阳初华西实验区档案选编》的字数统计，均为印张数，下同。

书名	作者 （编者）	作者 籍贯	文献 类型	出版/ 印刷单位	印刷 时间	开本	字数	收藏者
晏阳初华西实验区档案选编（综合4）	四川大学中国西南文献中心		公开出版	西南师范大学出版社	2017年	16开	311印张	晏阳初博物馆
晏阳初华西实验区档案选编（综合5）	四川大学中国西南文献中心		公开出版	西南师范大学出版社	2017年	16开	311印张	晏阳初博物馆
晏阳初华西实验区档案选编（综合6）	四川大学中国西南文献中心		公开出版	西南师范大学出版社	2017年	16开	311印张	晏阳初博物馆
晏阳初华西实验区档案选编（综合7）	四川大学中国西南文献中心		公开出版	西南师范大学出版社	2017年	16开	311印张	晏阳初博物馆
晏阳初华西实验区档案选编（综合8）	四川大学中国西南文献中心		公开出版	西南师范大学出版社	2017年	16开	311印张	晏阳初博物馆
晏阳初华西实验区档案选编（综合9）	四川大学中国西南文献中心		公开出版	西南师范大学出版社	2017年	16开	311印张	晏阳初博物馆
晏阳初华西实验区档案选编（综合10）	四川大学中国西南文献中心		公开出版	西南师范大学出版社	2017年	16开	311印张	晏阳初博物馆
晏阳初华西实验区档案选编（经济建设实验1）	四川大学中国西南文献中心		公开出版	西南师范大学出版社	2017年	16开	395印张	晏阳初博物馆
晏阳初华西实验区档案选编（经济建设实验2）	四川大学中国西南文献中心		公开出版	西南师范大学出版社	2017年	16开	395印张	晏阳初博物馆
晏阳初华西实验区档案选编（经济建设实验3）	四川大学中国西南文献中心		公开出版	西南师范大学出版社	2017年	16开	395印张	晏阳初博物馆

书 名	作者（编者）	作者籍贯	文献类型	出版/印刷单位	印刷时间	开本	字数	收藏者
晏阳初华西实验区档案选编（经济建设实验4）	四川大学中国西南文献中心		公开出版	西南师范大学出版社	2017年	16开	395印张	晏阳初博物馆
晏阳初华西实验区档案选编（经济建设实验5）	四川大学中国西南文献中心		公开出版	西南师范大学出版社	2017年	16开	395印张	晏阳初博物馆
晏阳初华西实验区档案选编（经济建设实验6）	四川大学中国西南文献中心		公开出版	西南师范大学出版社	2017年	16开	395印张	晏阳初博物馆
晏阳初华西实验区档案选编（经济建设实验7）	四川大学中国西南文献中心		公开出版	西南师范大学出版社	2017年	16开	395印张	晏阳初博物馆
晏阳初华西实验区档案选编（经济建设实验8）	四川大学中国西南文献中心		公开出版	西南师范大学出版社	2017年	16开	395印张	晏阳初博物馆
晏阳初华西实验区档案选编（经济建设实验9）	四川大学中国西南文献中心		公开出版	西南师范大学出版社	2017年	16开	395印张	晏阳初博物馆
晏阳初华西实验区档案选编（经济建设实验10）	四川大学中国西南文献中心		公开出版	西南师范大学出版社	2017年	16开	395印张	晏阳初博物馆
晏阳初华西实验区档案选编（经济建设实验11）	四川大学中国西南文献中心		公开出版	西南师范大学出版社	2017年	16开	395印张	晏阳初博物馆

书 名	作者（编者）	作者籍贯	文献类型	出版/印刷单位	印刷时间	开本	字数	收藏者
晏阳初华西实验区档案选编（经济建设实验12）	四川大学中国西南文献中心		公开出版	西南师范大学出版社	2017年	16开	395印张	晏阳初博物馆
晏阳初华西实验区档案选编（卫生建设实验与编辑宣传1）	四川大学中国西南文献中心		公开出版	西南师范大学出版社	2017年	16开	51印张	晏阳初博物馆
晏阳初华西实验区档案选编（卫生建设实验与编辑宣传2）	四川大学中国西南文献中心		公开出版	西南师范大学出版社	2017年	16开	51印张	晏阳初博物馆
晏阳初华西实验区档案选编（教育建设实验1）	四川大学中国西南文献中心		公开出版	西南师范大学出版社	2017年	16开	82印张	晏阳初博物馆
晏阳初华西实验区档案选编（教育建设实验2）	四川大学中国西南文献中心		公开出版	西南师范大学出版社	2017年	16开	82印张	晏阳初博物馆
晏阳初华西实验区档案选编（教育建设实验3）	四川大学中国西南文献中心		公开出版	西南师范大学出版社	2017年	16开	82印张	晏阳初博物馆
晏阳初华西实验区档案选编（社会调查1）	四川大学中国西南文献中心		公开出版	西南师范大学出版社	2017年	16开	55印张	晏阳初博物馆
晏阳初华西实验区档案选编（社会调查2）	四川大学中国西南文献中心		公开出版	西南师范大学出版社	2017年	16开	55印张	晏阳初博物馆

书　名	作者（编者）	作者籍贯	文献类型	出版/印刷单位	印刷时间	开本	字数	收藏者
伟大的贫民教育家晏阳初	主　编：扈远仁①唐志成杜学元		公开出版	四川大学出版社	2011 年	32 开	50 万	晏阳初博物馆
教育家晏阳初	杨华军	不详	公开出版	山东人民出版社	2016 年	16 开	33 万	晏阳初博物馆
晏阳初华西实验区档案史料丛书（全 17 册）	璧山县档案局		内部出版	璧山县档案局	2012 年	32 开	150 万	侯中文
晏阳初年谱长编（上下）	晚清人物年谱长编委员会		公开出版	上海交通大学出版社	2017 年	16 开	50 万	网上书店
先生归来兮——晏阳初：为育新民除文盲	晏阳初 等	四川巴中	公开出版	中国文史出版社	2020 年	16 开	22 万	巴中市图书馆

---

① 扈远仁：四川巴中人。

第十一章

报纸期刊

第一节 报 纸

报纸名称	刊号	开本	主办（主管）单位	承办（出版）单位	创刊时间	停刊时间	出刊期数	收藏者
南江报	四川省内部报纸准印证号17–26号	8开	南江县委宣传部	南江报社	1958年	2006年	97期	南江县档案馆
南江县工作报	四川省内部报纸准印证号24–2号	8开	南江县委宣传部	南江县报社	1993年	2000年	642期	南江县档案馆
南江县时政要闻	四川省内部报纸准印证号17–026号	8开	南江县委	南江县委宣传部	2006年	2006年	98期	南江县档案馆
通江报	四川省内部报纸准印证号24–2号	8开	通江县委	通江报编辑部	1994年	2002年	737期	通江县档案馆
通江书画印	通内资准字	8开	通江县美术馆	通江县美术馆	1992年		57期	通江县美术馆
翰墨书缘	通内资准字	8开	通江县图书馆	通江县图书馆	2012年	2017年	17期	通江县图书馆
通江文史	川新出内通内（99）字第01号	8开	通江县政协	通江县政协文化文史和学习委	1999年		46期	通江县政协
平昌报	四川省内部报刊准印证	8开	平昌县委	平昌报编辑部	1958年	1971年1994年2002年	1472期	平昌县委宣传部

报纸名称	刊号	开本	主办（主管）单位	承办（出版）单位	创刊时间	停刊时间	出刊期数	收藏者
平昌周末报		8开	平昌县委宣传部	平昌县新闻中心	2004年	2019年	630期	平昌县委宣传部
江口文艺报		8开	平昌县科文局	平昌县文化馆	1983年	2003年	230期	平昌县文化馆
平昌政协	平文字（2018）001号广	8开	平昌县政协	平昌县政协文化文史和学习委	2018年		21期	平昌县政协
巴中日报	CN1-0005	对开	中共巴中市委	巴中日报社	1993年		8142期	巴中市档案馆
巴中晚报	CN51-0130	4开	巴中日报社	巴中晚报编辑部	2013年	2022年	2203期	巴中日报社
巴中摄影报	川新出内巴市（2006）03号	8开	巴中市民政局	巴中市摄协	2006年		未统计	巴中市摄协
巴中广播电视报	CN51-0095/05	4开	巴中市广播电视台	巴中广播电视报社	1994年		未统计	巴中市广播电视台
巴中视听报		8开	巴中市广播电视台	巴中市电视艺术家协会	2007年	2017年	43期	巴中广播电视台

第二节 期 刊

刊物名称	刊号	开本	主办（主管）单位	承办（出版）单位	创刊时间	停刊时间	出刊期数	收藏者
巴中文艺		16开	巴中县文化局	巴中县文化馆	1983年	1989年	10期	巴中县档案馆
巴州文艺	川新出内巴市（2015）28号	16开	巴州区文化广播电视旅游局	巴州区文化馆	2015年		56期	巴州区文化馆
川陕苏区历史研究	达地字073号	16开	川陕革命根据地博物馆	川陕苏区历史研究编辑部	1984年	1999年	22期	巴州区档案馆
红色基石	川新出内通（2015）字第05号	16开	通江县委宣传部	红四方面军总指挥部旧址纪念馆	2015年		4期	红四方面军总指挥部旧址纪念馆
通江文艺	达地内字030号	16开	通江文教局	通江县文学艺术工作者协会	1981年		59期	通江县文化馆
通江科技		16开	通江县革委科学技术委员会	通江县革委科学技术委员会	1988年	不详	18期	通江县档案馆
壁州之声	达地字第091号	不详	通江县委宣传部	壁州之声编辑部	1989年	1992年	不详	通江县委宣传部
红星闪耀	通内资准字	32开	通江县正文小学	通江县正文小学	2017年		不详	通江县正文小学
红莲	通内资准字	16开	通江县纪委	通江县纪委	2017年	2021年	14期	通江县纪委

刊物名称	刊号	开本	主办（主管）单位	承办（出版）单位	创刊时间	停刊时间	出刊期数	收藏者
红云崖（月刊）	通内资准字	4 开	通江县沙溪小学	通江县沙溪小学	不详	不详	不详	通江县沙溪小学
水乡文学	平文广新（2018）003 号	16 开	平昌县委宣传部	平昌县水乡文学社	2014 年	2018 年	5 期	平昌县文化馆
平昌文艺	川新出内（2003）平文新字第 14 号	8 开	平昌县宣传部委	平昌县文化馆	2003 年		52 期	平昌县文化馆
决策与调研		14 开	巴中市委政研室	巴中市决策与调研编辑部	2016 年		48 期	巴中市委政研室
政务参阅		16 开	巴中市政府	巴中市政府研究室	2003 年		160 期	巴中市政府办公室
今日巴中	川 KX13—002	16 开	巴中市委宣传部	巴中日报社	1995 年		298 期	巴中日报社
巴中检察	川新出内巴市（2012）17 号	16 开	巴中市检察院	巴中市检察院	2012 年	2019 年	27 期	巴中市检察院
巴中审判	川新出内巴市（2021）10 号	16 开	巴中市中级人民法院	巴中市中级人民法院	2010 年		34 期	巴中市中级人民法院
巴中国土	川新出内巴市（2014）06 号	16 开	巴中市国土资源局	巴中市土地矿业学会	2014 年	2017 年	15 期	巴中市自然资源和规划局

刊物名称	刊号	开本	主办（主管）单位	承办（出版）单位	创刊时间	停刊时间	出刊期数	收藏者
巴文化天地	川新出内巴市（2022）07号	16开	巴中市委宣传部	巴中市巴文化研究院	2022年		2期	巴文化研究院
巴中文学		16开	巴中市作家协会	巴中市作家协会	1990年		83期	巴中市作家协会
巴中诗词	川新出内巴市（2013）5号	16开	巴中市文联	巴中市诗词楹联学会	2015年		28期	巴中市诗词楹联学会
奇罗文艺		16开	巴中市委宣传部	巴中市文联	2013年	2018年	17期	巴中市文联
巴山风		16开	巴中市委宣传部	巴中市文联	2020年		23期	巴中市文联
巴中文史	川K13–001	16开	巴中市政协	巴中市政协文化文史和学习委员会	2007年		85期	巴中市政协
原点诗歌		16开	巴中市作家协会	巴中市原点诗社编辑部	2004年		15期	巴中市诗歌学会